BLISS BR~~AIN~~

超悅大腦

科學證實幸福感可以自己創造，
加速實現理想人生

The Neuroscience of Remodeling Your Brain for
Resilience, Creativity, and Joy

Dawson Church 道森・丘吉／著

林瑞堂／譯

suncolor
三采文化

本書讚譽

　　道森是資深的冥想者，也是一位科學家。在這本出色的作品中，他以令人難忘的故事及先進的神經科學來引起讀者的注意，並打開讀者的眼界，溫暖他們的心，提升他們的靈魂。他以流暢的文字描述冥想的狂喜境界，並以事實來解釋原因，為意識進化提供了宏觀的理解。這本書帶著透澈、慈悲的光芒，以令人信服的方式召喚讀者一起走上人類意識的顛峰。

—— 茱蒂絲・潘寧頓（Judith Pennington）
覺醒之心協會（Institute for the Awakened Mind）負責人

　　這本書如此優秀，讀一本就遠勝過我看過的幾十本談冥想的暢銷書，我真心推薦給其他人。想要個不一樣的人生，想讓生活更美好，請打開這本書。一開始，我曾因為它企圖心太大的書名而半信半疑；等到我闔上這本書時，才驚訝地發現「超悅大腦」帶給我多少迷人的洞見。

　　對於那些相信冥想有不少好處，卻無法持之以恆的讀者來說，讀完這本書將會找不到放棄的藉口。道森・丘吉以絕佳的方式整合了與冥想相關的神經、行為、生活方式以及主觀益處的大量研究文獻，然後系統性地應用了從這些分析得出的原則，加上他個人五十年的實踐經驗，制定出一個令人解除心防的簡單方案。

　　然而，與多數自我成長計畫不同的是，道森的這個方案是以科學檢測為基礎，採用可信賴的方式帶領參與者進入通常需要漫長且勤奮的練習才能到達的意識與神經化學狀態。對於一個日漸混亂的文化而言，

《超悅大腦》是一劑強而有力且及時的解藥。

——大衛‧費恩斯坦（David Feinstein）博士
《愛的能量》（*The Energies of Love*）共同作者

這是一本不可思議的書，科學和愛交織在一起。書中不僅以鼓舞人心的方式描述大腦如何呼應靈性經驗而劇烈改變，也揭示了在靈性啟蒙之路上有哪些進化習性會讓我們走神分心。身為當前最傑出的科學家及作者之一，《超悅大腦》是獻給所有人的一份大禮。

——黛安‧莫理森（Dianne Morrison）
有效行動顧問公司（Effective Action Consulting）負責人

這本精彩的書就像一張路線圖，能把悲劇變成歡喜劇。認識道森‧丘吉這麼多年，我一直覺得他是樂觀、積極的燈塔，把所教導的價值觀都落實在自己的生活中。他研究冥想如何活化大腦的快樂中心，讓每個人都能走進「超悅大腦」的狀態。道森告訴我們，如何在面對失去的痛苦時培養生命的韌性，如何利用困境來重塑大腦以獲得快樂。本書將會撼動你熟知的世界，因為它如此聲明：快樂是可以追求來的，無論現在它看起來有多遙不可及。

——莉莎‧加爾（Lisa Garr）
《意識秀》（*The Aware Show*）廣播節目主持人

數十年來，科學已經了解意識會改變大腦。但直到現在，我們還沒有一個真切實用的指南來說明如何運用這些知識。在這本文筆流暢易讀的綜合性著作中，整合了十多個科學領域的研究，將之轉譯為日常生活可以使用的原則。這本書清楚地向我們展示如何應用神經可塑性，同時也指出一條以實證為基礎的道路，去創造出一個快樂、平靜、資源豐富

的大腦。這本書不容錯過。

——瑪麗蓮・史利茲（Marilyn Schlitz）博士

索非亞大學（Sofia University）超個人心理學院院長

嘆為觀止！《超悅大腦》是一本融合科學、靈性啟蒙及可能性的傑作，向每個人打開一扇通往諸多可能性的大門，揭示人類潛能的真實意義。我會反覆讀這本書，並與我愛的人分享！

——尼克・歐爾納（Nick Ortner）

《釋放更自在的自己》（The Tapping Solution）作者

在道森的這本作品中，神祕與科學碰撞出火花，你所認為的界線都將一再擴展，遠遠超過現有實相的全貌。

——傑克・坎菲爾（Jack Canfield），紐約時報暢銷書《心靈雞湯》

（Chicken Soup®）系列共同作者，《祕密》影片的導師之一

改變步調與績效壓力，經常讓專業人士瀕臨過勞邊緣。《超悅大腦》的研究顯示，冥想可以在充滿壓力的世界提供一座內在平靜的小島，從而讓生產力、創造力、快樂及解決問題的能力大為增加。道森提供的技巧讓我們有所憑藉，有信心去解決組織及社會正在面對的挑戰，也是公司與團隊、個人生活與工作職場得以成功的祕訣。

——伊凡・米斯納（Ivan Misner）博士

BNI商務人際平台創辦人及紐約時報暢銷書作家

越來越多的證據表明，無論是臨床或非臨床人士，冥想訓練都能改善情緒調節並造成大腦功能的持久改變，即使離開冥想狀態也一樣。道森・丘吉在這本書中，簡單地回顧了迄今所有的神經科學證據，並說明

所有人如何透過冥想來達到狂喜、極樂的狀態。在這本書中，他還以美好、溫暖的筆觸描寫個人的重大損失、心痛，以及重新站起來的故事。這是各行各業的人都必須一讀的好書。

——皮塔·斯塔伯頓（Peta Stapleton）博士
《EFT敲打背後的科學》（*The Science Behind Tapping*）作者

四十億年的進化，已經讓我們習慣了把安全與生存當作大腦預設的作業系統。不過，如今我們正處於一個巨變的時代，而靈性啟蒙也逐漸取代舊系統，成為人類大腦的新作業系統。現在是這個轉變的早期階段，而《超悅大腦》就是我們加速這個過程所需要的催化劑。在這本書中，你會發現科學為重塑你的大腦提供了精確的指導，讓你獲得持續一輩子的快樂。買下這本書，好好讀一讀，你永遠不會後悔。

——馬丁·呂特（Martin Rutte）
「人間天堂計畫」（Project Heaven on Earth）創辦人

謹以本書獻給我舅舅

艾倫‧巴特勒（Alan Butler, 1930～2011）。

即使是在最艱難的處境，

他的平靜和喜樂都未曾稍減，而這給了我指引。

目錄
CONTENTS

推薦序 | **改變大腦，才能改變遊戲規則**／戴夫・亞斯普雷……**013**

第 1 章 大火後的重生歷境……………………**017**

- 充滿驚險地逃離家園
- 兩百美元能撐一個月嗎？
- 錯誤的決策奪走了許多條人命
- 灰燼，是悲傷的顏色
- 舊衣賑濟桶喚起被孤立的兒時記憶
- 作為分水嶺的生命抉擇
- 做你原本該做的，照常執行任務
- 採購與以前不同的物品，創造新生活
- 來自指引者的聲音
- 好事成雙，挑戰也不少
- 夢想規格的生活打造
- 宇宙是偉大的設計家與創造者
- 三倍的工作量
- 療癒曼陀羅，迎接新一年的開始
- 相互扶持，凡事才能有個圓滿的結局
- 宇宙的共時性作用，幫你巧安排
- 走過傷痛，會變得更強大
- 從五十年到五十秒
- 一年後，新人生展開

第 2 章 心流：超悅大腦的極致體驗……………………**073**

- 靜心冥想讓我感到幸福
- 以靜心冥想展開每一天
- 進不去冥想、平靜不下來、跌出狂喜狀態……都很正常
- 冥想的週期
- 停不下來的大腦運轉
- 大腦的預設模式網絡

- 小我個人秀
- 游移的心不會帶來快樂
- 快樂為何如此脆弱？
- 不再放飛自我，讓內在的批判者閉嘴
- 跳脫你的腦袋
- 狂喜的四種特質
- 贏得體驗的大樂透

第 3 章　創造極樂的日常生活 ………………………………115

- 超悅大腦是什麼樣子？
- 頂葉：連結外在世界的橋梁
- 胼胝體：連接左腦與右腦兩個半球
- 海馬迴：偵測威脅並創造記憶
- 杏仁核：大腦的火災警報器
- 腦島：同理心與慈悲的連結者
- 右顳頂交界區：資訊的整合者
- 前額葉皮質：指揮官
- 紋狀體：情緒閥門
- 橋腦：野獸的監管者
- 只要一次狂喜經驗，你就會對冥想上癮

第 4 章　與 1% 的人同行 ………………………………157

- 為何要遁離日常生活？
- 尋求開悟的少數人，成為我們的先行者
- 我為何做不到？一位冥想者的自白
- 調對頻道，讓心靈重歸平靜
- 那一天，一切都改變了
- 開悟的逆向解構工程
- 穴居人大腦 VS. 超悅大腦
- 博採各家所長的冥想法：精簡靜心

- 通往揚升狀態的快車道
- 解讀自己的腦波
- 通往極樂之境，只要五秒
- 冥想如何改變大腦功能？
- 重塑大腦，打破一萬小時定律
- 科學如何測量冥想狀態？
- 持續的 α（Alpha）波，真正進入冥想的判斷指標
- γ（Gamma）波，心流狀態下的典型腦波
- 冥想時間長短不重要，品質才重要
- 跳出常軌的生命願景僻靜營
- 從數據來看精簡靜心的強大力量
- 冥想的七種類型
- 慈悲為王
- 需要多久才能感受到冥想的好處？
- 共時性、預知能力及靈魂出竅
- 冥想的理想時間是多久？
- 選擇適合自己的冥想強度
- 維持超悅大腦
- 解開 1% 人的祕密

第 5 章　大腦製造的狂喜分子·······························217

- 大腦很神奇，可以做質量與能量轉換
- 情緒分子的擴散能力
- 荷爾蒙比例與老化的關係
- 外源性與內源性化學物質
- 大腦製造的七種快樂神經化學物質
- 腦波與神經傳導物質的關係
- 天然的最好，身體也有違禁品
- 來一杯超悅身心的神奇配方
- 一天一劑嗨到爆

- 帶著特調的快樂配方上路
- 不是藥，效果更勝藥
- 致幻藥物的風險
- 成癮的控制威力
- 對健康快樂上癮，活得更精彩

第 6 章　用心靈軟體改變大腦硬體 ·· **269**

- 鍛鍊你的喜悅肌肉
- 從實驗室到臨床應用，平均需要十七年
- 從大腦狀態到人格特質
- 腳踏車和習慣：行為與大腦的連結
- 圖繪成長的大腦部位
- 與冥想有關的四個關鍵網絡
- 情緒調節網絡
- 注意力網絡
- 放飛自我控制網絡
- 同理心網絡
- 改變大腦就是改變生命

第 7 章　大腦的超級復原力 ·· **303**

- 什麼是創傷後成長？
- 創傷無所不在
- 療癒時刻已到來
- 你的意識決定你能不能活得久
- 進入二號門，見證生命奇蹟
- 現實的窘迫，不間斷的信心考驗
- 有限的你只是一個無限靈魂的載體

第 8 章　聰明人因為慈悲而富足 ·· **331**

- 從求生存到快樂地活著

- 選擇性注意力
- 你的日常超能力
- 神經重塑的極限在哪裡？
- 富足的意識，富足的世界
- 是慈悲在推動人類進化嗎？
- 進化速度前所未有
- 一起來快樂冥想
- 有限地球的無限資源
- 武器化的 AI
- 用提升進化的大腦解決問題
- 情緒像流感一樣會傳染
- 能量場的效應
- 地球的大躍進時代

結　語｜ **讓快樂成為你的新習慣**⋯⋯⋯⋯⋯⋯⋯⋯**363**
- 改變生命的優先順序
- 受苦的理由大多是想像出來的
- 讓超悅大腦成為一種人格特質
- 有限生命的無限可能性
- 傳送諧振波，吸引知音人
- 每個人終究會覺醒，沉睡不醒的人只是還沒準備好
- 讓冥想解鎖你的隱藏版能力

附錄 1｜ **EFT 情緒釋放技巧（EFT 敲打操）**⋯⋯⋯⋯⋯**371**

附錄 2｜ **精簡靜心（EcoMeditation）七步驟**⋯⋯⋯⋯**373**

致謝⋯⋯⋯⋯⋯⋯⋯⋯⋯⋯⋯⋯⋯⋯⋯⋯⋯⋯⋯⋯⋯⋯**375**

參考書目⋯⋯⋯⋯⋯⋯⋯⋯⋯⋯⋯⋯⋯⋯⋯⋯⋯⋯⋯⋯**379**

圖片出處⋯⋯⋯⋯⋯⋯⋯⋯⋯⋯⋯⋯⋯⋯⋯⋯⋯⋯⋯⋯**399**

書末附全彩圖表及照片

【推薦序】
改變大腦，才能改變遊戲規則

以往科學家認為，你帶著怎樣的大腦出生，就會帶著那樣的大腦死去。儘管神經科學家都知道運動、鍛鍊會長肌肉，但他們卻相信，一旦身體完成發育，大腦也就此定型，再也沒有改善空間了。

這樣的想法錯得離譜。你的大腦會持續成長、重塑改變，直到你死去。每次你學到新東西、讀到新東西、品嘗到新東西……下一秒鐘你的大腦就會發生變化。

神經可塑性（neuroplasticity）是大腦的法則，它的意思是你利用大腦所做的事確實會改變大腦結構。無論你是否意識到，當你想什麼、做什麼或有什麼感受時，都會在你的大腦創造出新的神經路徑。

在《超悅大腦》一書中，作者道森·丘吉深入探討行動如何改變大腦的最新研究。他還會告訴你，應該怎樣做才能讓大腦往積極面校準。這可以確保你的情緒、想法、習慣及行為所產生的結構性改變，將會支持快樂、長壽的人生，而不會讓你未老先衰。

道森高度關注這些技巧，它們能夠消除慢性壓力，並釋放讓你深陷在反應狀態的情緒（回應的是過去事件而非當下）。他讓你知道如何獲得特定腦波，好達到身心放鬆、高復原力的狀態。使用這些方法，你可以在幾分鐘內進入深度冥想。他逐一說明冥想對身體的驚人功效，從創造新的幹細胞、活化粒線體到拉長能抗老化的端粒等等。

道森的嚴謹研究使用關鍵的生物指標來測量壓力與放鬆狀態，例如用腦電圖及磁振造影來繪製腦波，以皮質醇及免疫球蛋白的濃度來測量體內壓力。只要他推薦的方法，都有扎實的科學當後盾，而不是猜測或

因循傳統。

　　他也喜歡透過一些小故事來說明科學。在這本書中，所舉的例子都是真人真事，而故事主人翁的生活也因為這些技巧而有了轉機，其中包括戰場老兵、亂倫倖存者、癌症患者、創傷受害者，以及患有焦慮症、憂鬱症和其他限制潛能發揮的心理疾病患者，甚至還有一個改過自新的毒販。

　　不管是我的個人生活或專業領域，我最看重的就是高績效。因為工作需要，我經常要處理很多腦電圖，所以知道它作為工具的可靠性和潛力。透過正確的回饋，就能訓練你的大腦來達到合適的腦波狀態，用以強化個人表現、激發創意、重設自動反應，以及促進身心健康。

　　在我的公司「四十年禪」（40 Years of Zen），我們甚至使用腦電圖神經回饋來訓練那些罹患嚴重創傷的人。不管是退伍軍人、車禍倖存者或童年受虐者，都能透過這些方法來得到緩解。經過自我訓練後，他們可以刪除與創傷相關的腦波模式，不再受其驅使。透過腦電圖讀數，我們向這些人指出，當創傷被觸發時，他們的大腦處在什麼狀態，以及如何關閉它。

　　我創辦「四十年禪」的理由之一，是為了增加我的 α（alpha）波。若不是有這樣的腦波，我不認為自己能做出這麼多有創意的事。而且我很清楚，只要透過訓練，這些腦波是可以被創造出來的。道森在這個方面的技巧引起了我的興趣，事實上，這些技巧可以讓我快速進入想要的狀態，對我來說，這是個很棒的禮物。

　　在《超悅大腦》這本書中，道森解釋了腦波狀態的範圍、每種腦波如何改變身體，以及如何開啟能增強大腦功能與整體健康的狀態。「心流」（flow）是大腦的最佳狀態，腦電圖研究已經在靈性大師、鋼琴演奏家、優秀運動員、最佳創意人才與高績效工作者身上辨認出這種入神狀態。

　　道森將這種狀態稱為「超悅大腦」（bliss brain），因為大量令人愉悅的神經化學物質會隨之出現。他描述了冥想的心流狀態所產生的七種主要荷爾蒙及神經傳導物質，並且說明了你如何使用特定的身心姿勢來觸發它們釋放。

　　我是個資深的冥想者，深知要進入平靜的心靈空間有多困難。道森解釋了其中的原因，也解釋我們為何無法在冥想時關閉大腦。神經科學告訴我們，無論是白天或黑夜，無論正在做什麼或不做什麼，大腦活動的變化幅度不會超過 5%。

　　你人放鬆了，但你的大腦沒有放鬆。你的大腦活動會保持在同樣活躍的高水準。當你閒下來時，大腦會看到這些未被使用的閒置能力並納為己用。

　　這些大腦部位稱為「預設模式網絡」（Default Mode Network，簡稱 DMN）。遺憾的是，你的大腦所預設及默認的不是快樂，而是反覆咀嚼過去的災難，為未來可能的威脅擔驚受怕。這就是為什麼人們要進入冥想狀態會這麼困難。

　　在這本書中，我們將會學到「精簡靜心」（EcoMeditation），這是道森自創的一種以科學為基礎、能快速提升狀態的冥想法。研究顯示，這些技巧會讓大腦的預設模式網絡沉寂下來，接著釋出一連串令人愉悅的化學物質。我不知道還有哪種方法可以在這麼短的時間內做到這一點——最快只需要四分鐘！

　　道森的測驗顯示，當人們完成一次精簡靜心之後，即使睜開眼睛抽離冥想狀態，仍會維持在心流的體驗中。這意味著，你能將那個揚升的情緒狀態及所有好處帶到你每一天的活動中，包括工作、育兒、交友、運動、創意發想等等——亦即帶進你的所有生活層面。

　　這本書提供的靈性工具，能徹底改善健康、延長壽命。我在這個主題投入了大量的時間、精力及金錢，我最近出版的《超級人類防彈計畫》

（*Super Human*）一書就是最終的成果。你可以做許多事來讓自己長壽，但是降低壓力、規律冥想、重新訓練大腦才是箇中關鍵。它們也是「超悅大腦」的核心。

我曾經訪談及撰文介紹過全球許多登上顛峰的傑出人士（我稱他們為「改變遊戲規則的人」），我很驚訝地發現，他們之中有許多人都有冥想習慣。他們多數不是專業的冥想導師，只是想讓生命更美好而為此努力。冥想，是「改變遊戲規則的人」最常採用的一種日常實踐。在《超悅大腦》中，道森將會為你展示，如何將他們的優秀表現轉換成你也能套用的訣竅。

《超悅大腦》的發展軌跡非常有說服力。道森分享了自己所經歷的個人危機，說明長期冥想能讓生命變得更有韌性、復原力更強。他也不諱言要成功冥想並不簡單，即便他在青少年時就已加入靈性社群也屢次失敗。此外，他還使用簡單明白的語言，搭配故事和比喻，來解釋預設模式網絡及大腦的「開悟迴路」。在科學的輔助之下，他找到了一條可以快速通往深度心流狀態的途徑。

道森也說明，心靈軟體如何在為期八週的冥想練習後成功重塑大腦硬體；同時也告訴我們，在進入心流狀態後，如何產生那些充滿大腦的美味喜樂分子，以及冥想會改變哪些大腦部位。道森最後總結，由於冥想的效用如此驚人，因此他相信人類的前景可期。

現在，就讓道森的「快樂習慣」變成你的習慣，使用這本書提供的工具，就能改變你的人生。《超悅大腦》指出的這條路，將會幫助你釋出大腦與生俱來的超悅潛能。

——戴夫・亞斯普雷（Dave Asprey）
《超級人類防彈計畫》（*Super Human: The Bulletproof Plan to Age Backward and Maybe Even Live Forever*）作者

第 1 章

大火後的重生歷境

Fire

我們這一生中都可能遭遇烈焰，或是毀掉婚姻，或是把事業燒成灰燼，或是把財富或退休規畫付之一炬。這樣的創傷經驗會對可能的威脅處處提防，對未知的將來感到焦慮。然而，同樣的創傷經歷也可能促使人們對舊價值觀進行健康的重新評估，而開啟新的可能性。

「情況真的很不對勁！」

我太太克莉絲汀搖著我的肩膀，試著將熟睡的我喚醒。

我睡眼惺忪，望向臥室窗外，她手指向午夜的天空。

地平線上有著橘色的光，清晰勾勒出我們房子對面山脊的輪廓。鬧鐘顯示深夜十二點四十五分。

我跌跌撞撞起床，打開通往院子的玻璃滑門，走出去。大火竄上對面山脊頂端，開始衝向山谷，向著我們而來。

我向克莉絲汀大喊：「我們得離開，**現在**就走。」我隨手抓起 T 恤、褲子、羽絨外套。停電了，所有燈都不亮。鞋子還是襪子？沒時間都穿……鞋子好了。

我奔向廚房，在黑暗中摸索著汽車鑰匙。「我們要開那輛本田！」我對著克莉絲汀喊道。我很快地繞路，穿越客廳去抓我的筆電。克莉絲汀和我從房子跑出去。

關門嗎？上鎖嗎？沒時間了。每一秒都要緊。

汽車停在我們的辦公小屋附近，就在我們那塊地的後面。燃燒的白色灰燼像雲一樣在車道上旋繞，像是超現實暴風雪中的雪花。

我問自己：「我會不會反應過度？」

緊接著一個巨大火團就在辦公室後方爆開，形狀像燭火，不過有九公尺高。

沒有，我沒有反應過度。

充滿驚險地逃離家園

我們跳進那輛本田，我將二七一馬力的強大引擎踩到最高轉速，以前所未有的車速駛離我們長長的車道。

我緊抓著方向盤，指節發白。車燈亮著，但我看不到黑色的柏油路，

只看到濃密的白色煙霧在燈光下閃閃發亮。我擔心車子會在自家車道失控，因為我的車速快得要命。

一到馬路上，我立即用力踩下煞車。馬克韋斯特泉路（Mark West Springs Road）上有其他車子向西邊逃離，這裡十年來一直都是我們的避風港。該讓道嗎？該有禮貌嗎？我的為人一向如此。

但這可不是講禮貌的時候，也沒有時間去做平常的我。我衝入車陣，把我的紅色本田越野車擠進兩輛車子中間。

克莉絲汀感覺頭頂發燙，她深感不解，於是抬頭看天窗外面。

在她頭頂上面，所有的樹枝都著火了。

沿著這條路開了三公里之後，我知道我們已經脫離了危險。接下來怎麼辦？我的前妻住在五公里外的地方，但是火勢正朝著她家的方向蔓延。克莉絲汀和我決定開車去她家，確認她和家人都知道有危險。

我按了她家門鈴，沒人回應。我鑽過後面大門，發現側門沒鎖。我在黑漆漆的房子裡走了一遍，但空無一人。她經常出外旅行，所以她必定出門了。

回到外面，我考慮要不要叫醒鄰居。我們離火場只有五公里，但說不定火不會延燒到這裡。再說我是個講禮貌的人……

但今晚不行。我用力按著車子的喇叭。

一個打著哈欠的鄰居出現了，睡眼惺忪地在路燈照射下眨著眼睛。他頭髮灰白，帶著咖啡色眼鏡，穿著灰黑相間的條紋睡衣。我告訴他，我們剛剛逃離一場大火。他很快叫醒了其他沒被刺耳喇叭聲吵醒的鄰居，幾分鐘內，人們就收拾好珍貴的財物、文件、寵物，裝進他們的車子裡。

克莉絲汀和我站在本田越野車旁，回頭看著過來的方向，這時大火爬上一點五公里外的小山丘。現在火焰的移動速度變慢了。因為停電，火光成為附近唯一的光源。

　　我們看著大火映照著山坡上一棟價值三百萬美元的大豪宅。房子四周的植物全在燃燒，在還沒受損的房子四周留下一個黑色圓圈。黑色圓圈外圍是烈焰構成的一個火黃色的圓環，房子就在圓環中間。

　　突然間，左側屋簷著火了，接著是右側屋簷。然後房子轟然爆炸，化成巨大的火焰泡泡。

　　聽起來就像在戰場上。汽車油箱一被火焰碰到就爆炸，家用瓦斯桶也在轟然巨響中化為灰燼。爆炸聲在山丘之間放大、回響著。

　　火勢還在慢慢往西移動，朝著我們而來。我們決定開車到朋友家，比爾與珍住在更西邊的福雷斯特維爾（Forestville），開車往西走二十分鐘。我們回到越野車裡，紅色烤漆上點綴著白色斑點，那是被灰燼碰撞的位置。

　　現在路上塞滿了車，整個街區的人都在逃難。我們花了半小時才抵達一○一號高速公路，這段路平常只要三分鐘。在那裡，一位警官告訴我們只能往北開，但是我們前往福雷斯特維爾的這一小段路程一開始必須向南走。而且，我們知道大火來自東北方，他可能把人們引向了錯誤的方向，但是我們無力爭辯。他看起來比我們更害怕。

　　我們是在地人，很清楚應該如何避開主要幹道上誤導人們的封鎖路線，選擇走小路。抵達比爾與珍的家時，已經凌晨三點了，我們實在不好意思叫醒他們。於是，我們坐在紅色越野車裡，想著應該怎麼辦。最後，我去按了門鈴，但是無人回應，後來我們睡眼惺忪的朋友終於開了門，我們說了發生的事，兩人嚇得立刻清醒了。

　　簡單的說明之後，我們上樓去客房睡覺。因為睡不著，沒多久又下樓來。珍打開電視，但是唯一看得到的新聞節目來自舊金山，離火場非常遙遠。比爾去車庫，坐在車裡聽地方廣播。我們打電話給克莉絲汀的女兒茱麗亞，她住在附近的佩塔盧馬（Petaluma）小鎮，她立即上網查看消息。

　　讓人沮喪的是，關於火勢有多大、往哪個方向延燒都沒有具體的消息，也不知道索諾馬郡（Sonoma County）的居民接下來應該怎麼辦。克莉絲汀、我、比爾、珍四個人，只能就著僅有的消息反覆談了好一段時間。

兩百美元能撐一個月嗎？

　　我們需要關於火勢走向的最新消息，才能避開大火路徑採取具體行動。新聞只有幾個記者的零星報導，描述某些地點一個又一個的可怕情景。我們知道火勢正在往西蔓延，朝著福雷斯特維爾的我們而來。這時是凌晨四點。

　　電話響起，是福雷斯特維爾的語音自動疏散通知。比爾開始打電話找地方棲身，但所有旅館都已經客滿了。

　　最後，他在羅斯堡木屋（Fort Ross Lodge）要到了兩個房間，這家旅館位於更西邊的海岸附近。就目前來說，這是我們能遠離大火又不用游過太平洋的最好地點了。天剛破曉，我們已經準備好開車去海邊了。

　　比爾給了我一只帆布環保袋，裝滿了他的舊衣服，有紮染 T 恤和帽 T。那不是我的風格，可是如今的我不再是時尚糾察隊了。

　　珍打開她的衣櫥，讓克莉絲汀拿走她需要的一切。我們借了一只行李箱，好存放我們僅有的幾樣東西。

　　走出門時，細小的灰燼如同雪花落滿我們周圍，這些細碎的灰燼是學校、住家、商店、樹木、花園以及夢想的最後遺跡。

　　比爾與珍坐進他們的車子，我們坐進我們的車子，一起開車出發。

　　當地的超市還在營業，克莉絲汀和我停下車子，讓比爾與珍繼續往前開。收銀員告訴我們，因為福雷斯特維爾正在疏散，所以超市也要關門了。他們甚至不收信用卡，只收現金。

我們試著強迫已經亂成一團的腦袋進行理性思考，還剩多少現金？我們算了算，一共有兩百美元。這些錢夠不夠我們撐一個月？我們該怎麼儲存冷藏食品？海岸那邊有什麼東西買不到？現在應該買什麼？有些東西顯然不買不行，例如牙刷、牙膏、梳子和肥皂。

由於逃難人潮的搶購，許多貨架都是空的。這些空位本來擺的是什麼？我們錯過了什麼？於是心裡開始恐慌，並想著：「這會不會是接下來幾天唯一找得到的食物？」一路上我們都專心在聽著汽車廣播，但是發生了什麼事還是沒有可靠的消息。

我買了兩公斤的熟雞肉香腸、一盒營養棒和一些水果。克莉絲汀沒有戴眼鏡出來，她不記得自己的度數是多少，於是她買了度數都不同的三副眼鏡。萬一都買錯了怎麼辦？她又多買了三副備用。帶上我們瘋狂收集來的香腸和眼鏡，然後繼續開車上路，往海岸目的地前進。

廣播說有三個人被燒死了。我的心往下沉，直覺知道這個數字比真實數字差遠了。我們是最後一批離開馬克韋斯特泉的人。警報器沒有響，本地的災難預警系統也沒有啟動。

錯誤的決策奪走了許多條人命

後來我們才得知，本郡官員的決策竟然是這樣：若發出警報及手機簡訊，將會造成民眾恐慌，道路會因此堵塞。由於這個致命的決定，我們這些置身在大火延燒範圍內的人都沒有接獲警報。

最終，死亡人數是二十二人。距離我們家不到一公里範圍內就有八人喪生，其中有些人在睡夢中死去，有些人死在自家車庫裡，當時他們正驚慌地想要發動車子。他們的命運在幾秒內就被判定生死了。

當天剩下來的時間是我們四個人一起度過的，同時也在緊盯著新聞，但是沒什麼新的消息，而緊急救難服務與廣播系統似乎都處在同樣

的混亂中。我傳訊息給西瑟，她是管理我們組織的天才，也住在馬克韋斯特附近。她聯絡上我們的團隊成員，得知他們全都安全撤離了。

西瑟幫我寫了一則訊息，發到我在《赫芬頓郵報》（*Huffington Post*）的個人部落格，讓全球各地的療癒社群知道我們安然無恙。接下來幾週，我定期更新訊息。

再回頭說那天下午，還沒日落，天色就暗了下來。從火場吹來的灰燼如同灰色霧氣覆蓋著這個地區，太陽變得又紅又大，看起來就像熱帶地區的夕陽。將入夜時，血色太陽沉入了地平線，幾顆星星開始穿透黑暗閃爍著。那天晚上，我們坐在比爾與珍的旅館房間，一起享用簡單的餐點，一邊喝酒一邊看新聞。等到晚上我們夫妻一起躺在床上，克莉絲汀突然開始顫抖啜泣，我只能緊緊地抱著她。

我們在旅館遇到同樣逃離火災的人，還包括一些四條腿的夥伴。旅館放寬了「禁止寵物入內」的規定，有位女士甚至用繩子牽著兩隻不情不願的貓咪在散步，牠們臉上明晃晃地寫著「我不喜歡」，還真的是在「遛貓*」啊。

第二天早上，我們夫妻與一群來度假的人一起吃了早午餐。我們得知，只隔了一個晚上，大火便越過了一○一號高速公路，燒毀了科菲公園（Coffey Park）的西半部，然後才被消防隊員控制下來。看來，我們的房子似乎不可能毫髮無損了。

我們已經採取了預防野火的措施，按照當地官員的建議清除了房屋半徑三十公尺內的植被。發生大火前的那天早晨，我洗車時看著四周的植被，心裡還想著：「近十年來，我還沒看過草會乾枯得這麼嚴重。」

第一天，我們就在不斷的聯絡中度過，好讓朋友與家人知道我們還好好活著，不在遇難者的名單中。

---

* 編按：原文為 herding cats，由於貓很難馴服，因此遛貓也引申為難以完成的任務。

留在車庫裡的貓

10/17/2017，東岸時間下午3:58，赫芬頓郵報，聖羅莎大火部落格貼文之四

　　由於事態緊急，絕望的我們要趕快跑去開本田越野車，離開步步進逼的大火。我們跑過車庫，那裡是我們兩隻白色暹羅貓皮耶與蘋果每晚睡覺的地方。牠們是雙胞胎，從牠們還是毛茸茸的小貓時，我們就開始養了。

　　我一邊跑，腦袋一邊快速運轉著：還有沒有時間去帶上車庫裡的那兩隻貓？

　　然後，一顆九公尺高的火球在辦公室後方爆炸。沒有時間了，我們只能跳進車子裡逃命。

　　開了近三公里後，我們慢了下來。兩個人什麼話也沒說，但心裡想的是同一件事：貓咪。

圖 1.1　相互依偎的皮耶與蘋果

克莉絲汀說：「說不定火勢會繞過房子，以前不是有過這樣的情形嗎？說不定牠們會想辦法離開車庫，野生動物很聰明，對火很敏感的。」

我向她保證：「很有可能。」不過我心裡明白，我們剛剛逃離的那場大火，沒有什麼東西能活下來。

第二天當我們看到照片，發現自己的家燒成灰燼時，就知道那兩隻貓不可能倖存。《華爾街日報》的一篇報導說，火勢行進的速度是每三秒就蔓延一個足球場，所以大火肯定很快就將牠們吞噬了。汽車油箱在牠們周圍爆炸，我的一輛老爺車被炸飛到六公尺之外。這時最讓我寬慰的，就是牠們走得很快。

在大火過後幾天，我們為兩隻貓所流的眼淚，百倍於我們為失去的財物與家園所流的眼淚。

逃離家園的那一幕在我心中反覆播放了許多次。我們跑向車子、跑過車庫……我想知道我能否救牠們。

每次我在心裡重播當時情景時，都不禁想到，在那個可怕的夜晚我是否能做些不一樣的事，而不會導致牠們的死亡。我知道答案是否定的，但我還是在現實中不斷尋找著裂縫，好讓我能改寫過去。

理性的我很清楚，如果我們沒有竭盡全力地逃離大火，而是在黑暗的車庫裡摸索，想抓住兩隻發狂的貓，我不可能活下來說這段故事。克莉絲汀和我都不可能活下來。但是這樣的分析，並沒有讓我好受一點點。

　　儘管國民兵封鎖了燃燒地區的道路，不允許任何人進入，但是西瑟仍設法開車經過我們的房子。我傳簡訊問她：「損失有多嚴重？」

　　她回傳的簡訊：「什麼都沒了。」她將災後的慘狀傳給我們。只有煙囪還在，像個悲傷的哨兵站在灰燼中。即使像檔案櫃與廚房用品等金

圖 1.2　大火過後（請見書末全彩照片）

圖 1.3　火災發生的兩年前，同一視角的景象（請見書末全彩照片）

屬製品，也都在熔爐般的大火中熔化了。西瑟跟雷位於附近的房子倖存了下來，是附近地區少數撐過大火的六棟建築之一。

灰爐，是悲傷的顏色

　　在大火之前，我的嗜好之一就是蒐集古董車。我已經將收藏減到少數幾輛特別喜歡的經典款，包括兩輛一九七四年的 Jensen-Healey 跑車，一紅一白。這種非常經典的英國跑車是在一九六〇年代晚期設計的，並在英國的西布朗維奇（West Bromwich）手工打造。我還留了一輛一九八〇年的義大利 Fiat Spider 敞篷車，要在加州酒鄉的多風道路上奔馳，非它不可。最後，還有一輛豪華的勞斯萊斯銀靈（Rolls-Royce Silver Spirit），四十年後看起來仍像新出廠一樣，稱頌著「世界最佳機動車」建造者的遠見，也說明了勞斯萊斯過去百年間所製造的車子為何有近半數仍能上路。

　　如今，這些只剩燒空的外殼。

　　這片土地的彩色照片全是一致的灰棕色，看起來就像刻意做舊的照片。高溫將一切變成了灰爐的顏色。國民兵宣布要讓居民重回自己的家

圖 1.4　汽車殘骸

園，還需要好幾個星期。

　　孩子們非常想見到我們，儘管已經通過電話，但還不夠。他們需要擁抱、緊緊抱著、需要被揉亂頭髮、需要牽手，然後再次相擁，這樣才能慶祝我們都還活著的事實。克莉絲汀的女兒茱麗亞和她先生泰勒從佩塔盧馬的公寓搬到朋友的公寓暫住，好讓我們能待在他們家，好好思考接下來怎麼辦。

舊衣賑濟桶喚起被孤立的兒時記憶

　　首先要解決的是衣服。克莉絲汀和我仍在暈頭轉向地像逃離戰火的難民一樣，而茱麗亞跟泰勒很有耐心地把我們當孩子一樣對待。他們陪我們走到附近高中的體育館，那裡倉促設置了臨時的衣服發放所與庇護所。我的兒子萊諾從紐約搭飛機過來，而我的女兒蕾珂娜則從加州柏克萊的公寓開車過來。

　　克莉絲汀的另一個女兒潔西，以及其他「孩子們」，組成了臨時的救援委員會。在我們從羅斯堡木屋趕到這裡的前幾個小時，他們就用手機應用程式規畫了很長的待辦清單，每個人分別負責這張拼圖的其中一部分。

　　確認當地庇護所的位置；確認是否提供衣服；聯繫保險公司；取消座機電話及垃圾處理服務；為筆電和手機購買充電器；確認哪裡可辦理緊急護照，好讓我們能及時出發前往加拿大，因為我要在下週末的能量心理學年會演講。購買盥洗用具和內衣褲；找出行李箱與收納箱；確認食物發放所的地點。

　　那天晚上，我們在當地酒吧吃晚餐，那裡也為火災倖存者提供免費食物。我輪流擁抱每一個孩子，大家一起哭、一起笑。我們慶祝全家人能夠聚在一起，我說：「我希望每天都能像今天一樣，大家都能聚在一

圖 1.5　愛的大團圓

起，而不是只有在發生緊急事件時。」

　　庇護所的工作人員很親切，指出我可能需要的東西。我一直婉拒，心裡想著：「我不需要刮鬍刀，我的休旅車就有備用的。」緊接著我就想起來，我在照片中看到那輛休旅車已經燒得只剩下骨架了。

　　挑選衣服時，勾起了我童年的痛苦記憶。我四歲時，父母在多年非洲傳教後搬到了科羅拉多泉（Colorado Springs）。教會撥給他們一間小木屋居住，但是他們沒有多餘的錢。我和妹妹珍妮的衣服都是從教會的舊衣賑濟桶裡拿到的，當時很多父母會將孩子不穿的衣服留在那裡，送給時運不濟的窮困者。

　　舊衣賑濟桶給我留下痛苦的回憶。我母親不准我拿太多衣服，而兒時的這個規定因為這次的火災創傷被重新喚醒，從我的潛意識湧現。

　　我記得，有一次我在舊衣賑濟桶找到一件很好看、很暖和的男孩外套——米黃色，手臂上還有海軍藍的橫條紋。這件外套正適合科羅拉多泉的冬天穿，我很高興地把它據為己有。但我母親卻嚴詞斥責，說我犯了驕傲的罪。驕傲是不可饒恕的大罪，而大罪會讓人永遠被打入地獄。

　　所幸，我母親將我從地獄之火的邊緣拉了回來，堅持要我在下一個

主日將那件外套放回舊衣賑濟桶。取代那件外套的，是一件破舊的、有多處磨損的聚酯纖維橙色大外套，比我的尺碼整整大了四號，還配上一條螢光綠的褲子。

幼兒園入學那天，我就穿著這套搭配詭異、尺寸不合的衣服。我的口音很古怪，我的父母窮得要命，便當盒裡裝著古怪的食物，以上種種都不是開學這種大日子的好組合，同時也讓我明白童言童語可以多冷酷無情。

老師們認為我的英國腔需要矯正，所以我得去上發音輔導班。在嚴格的矯正之下，我出現了言語障礙——嚴重的口吃——以及社交恐懼症。我對科羅拉多泉的早期記憶之一，就是步行穿過雪地去上學，一邊盯著我的腳，看著雙腳在泥濘中踩出一條小徑。我穿著雨鞋，內心沉重地預見了接下來這一天會遭遇什麼樣的嘲諷與排擠。

科羅拉多泉的記憶，讓我委屈得很想哭。但是大火之後我摯愛的克莉絲汀一直在哭，她脆弱得需要孩子們攙扶。此時的她需要一塊磐石來

圖 1.6　在疏散避難中心

支撐，所以我只能壓抑著自己的悲傷。

庇護所的捐贈衣物堆得像山一樣高，但因為我的身量很高，沒有一件合身。庇護所主管說：「我們有位志工跟你一樣高，我會打電話給他，看看有沒有你能穿的衣服。」第二天，我就背著一個裝滿衣服的圓桶型行李包回家，庇護所人員的善良與熱心讓我心中充滿了感激。

還有一個人聽說了我要去演講但沒有西裝穿，當下就給了我們一千美元（用二十美元的鈔票捲成一捆），要我去採買。

感謝並祝福他。如果我能如期去參加會議，我希望自己看起來很棒，不要帶著失落或不幸的能量前往。我用那一千美元買了兩套新衣服，而新西裝也確實給了我更多的信心。

作為分水嶺的生命抉擇

克莉絲汀和我回不去馬克韋斯特，也沒有什麼事可做，只能陪親愛的家人和回覆電子郵件。第二天我原本該出發去加拿大，即使推遲幾天，這趟旅程也勢在必行。這意味著，我要留下還在驚嚇狀態中的克莉絲汀，以及離開所有為我們伸出援手的慷慨朋友及家人。

我該走或是該留下？我往內心深處尋求答案。感覺這像是我一生中最關鍵也最艱難的一次抉擇，也是一個分水嶺。在溫哥華的主題演講後，我的原訂行程是進行為期一週的治療師培訓。

主題是什麼？心理創傷。

我在這個領域的專業能力，才剛以倍數成長。

從溫哥華出發後，我還要前往紐約及其他幾個城市，為保健領域的專業人士講課並培訓。如果我取消行程，考量到我的情況，沒有人會抱怨。但是留下來，我能做的並不多；我們那群二十出頭的孩子所組成的臨時委員會，比我更擅長找資源、執行計畫。

圖 1.7　我跟另一位巨人

我祈禱並尋求內在的指引。

做你原本該做的，照常執行任務

我決定要去。

畢竟，這是我的人生使命，是我的工作。在這個關鍵時刻，我才意識到我對這個人生使命的投入有多深，因為即使是在痛失自己的辦公室與住家之後，也不能阻礙我去做生來就要做的事情。雖然我仍然不確定自己的決定是否正確，但一旦下定決心，齒輪就開始轉動了。

首先，我需要護照，而且得在七十二小時內拿到。克莉絲汀和我開車到舊金山的護照辦公室，第二天我們就拿到新護照。人們讀了我第一篇關於火災的部落格文章後發表評論，表達他們受到的啟發。即使沒有時間，我仍然定期在部落格書寫自己這幾天的親身經歷。

幾個月前，我還承諾要為來參加我們夫妻每年主辦的新年靜修會的

圖 1.8　被大火摧毀的一個鄰近街區

人提供指導，而第二場遠距課程就安排在我開車回家途中。但現在沒了家、沒了辦公室，我還能怎樣去履行這個承諾呢？

接著我想起來，幾個星期前我曾經登入米爾谷（Mill Valley）一間旅館的無線網路，當時我正在參加朋友約翰·葛瑞（John Gray）舉辦的研討會，他是暢銷書《男人來自火星，女人來自金星：男女大不同》（*Men Are from Mars, Women Are from Venus*）的作者。米爾谷就在我回家的路上，而無線網路的密碼或許還沒變。我在旅館停車場靠邊停車，登入網路，然後坐在游泳池旁，透過筆電跟參與者說話。

要專心去聽諮詢者說他們的生命願景，而不分心去想這場災難性的損失，非常不容易。我盡量把注意力放在他們的故事上面，甚至沒有人發現我的教課地點就在游泳池畔，而不是在馬克韋斯特的辦公室裡。而且，僅僅兩天前，我才失去了自己的整個家園。

圖 1.9　沒有被燒毀的寶藏

　　等我到溫哥華做主題演講時，沒有人想看我兩個月前精心準備、多達一九六頁的 PowerPoint 簡報。他們只想聽那場大火的驚險經過，所以我將演講題目改成了「穿越大火」，並分享克莉絲汀和我才剛經歷的嚴苛現實。

　　等到我上台時，兩百雙眼睛注視著我。許多參加者都是治療心理創傷的專業人士，我幾乎可以看穿他們正在默默地診斷著我，想判斷我是否陷入否認的深淵中，或是想分辨我那種沒事人的樣子是否是故作姿態。

　　臨床心理學家大衛・費恩斯坦（David Feinstein）是我的朋友及合作者，曾經出版過相關領域的許多關鍵教科書。他為我的演講做了一段搞笑的引言，他說：「道森・丘吉若不是個徹頭徹尾的騙子，就是個適應力超強的人類，或者是我們教導的方法真的很管用。究竟是哪一種，就讓你們來決定吧。」演講結束前，人們站起來給我一段很長、很熱情的鼓掌，並且年會也因為我為療癒領域的科學貢獻頒獎給我。

七十二小時

10/17/2017 東岸時間下午 3:23，赫芬頓郵報，聖羅莎大火部落格貼文之二

　　心智作弄人的方式真是有趣。在逃離燒毀我們房子的大火七十二小時之後，我正在為出國打理行裝。一年前，我已安排好要在下週末前往溫哥華，為加拿大能量心理學年會做一場閉幕主題演講，後續還要帶領三天的心理創傷培訓課程。因為有家人和朋友的幫助，讓我現在可以無後顧之憂地離開，只比預定行程晚了一天。

　　許多年下來，不論是旅行、辦研習營或做主題演講，出發前我都會打包一個完全一樣的行李。這份行李清單經過多年的精心調整，現在我只需要帶個登機箱就能到歐洲進行六週的教學旅程。

　　現在我的心裡一直冒出這些念頭：「我得帶上在療癒課程穿過的那件柔軟的黑襯衫；我從洗衣店把褲子拿回來了嗎？我最喜歡的那件銀色夾克，如果直接裝在行李箱會不會皺巴巴？耳機要記得放在口袋裡。」

　　然後我發現，我沒有那件銀色夾克了，也沒有襯衫、褲子、耳機了，甚至連行李箱都沒了。即使大火已經過去三天，我還是沒能適應。

　　就在七十二小時前，我連一雙襪子也沒有。當我們逃離房子時，四周都是大火，我抓到的只有手機、筆電以及克莉絲汀的手。沒有電源線，沒有盥洗用具，沒有貴重物品。

　　今天我翻看了筆電上的那份待辦清單，不禁失聲大笑。七十二小時前看似最優先的東西，如今卻變得微不足道。

　　我偶爾會想起這次大火所失去的東西。一八六一年版的華特‧

史考特爵士（Sir Walter Scott）作品全集，由愛丁堡的 Adam and Charles Black 出版社出版，全十二冊；我的曾曾曾祖父的錫板照片；我畫的所有水彩畫；克莉絲汀藝術工作的一千兩百個整理妥當的藝術課程資料夾；那輛一九七四年的 Jensen-Healey 紅色跑車。但我不會戀戀不捨，因為生命更珍貴。

即使大火仍然在本郡的其他地區肆虐，但是人們已經開始振作起來了。我們暫時棲身的住家隔壁，昨天就在重新整修了。

今天早上，我的心充滿了感恩。我活著經歷了所住地區最嚴重的災難之一，克莉絲汀和我爭分奪秒地從死神手中逃出來。我有很棒的妻子和家人，每天都能在愛中醒來。我感覺每時每刻都受到「大靈」（Great Spirit）的引導。大火的第二天，克莉絲汀和我做

圖 1.10　克莉絲汀和送給我們的禮物

了一小時的長冥想，當我們重新觀想大火時，把它視為一個迎接宇宙美好新事物的開口。生命很珍貴，不管有沒有這場大火，我們都可以選擇每天為生命的美妙而心生歡喜。

柏奈特‧班恩（Barnet Bain）是奧斯卡最佳視覺獎電影《美夢成真》（*What Dreams May Come*）的製作人，他是數百位寫電子郵件鼓勵我的人之一。我回信感謝他，信中說道：「我們在精神上是完整的，這也是最終極的實相。」

開完會之後的那一週培訓令我印象相當深刻，每個人都知道我剛經歷過一場大火，他們對我格外友好。我所教授的主要方法之一是情緒釋放技巧（Emotional Freedom Techniques，簡稱 EFT，見附錄一），透過敲打穴位來緩解心理創傷。大火發生後，我自己就做過很多次 EFT 敲打，而這次旅途中我也多做了幾次。

在紐約，我們的一位執業專家和我一起進行過數小時的創傷釋放療程。深烙在我大腦中的影像是那將近九公尺高的火團，經過幾個小時的治療後，我才能在回想起那個影像時保持情緒平靜。

我跟妻子每天都會通電話，所以能從她的聲音中聽到她的痛苦，也因此我決定縮短行程。我取消了最後幾場研討會回到加州，發現她的身邊有孩子及朋友的陪伴、照顧，在愛織成的網絡中，精神與物質都不虞匱乏。但是情感上，她每天還是需要我的陪伴。

小東西帶來的幸福

10/24/2017 東岸時間下午 6:29，赫芬頓郵報，聖羅莎大火部落格貼文之六

我戴著一副老舊且傷痕累累的眼鏡，這副眼鏡對我非常珍貴。

在大火發生之前，眼鏡是一種消耗品。我通常一次會訂製三副，因為我知道每副都撐不太久。它們有時會不小心被我坐壞、摔壞，或是忘在我去過的地方。每年我都這樣毀掉好多副眼鏡。

在大火發生之後，我只剩下一副拋棄式眼鏡，剛好就放在我們開著逃離火場那輛車子的遮陽板上。突然間，一個對我來說微不足道的東西變得相當珍貴。有了這副刮痕累累的眼鏡，我能看清楚東西，我對擁有「清楚視力」的這個特權非常感恩。大火重新調整了我的優先順序。

指甲剪，我總是放一組在旅行包內，另一組放在浴室最高的抽屜裡。這樣的安排已經維持了好久，因此已經成了我下意識的行為了。現在我人在溫哥華，想念我的指甲剪。

我在心中記下，經過藥局時要買幾支指甲剪，但是每次我都忘記。因為將指甲剪列入購物清單，已經是十年前的事了。

每天早上，當我穿上襪子時都會心懷感謝。大火發生前，我從未意識到自己幾千次穿襪子的動作。但是，現在所有襪子都毀於一場大火，而且之後整整兩天沒有襪子可穿，才讓我意識到柔軟、溫暖、毛茸茸的襪子帶給我的幸福。

想像一下，若是我們一生都能意識到這些小東西帶來的幸福會怎樣。想像一下，若是使用牙膏、湯匙或耳機等日常小東西時能懷著一份感激，並發展為我們的生活方式，又會如何。

　　我已經下定決心，從現在開始，我不再將生活中的任何事物都視為理所當然。昨天走在人行道時，我感謝我的每一次呼吸；我感謝清爽的空氣進入我的肺；我感謝腳上的鞋子；我感謝行走的能力；我感謝樹上飄落的葉子；我感謝雨滴輕輕地落在雨傘上。

　　這幾篇關於大火的文章引發了很多朋友的回響，其中一位讀者寄給我這首由中世紀波斯詩人魯米（Rumi）所寫的詩〈客棧〉（*The Guest House*）。這首詩提醒我們，只要我們能臣服並心懷感恩，生命中的災難也可以是祝福。

> 生而為人就像一間客棧，
> 每個清晨都有新的旅客到來。
> 歡愉、沮喪、卑鄙，
> 一些意識的瞬間，就像意外到來的客人。
> 迎接並招待他們每一個！
> 即使他們是接踵而至的悲傷，
> 會橫掃你的客房，讓家具無一倖免，
> 也請善待每一個來客。
> 或許他會為你清出空間，帶來新的歡喜。
> 不管是陰暗的心思、羞愧或惡意，
> 都要開門迎接，帶著笑意邀他們進門。
> 對任何到訪的客人都要心懷感激，
> 因為他們每一個都是上天派來的嚮導。

　　我希望你們能將生命中的問題視為「來自上天的嚮導」，召喚

你們過著有意識的生活。我希望你們能時時臣服，並感恩自己還活著的這個奇蹟。我希望你們能感謝每一次呼吸、每一雙襪子、每一副眼鏡，以及生命中的每一個小事物。

　　一場大火讓我失去了所有的身外之物，也終於意識到它們有多珍貴。我祈願你們，不需經過災難就能提醒自己享受每一刻的神奇魔法。每天你們要心懷感恩地醒來，感恩每一次呼吸，在每晚入睡時也能沐浴在正念生活的奇蹟之中。

　　克莉絲汀已回去過馬克韋斯特不少次了，第一次是我們一起去的。我們一邊篩著灰燼，一邊驚嘆連連。沒想到大火的溫度是如此高，連 Jensen-Healey 跑車的鋁製輪框都保不住，變成一團團熔化的金屬。朋友建議我取回勞斯萊斯車蓋上那尊優雅、著名的飛天女神標誌，不過大火

圖 1.11　原先這是 Jensen-Healey 跑車的鋁製輪框

已經熔掉了車子的前半部，飛天女神早已消失得無影無蹤了。擋風玻璃也熔化了，這意味著大火的溫度已經達到了玻璃的熔點，也就是攝氏一千三百度的高溫。

雖然要在灰色的瓦礫中分辨個別物件相當困難，我們還是蒐集到了幾件紀念品，包括我祖母留下的皇家道爾頓瓷器的碎片。

令人訝異的是，有一尊佛陀雕像卻安然無恙。它就端坐在原辦公室的灰燼中，四周盡是焚燒後的殘骸。雕像面容平和又安詳，提醒著我們永恆的無形價值。我在《赫芬頓郵報》的部落格，也寫了一篇關於這尊佛像的文章。

灰燼中的聖者

10/24/2017 東岸時間下午 6:42，赫芬頓郵報，聖羅莎大火部落格貼文之十二

今天我妻子克莉絲汀跟西瑟回去了我們被燒毀的家園。西瑟是我們宇宙 EFT（EFT Universe）的營運經理，住在我家附近。西瑟的先生雷，還帶了篩灰燼的工具。

克莉絲汀說那裡看起來就像被轟炸過一樣。現場的救災人員告訴她，房子在燒了不到五分鐘就化為一片灰燼了。

沒有篩出什麼重要的東西出來。她只找到了幾把鑰匙，但是已經燒得扭曲變形了。倒是有些瓷器和雕塑品倖存了下來。

最有意義的畫面，就是這尊坐在灰燼中的佛陀了。

對我而言，它代表我在這次火災經歷的一個核心真理：身外之物會來來去去，但是核心的永恆能量，亦即我們存在的真理，是無法被燒毀的。

圖 1.12　灰燼中的聖者

　　最重要的東西——愛、連結、慈悲、意識、真理及信仰——永遠不會被摧毀。當它們周遭的一切都被生命之火毀於一旦時，它們只會益發鮮明。

　　克莉絲汀去過燒毀的家園後和我通了電話，我們反思著自己所得到的所有祝福。我們談到失去的東西，也談到我們知道彼此將會一起創造的偉大未來。

　　佛陀帶來的訊息是，我們越早放下過去，就能越早擁抱全新且正向的未來。儘管有許多珍貴的財物在火海中化為灰燼，但是我們心中擁有的才是終極的財富。有了它們，無論外在世界面臨什麼樣的挑戰，我們將永遠感到富足與幸福。

採購與以前不同的物品，創造新生活

　　克莉絲汀和我的生活仍然沒有步上正軌。保險公司給了我們五千美元來應付初期開銷，於是我買了一堆工具。就讀德州貝勒大學期間以及畢業後，我曾經在工地工作過，所以會修理房屋和車子。很快的，我們旅館房間的一個角落就堆滿了錘子、螺絲起子、鋸子、水平儀，以及修理老爺車的工具。

　　意識上，我知道現在的我沒了房子，也沒了收藏的那幾部車子。但這個訊息尚未進到我的潛意識心，因此我購買了工具來修理那些已經不存在的東西。我們的心靈需要令人驚訝的漫長時間，才能適應一個全新的現實。

　　保險的運作方式就像在變相鼓勵人們因襲舊制，例如你買的冰箱或烤麵包機跟先前的是同款，保險公司會補助你「更換成本」，也就是購買新家電的全額費用。

　　相反的，如果你不是替換某件財物，保險公司只會支付你「折餘價值」（depreciated value，即成本減去折舊所餘價值），大約是跳蚤市場的價格。整個保險體系無情地引導你一再地去重新創造與舊生活一模一樣的新生活。買同樣的物品，用過去的一片片拼圖來填補新生活的空白。

　　大火後兩個月的某一天，克莉絲汀和我對視了一下，就像剛從夢中醒過來一樣。我們對彼此說：「不要再回到過去的生活，不要再買跟以前一樣的東西。我們要重新創造，要重新活出我們內心所渴望的現實，而不是再創造出曾經擁有過的舊現實。」所以我們停止採買，除了那些我們確定自己真心想要並精挑細選過的少數東西。我們享受每一次的購物，並為擁有的新財物心懷感恩，每樣東西都是我們有意識去挑選的。

　　我們很感激茱麗亞和泰勒讓我們待在他們的公寓，後來我們搬去跟一位才華橫溢的藝術家朋友和她的先生同住。接下來我們面對的挑戰，

就是找個能夠長久居住的地方。

　　房市在大火之前就已經很吃緊了。新成屋的選擇很少，而且價格高得離譜。出租屋則幾乎不存在，租屋客瘋搶為數不多的幾間房子。

　　接著來了這一場大火，把五千三百棟房子燒得一乾二淨。保險公司不可能為那些流離失所的人找到當地的安置處，而是在一百六十公里外的沙加緬度或舊金山租房子。許多人不得不回到自己燒毀的家園，一家人住在拖車上，或是將拖車停到親戚家的車道上，暫時安身。但，我們要住在哪裡呢？

來自指引者的聲音

　　「打電話給瑪麗蓮。」有天克莉絲汀對我說。瑪麗蓮是我們的朋友，是思維科學研究所（Institute of Noetic Sciences）的前所長，當時她就住在佩塔盧馬，是我們在火災發生前最想搬過去住的地方。

　　「親愛的，我忙不過來了，沒有時間打電話給瑪麗蓮。」我回答她。

　　幾天後，克莉絲汀又用她甜美的聲音溫柔地建議我打電話給瑪麗蓮。當她用那種聲音說話時，我從經驗中得知，她「接上天線了」。她的聲音略有些改變，而且我感覺得到天使透過她來說話。於是，我打電話給瑪麗蓮。

　　結果瑪麗蓮很感興趣。她說：「我一直在矽谷接標案，而我先生在特斯拉上班，每星期都得開很久的車通勤上班。如果保險公司願意租下我的房子給你們住，我就可以在真正想住的山景城（Mountain View）租房子了！」

　　一通電話，我們就找到一個理想的住家，而且就位於我們一直想要居住的佩塔盧馬。

好事成雙，挑戰也不少

我們很喜歡瑪麗蓮的房子。後院圍籬有一扇門，通往開闊的保護區；兩個街區之外還有一個網球場。不同於馬克韋斯特泉的是，這個街區地勢平坦，我們可以直接從前門騎腳踏車出去。在網球場附近有一個很大的郡立公園，有好幾公里長的自行車道與健行步道。我可以在佩塔盧馬河上玩沖浪，開車過去只要五分鐘。

房子比我們原來的家大了一倍，還有許多我們以前連想都不敢想的豪華功能。有一天，我們驚訝地發現，瑪麗蓮的房子幾乎與我們貼在夢想板上的理想住家一模一樣。宇宙以一種令人意料的方式提供了這一切。

我的朋友及事業夥伴主動提出讓我們免費使用他的額外辦公室，於是西瑟與我們的核心團隊每週二、週四會擠進這個辦公室，其他時間則在家工作，讓我們的私營事業宇宙 EFT 及非營利組織「國家整合健康照護機構」（National Institute for Integrative Healthcare，簡稱 NIIH）重新動起來。

這個過程花了好幾個月，充滿了挑戰。其中一個挑戰就是郵局在將近半年的時間內持續發生轉寄問題，我們從郵件中收到的支票幾乎都晚了幾個星期，有些甚至沒收到，對於我們的財務及情緒造成了相當嚴重的影響。

夢想規格的生活打造

當克莉絲汀和我意識到我們正在展開新生活，並且可以依照我們當前的夢想（而不是過去的願景）來打造時，我們開始做出了一些不一樣的選擇。我採用了一套新標準，我稱之為「四季酒店」標準。我們住過世界各地的四季酒店，發現它們總是裝潢得很漂亮，而我希望我們的新

家看起來也跟這些度假飯店一樣。於是我告訴克莉絲汀：「我要的東西，都必須夠資格進到四季酒店。」

不過，我一直忘記這個標準。有位朋友給了我們一套舊的布藝沙發，看起來還不錯，但上面有她養的寵物兔咬的一個洞。因為我們沒有沙發，所以我接受了，還借了一輛卡車準備運送。克莉絲汀打趣地問我：「這套沙發能進四季酒店嗎？」於是我婉謝了那套沙發。

我的女兒蕾珂娜要搬到德州，想把她一些基本的家具送給我們。但我們不急著要用東西來填滿現在的生活，而且也希望新空間能有更完美的裝潢。

我們決定花大錢買下一張企盼已久的好床，因為可能接下來幾十年我們都會睡在這張床上。我們去了許多賣場，躺過許多張床。我們的朋友珍在她的「健康兒童」（Healthy Child）網站上賣兒童床墊，她警告我們在床墊的生產過程中會用上許多有害的化學物質。

真的嗎？我上網查找了可合法用於床墊的化學物質，訝異地發現珍說得沒錯。所以，我們要選擇有機產品。我們的床架則選用分離式設計，能遙控升降。

最後，床送來了，完全就是我們想要的。幾天後，我們發現這確實是一張完美的床，只不過是對我們的舊家而言。再一次的，我們無意識地套用過去的經驗來創造我們的未來。

在選車時，我也同樣脫線。先前我在拍賣會上買過好幾輛車，所以在網拍上買了一部豐田 Prius 跟一輛舊休旅車。但後來發現，拍賣公司的總部設在奧勒岡州，車籍必須先由加州的拍賣場轉移到奧勒岡州，好讓他們能把車籍過戶給我——然後再轉回到加州。繁瑣的手續花了好幾星期，而我還是沒有車子可用。

克莉絲汀說：「你是個車迷，為什麼不將消息發給你車友俱樂部的朋友呢？」我確實這麼做了，感謝酒鄉車友俱樂部（Wine Country Car

Club）的某位成員，一天後我就開著一輛很不錯的福特 F250 小卡車了。他讓我自己選：這輛車，或是一輛一九二四年的勞斯萊斯。儘管我喜歡勞斯萊斯，但是它卻不適合運送沙發。

深夜十二點四十五分

11/13/2017 東岸時間下午 5:31，赫芬頓郵報，聖羅莎大火部落格貼文之十一

時間是深夜十二點四十五分，我非常清醒。

這一個星期以來，我每天晚上都在同一個時間醒過來。而且至少有兩個小時完全睡不著。即便睡著了，也會輾轉反側到黎明。

我不知道原因為何。以前我偶爾會失眠，但是沒有像現在這樣的反常情形。能做的事我都做了，還是無法讓腦袋安靜下來。我做了敲打，也做了靜心冥想，照常在深夜十二點四十五分準時醒過來。

最後我終於想起來了，十月九日那天我正是在這個時間醒過來，發現到情形不對勁，也就是那個晚上，在我望向窗外時，看到野火朝著我們家燒過來。

現在身體知道深夜十二點四十五分會發生不好的事，所以它分泌了大量的皮質醇把我叫醒。

對於 EFT 敲打會如何影響壓力荷爾蒙，我進行了一個關鍵的研究。我們的研究小組隨機將受試者分成三組，檢測他們在治療前後的皮質醇濃度。其中第一組人接受常規的談話治療，第二組休息，而第三組則做 EFT 敲打。結果顯示，第三組的焦慮和憂鬱程度比其他兩組低了兩倍之多，皮質醇濃度也明顯下降。

所以我知道這個技巧有效，也知道皮質醇激增會是什麼樣子。

圖 1.13　走在灰燼之中

我還記得自己所創辦的「退伍軍人壓力計畫」（Veterans Stress Project），曾經治療過的一個人。一九六八年，他在派駐到越南的第一天清晨四時四十五分就遭遇迫擊炮攻擊。四十多年後，當他前來接受治療時，仍然經常在清晨四時四十五分醒來。

　　這就是典型的皮質醇激增。儘管這種生理反應曾經幫我們的老祖先成功逃離危險，但是如果反覆發生，就會嚴重破壞身體的生物化學機能。

　　由於我會在深夜十二點四十五分醒來，而且再怎麼努力都很難入睡，因此我決定不如跟這個模式為友。當我清醒地躺在床上時，我會專注去想我人生所有的快樂，去想我幸運地在大火中逃生，去想著我有愛我的妻子、成功的孩子，以及一個逐漸壯大的社群。我會想我的工作如此有意義，每年療癒了成千上萬的人。

在大火過後整整一個月，我在深夜一點四十五分醒來，比平常晚了一個小時，而且我很快又睡著了。這意味著，我的身體已經被我的心智說服。身體不再重複這樣的故事：倘若我們沒有在深夜十二點四十五分醒來，保持高度警惕，死亡就會迫在眉睫。同樣的狀況，第二晚也發生了。

這是正向的改變！

好好愛我們的身體非常重要。如果身體不乖，比如生病或是出現經常失眠這樣的模式，我們的一貫處理方式就是想著趕快讓問題消失，卻忽略了這些問題的癥結，甚至否認它們、壓抑它們，或為它們感到生氣，或用藥物對付。

相反的，如果我們能盡力去了解自己的身體，接受身體本來的樣子，我們就能打開通往療癒的大門。心理學家卡爾·羅哲斯（Carl Rogers）是二十世紀一個以案主為中心的偉大治療師，他稱此為「成長的悖論」（paradox of growth）：我們需要愛自己本來的樣子，包括我們的所有問題和局限。如果能這麼做，我們就會開始改變。

一旦你的身體知道它會被聆聽，就會懂得輕聲細語。有時這裡一點小騷動，那裡一點小疼痛，我們需要學習聆聽這些訊息，並照顧它的需求。

在研習營時，我經常會協助那些多年來忽略或甚至憎恨自己身體的人。他們無法敏銳察覺到身體發出的訊息，捕捉不到那些細微的訊號。

如果溫柔的溝通一再受到忽略，身體就不得不更大聲說話。那些小小的疼痛可能會變成關節炎；如果持續忽視，可能就會發展成全面性的自體免疫疾病。有那麼多人都在跟自己的身體對抗，試圖

用藥物或成癮物質來強迫身體噤聲。

　　成長始於愛自己，而療癒則始於接受自己，即使現在的處境看起來這兩者似乎都行不通。練習愛自己能夠降低壓力程度，並打開我們對自己生命潛力的覺察能力。透過這扇機會之窗，宇宙的愛、美、和平將會瑩瑩發光。即使是在深夜十二點四十五分。

宇宙是偉大的設計家與創造者

　　經歷像火災這樣的重大損失之後，人類自然會渴望安定下來。我和克莉絲汀人性中那充滿恐懼的一部分想盡快在馬克韋斯特泉重建家園，或是在佩塔盧馬買新房子。然後，重新把房子的家具買足，在車庫裡塞滿車子，往房間裡填滿東西。透過這些屬於我們的東西，才能證實我們還活著。

　　每盞燈、每一把椅子、每一只花瓶、每一個杯子都是代表穩定的圖騰，也代表生活重回正常。

　　然而，房子的每個空隙、每個空蕩蕩的角落，隨時都可能提醒我們失去過什麼，提醒我們曾經擁有但此刻已經不存在的美好事物。在我們停下來反省並決定要有意識地往房子裡買東西之前，我們一直都在匆忙地想填補這個空洞。

　　但是，這種急於以物質財富來證明我們還活著的行為，代價是高昂的。它會占盡所有空間，讓最高的、意料之外的美好力量無法開展。

　　所以每當我們感受到有買東西或做決定的衝動時，我們就會喊停。然後我們會靜心冥想，直到能在神祕力量中感到自在、舒緩下來為止。幾個月下來，在我們租住的瑪麗蓮大房子裡還是空蕩蕩的，朋友們對我

們能夠滿足於這樣的生活都大感不解。但是我們抓住了這個機會，放下對安全感的強烈需求，讓宇宙以共時性的方式帶給我們驚喜。

克莉絲汀報名了一個繪畫班，每週上課一天。她的班上有個學員也是這次大火的受災戶，後來買了一間附帶家具的房子。前任屋主留下的某些物件她用不上，於是轉送給了我們，其中包括兩張很漂亮的波斯地毯，非常符合我們新家的色調。後來我們的設計師朋友來訪時，說這兩張地毯價值高達兩萬美元。當我們信任宇宙時，它總會一再地顯現奇蹟。

我們憑著直覺，沒有做出任何迅速或斷然的承諾，例如購買大宗物品或簽署長期租約。當我們每天冥想時，感覺就像在跟一個友善的宇宙校準頻率；同時也感覺到，對於未來，人類的眼界有太多的限制。宇宙為我們準備的夢想，遠遠大於人類有限的心靈所能想像的。偏執地一味執行自己有所局限的欲望（尤其是在兵荒馬亂的火災過後），將會排擠有限的空間，讓我們的至善至美無法自然開展出來。所以，就讓我們隨順著宇宙之流，留下足以讓共時性出現的空間吧！

奶油加咖啡

12/07/2017 東岸時間下午 3:00，赫芬頓郵報，聖羅莎大火部落格貼文之十二

咖啡混合幾湯匙的有機無鹽奶油，味道好極了！如果你還沒試過，可能會覺得這種搭配有點怪。如果你試過，或許會跟我一樣喝上癮。《防彈飲食》（*The Bulletproof Diet*）的作者戴夫・亞斯普雷是我的好友，他在幾年前就將這種咖啡介紹給了全世界。

早晨來一杯奶油咖啡會讓你接下來幾個小時精神飽滿，這是最新流行的「間歇式斷食」（在八個小時內吃完三餐）的一部分。間

歇式斷食與完全斷食同樣有效，而後者最為人詬病的一點就是很難持續下去；而我已經享受奶油咖啡好幾年了。

這星期我準備了大火後的第一杯奶油咖啡。火災已經過去兩個月了，我們的生活嚴重被打亂，連早晨來一杯奶油咖啡的儀式（只需要食物調理機、咖啡機及冰箱）都變得奢侈且不可能。

當我將奶油倒進咖啡後，身體馬上湧起了一股滿足感。奶油＋咖啡＝正常。早晨的這個小儀式是個象徵，代表我的生活正在回復正常。

很難解釋我的生活離「正常」有多遠。舉個例子，早上你換衣服時，想穿一雙顏色能搭配襯衫及褲子的襪子；但你馬上想到，你要的襪子在朋友的車庫裡，需要半小時的路程，而褲子還在洗衣店。

你想給藍芽喇叭充電，然後你想起來電源線在很遠的儲藏室，而且目前正在停電。當所有東西都在家裡時，你只需要幾分鐘就能把以上事情做好；相反的，當它們分散在不同位置，你必須花上幾小時。你的進度會越來越落後，而要趕上的迫切性則會越來越強。

收信匣裡塞滿了朋友表達願意協助的訊息，還有遠在幾千公里外的人要提供你暫時的棲身之所。這讓你感覺到被愛，而你感謝他們的關懷。但是回覆他們的郵件會耗去更多時間，而現在的你需要時間來完成一些最簡單的日常工作，並且讓生活回歸某種秩序。

所以早上來一杯奶油咖啡，如此簡單的行動卻能讓我渾身上下都感到溫暖。大火後的兩個月，在亂七八糟的世界中，這個小儀式是一個正常的象徵。儘管這類的象徵少之又少，但是你會很珍惜。

歲月安好的時候，我們把這些日常事務視為理所當然。我們的房子、家人及物品都在我們身邊，我們很容易就以為這些都不會改

變，也不會消失。

但是，我們的自以為是或許無法如願。所以，趁著他（它）們還在時好好享受吧！你日復一日的那些小儀式，可能比你想的更加珍貴。

三倍的工作量

在正常的一週工作中，我有很多事要處理。每年都有好幾百人參加我們的能量心理學及 EFT 認證課程，而我最喜歡的事之一就是從旁指導他們，看著他們進步。這意味著，除了定期主持小組的線上課程，我還要針對個人案例給予個別回饋。

我勤於筆耕，有部落格、書籍及線上課程的內容要寫。我經常出差，在美國、加拿大、歐洲帶領研習營，有時會離開家及辦公室長達數週。每年我有超過兩百場的電台、高峰會及 Podcast 訪談。另外，我還有管理組織的日常工作。

國家整合健康照護（NIIH）是一個了不起的機構，我們最大的一個專案就是退伍軍人壓力計畫，專門為罹患創傷後壓力症候群的退伍軍人提供能量治療，每年幫助的退伍軍人及他們的配偶多達數千人。

國家整合健康照護機構的另一個分支是表觀遺傳醫學基金會（Foundation for Epigenetic Medicine）。這個部門會進行研究，而我通常是研究者之一。我們參與了一百多項的科學研究，而其中已經有數種能量療法有實證基礎，部分得益於我們的努力。

國家整合照護組織的所有成員都是志工，沒有人支薪。我每年要投入大約五百個小時來推廣其目標。

這麼多的活動，因此我每週的工作時數很少低於四十個小時，而且通常是這個數字的兩倍。

即便是大火之後，我也未曾停下腳步；照常支付團隊成員、自由接案者的薪水，每年能接觸到百萬人的所有基礎設施也同樣照常付費。我仍然必須出席已經安排好的所有活動，因為只有這樣我才能有錢來支付這些費用。

但現在最重要的是，我必須重新建構自己的生活。我需要找地方住，需要重建家園，也需要把散亂的生活重新凝聚起來。

等到你失去一切之後，才會意識到自己需要多少東西才能過正常的生活。它們平常都藏在背景裡運作，讓你視為理所當然。削皮器、開瓶器、托盤、水瓶、沙拉碗、咖啡機、食物調理機、隔熱手套、鍋鏟、紙巾架、香料架……而這些只是廚房需要的用品而已！

災難過後，你必須從頭開始填滿家裡的每個房間。這需要時間、注意力、金錢及精力。

保險公司會要求你列出每項要申報損失的東西。如果是遭小偷或水災這類事件，你可以出示丟失物品的收據，他們會補償相關損失。

但是大火過後，哪有什麼書面文件，一切都燒掉了。我們必須根據記憶來重建每個房間的東西，找出每一樣東西，然後一筆筆記錄下來。

身為一個條理分明的人，我用 Google 試算表來做這個工作，與克莉絲汀及孩子們一起合作完成。即便這樣，我們還是花了好幾個星期才完成這份清單。

我在本地報紙上讀到一篇報導，提到這項工作對火災受害者來說有多麼困難。報導還說，要列出這樣一份清單可能要花上二十個小時。我只能大笑，因為那個時候，我們已經花了四百多個小時了。四百多個小時，那是十週的工作量，而且距離完成清單還非常遙遠。

從廢墟堆裡獲救的倖存者

11/01/2017 東岸時間下午 6:51，赫芬頓郵報，聖羅莎大火部落格貼文之九

　　牠幾乎不可能活下來。在十月九日的塔布斯野火（Tubbs Fire）路徑上的生物不是逃到安全處，就是一命嗚呼。

　　因此在大火過後多日，根本沒有人去找牠。沒有人會相信有任何生物能夠在高溫的烈焰中活下來。

　　災難發生兩週後，有關當局允許部分住戶回到自己受創嚴重的家園。克莉絲汀也回到我們位於馬克韋斯特泉路的住所，發現房子已成了一片廢墟。

　　克莉絲汀走過廢墟，我們的朋友西瑟與雷陪在她身邊。原先的池塘裡有克莉絲汀照料的優雅錦鯉，現在看起來就像一個有毒廢棄物的傾倒場。善良的雷在克莉絲汀看到之前，就先處理掉魚的屍體了。眼淚在這裡早已變得不值錢。

　　克莉絲汀走過池塘時，覺得自己看到了有東西在動，儘管在漂滿浮渣的黑水裡不可能有東西存活。第二天，我們很有辦法的朋友瑞克也來幫忙，並且勇敢地走進骯髒的黑水中。他往池底摸索時，碰到了一個橢圓形的東西。

　　他把雙手舉高，從水中撈出了……一隻烏龜，我們養的烏龜！不知何故，牠竟然在這個有毒的髒水中活了超過兩週。

　　這是一隻「紅耳龜」（巴西烏龜），我們未曾幫牠取名字。牠是一種以堅韌生命力聞名的常見物種，大約在七年前住進我們的池塘裡。

　　如果你有的是鰭足而不是鰭，要離開池塘並不困難，所以在第

一年牠逃了兩次；兩次我們都在不遠處找到牠。在那之後，牠得出一個結論：自由的危險遠大於囚禁的安全，所以不再亂跑。這山望著那山高，隔岸風景不見得比較好。

牠經常和魚群一起游來游去，不過牠會要求特別待遇。當我們在池塘撒飼料餵錦鯉時，牠連瞧都不會瞧一眼。相反的，牠會用小小的眼睛盯著我們看，直到我們跪下來親手餵牠。牠需要的是愛與連結，而不只是食物。

在大火之後，我們決定為牠取名為塔布斯先生，並被我們的朋友領養走了，住進一個更大的池塘，旁邊還有小溪流。

禮讚任何能讓你連結到愛與希望的線索，無論它有多脆弱。我們很熟悉自己身旁的人事物，並假定他們永遠都在。就像遭遇大火前的我和克莉絲汀，你也有這樣的錯覺，認為你現在所擁有的、陪著你的，明天依然會在。

圖 1.14　烏龜「塔布斯先生」

但是，他（它）們可能會以無數種方式從你身邊消失。

你要對待他（它）們就像明天他（它）們將會離開一樣；你要將生命的每一刻都視為無比珍貴，尤其是那些讓你連結家人、朋友、靈性及自然的元素。你或許永遠不會經歷災難並因此嘗到失去的滋味，那麼你就能盡情且完整地擁有或享受他（它）們，品嘗他（它）們的甜美，直到生命的盡頭。

療癒曼陀羅，迎接新一年的開始

我在米爾谷的遠距課程中構思出來的新年僻靜活動已經額滿了。我們按計畫前往夏威夷一週，引導精挑出來的十五人經歷一次深刻的轉變。活動包括每日靜心冥想、與更高的個人力量連結，以及從可能性最高的自我版本中去創造。其中一項練習就是繪製曼陀羅，我和克莉絲汀獲得的啟發都是用鳥作為主題。帶領其他人經歷觀想過程，也讓我們有機會一起參與。

一場大火，讓我失去了許許多多的有形事物，其中之一就是我累積多年的日記本。從十五歲起，我就有寫日記的習慣，我那一整櫃的日記本如今都付之一炬了。大火過後的第二天，我買了一本新的日記本。我先寫下自己生命中所有的靈性里程碑，摘要記錄數十年的個人成長與轉變。接下來幾頁，我寫下這一生中所有重要的人生里程碑，例如工作與人際關係，讓這本新日記能與過去的歲月接軌。

在夏威夷僻靜的每一天，都是從早餐前的靜心冥想開始，接著在靜默中用餐。我們挑選了一些具有啟發性的卡片，並做了多種練習來點燃創作過程，讓我們得以連結上內心深處的指引者。

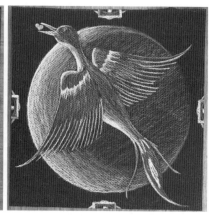

圖 1.15　療癒曼陀羅（請見書末全彩圖）

　　我一直都不喜歡傳統的新年儀式。跟一群人一邊喝酒，一邊醉茫茫地看著電視上時代廣場的大球落下，一邊大聲喊叫？對不起，我敬謝不敏。因此，克莉絲汀和我才會帶著這個團隊一起創造我們自己的儀式。午夜時分，我們在僻靜中心的迷宮裡步行，靜靜護持著新一年的願景。當天是滿月，一個神奇的時刻。

相互扶持，凡事才能有個圓滿的結局

　　我添購的最後一項居家用品，是日本的三笠（Mikasa）餐具組。我和克莉絲汀多年前收到的所有結婚禮物都毀於大火，而其中有幾件我一直念念不忘。我買下三笠餐具的那一天，感覺整個新房子都完整了。

　　四個月後，我們辦了第一場派對，邀請了許多朋友上門，房子裡充滿了歡聲笑語、美酒、美食，還有愛。我起身，分享大火後所發生的所有奇蹟，以及感謝所有朋友對我們夫妻的支持。我感覺生活終於回到了正軌。

　　派對上的一個突發事件，可以用來代表大火後的這九個月。我跟比

圖 1.16　夏威夷僻靜

爾在晚餐時坐在一起，而克莉絲汀和珍坐在餐桌的另一邊聊天。比爾在享受甜點與美酒的時候，深深嘆了一口氣，然後他將椅子往後推，想放鬆地癱坐在椅子上。

　　椅子的後腳往後滑動，於是他猛然向後跌倒，身體的重量將他的頭拋向下方六十公分處的石造露台。

　　我抓住比爾的手臂，不顧一切地想阻止他跌落。他反手抓住我的手，我的腳跟用力，用意志力讓自己穩穩站在陽台上，不要被比爾的重量拉向旁邊。

　　當我們雙手交握時，感覺就像岩石一樣。比爾沒有繼續往下跌，彷彿他撞上一堵牆。我將他拉向我，而他的椅腳在摩擦聲中回到陽台上。

　　這個突發事件簡直就是對生命的一個隱喻——相互扶持，事情就能圓滿解決。

宇宙的共時性作用，幫你巧安排

在舉辦派對的那個月，我的新書《科學證實你想的會成真》正式出版，第一天就進入亞馬遜書店的神經科學排行榜第一名，並且一整年都在前十名之列。在發生火災的前一個月，我已經完成了所有的書稿，並寄給了賀氏書屋（Hay House）出版社的瑞德・崔西（Reid Tracy）。

不論是寫作或行銷這本書，我都不遺餘力。我讀了數百篇科學研究，然後以非科學家的人也能理解的方式寫下這些證據。整本書都在討論顯化的科學——我們如何透過自己的想法創造出物質實相，並且和宇宙同步地和諧生活。這樣的證據說服了數千人開始靜心冥想，而全書的概念也開始像病毒一樣散播開來，人們會主動分享給朋友及同事。

我的幾個朋友，比如《心靈雞湯》系列的共同作者傑克・坎菲爾（Jack Canfield），都認識著名演說家安東尼・羅賓（Tony Robbins），多年來我一直想見到他本人。我想過讓傑克幫我介紹，但始終沒有實際採取行動。

有一天，我突然收到一封電子郵件，問我是否願意出席安東尼・羅賓的一場活動。我當然興奮地答應了，並詢問安東尼的活動經理是怎麼知道我的工作的。讓我驚訝的是，她回答說：「這些年來，他一直都是你的粉絲。」幾週後，此時距離發生火災已經一年了，我人在飛往中東阿布達比的飛機上，馬上就要見到安東尼並向他的社群介紹 EFT 敲打及冥想，堪稱是《科學證實你想的會成真》的現實版。

見面時，我們兩人來了一個大大的擁抱。他比我還要高，兩個人看起來就像是巨人站在舞台上，一起用我們渴望改變的熱情擁抱所有觀眾。我跟他的觀眾一起做 EFT 敲打，接著引導他們進入一次深刻的精簡靜心（EcoMeditation）冥想。

當我搭飛機回家時，感覺與安東尼的見面就像一次靈性啟蒙——是

圖 1.17　我與安東尼擊掌

一長串共時性祝福的其中之一，與上回打電話給瑪麗蓮一樣。發生的這些事件，是宇宙對我的生命與工作價值給予了肯定。

　　一週後，我在加州大蘇爾（Big Sur）的伊色冷靈修中心（Esalen Institute）帶領研習營。最後一天，克莉絲汀和我將行李放進車子，開車到辦公室去接一位與我們共乘的朋友。我迫不及待地想離開，但是我們在會合點找不到那個朋友。克莉絲汀決定下車去找她，而我則坐在車子裡等。

　　二十分鐘後，我注意到有一個男人經過。我立刻認出他就是提摩西・費里斯（Timothy Ferriss），是《一週工作四小時》（*The 4-Hour Workweek*）與《人生勝利聖經》（*Tools of Titans*）的作者，也是全世界最傑出的部落客之一。

　　「提姆！」我喊道。然後自我介紹，並且討論了他一直想了解的EFT敲打。宇宙剛剛遂了他的心願，安排讓他認識我這個最新版的《EFT手冊》作者。如果我們那位朋友沒有遲到，我可能在提姆經過前就開車

離開了伊色冷靈修中心。共時性現象一再出現。

我寫電子郵件給瑞德˙崔西，列出關於《超悅大腦》的新書大綱，而在《科學證明你想的會成真》一書大獲成功之後，他和出版社團隊對這本新書的潛力非常看好。我開始收集想在新書介紹的概念，在大綱開頭就有一章專門說明冥想如何啟動大腦的快樂中心。

在後續章節中，我計畫要說明的是，當我們每天在冥想中使用大腦的這些部位時，它們就會成長，增加突觸與神經元。與此同時，大腦處理恐懼的中心也因為不再使用而開始萎縮。時日一久，我們的大腦就會自我改造，把心靈軟體轉變成大腦硬體。

這種大腦組成的變化，會讓我們變得更有韌性、更有復原力。當我們在生活中遇到挫折時，大腦中的快樂區塊已經有厚實的組織可以應付了。我們擁有的神經硬體可以快速復原。「創傷後成長」（posttraumatic growth）指的是經過人生無可避免的挑戰與失望後，實際上會讓我們變得更強大。我已經寫了兩本關於心理創傷的書籍，也執行過多項與退伍軍人相關的科學研究。我認為，當大家都把焦點放在創傷後壓力症候群上面時，另一種可能性——創傷可以讓我們更強大——勢必會受到忽略。

走過傷痛，會變得更強大

賀氏書屋出版社鼓勵我把這次的火災，當成創傷後成長的例子。當然，閱讀專家的科學性講解可能有賣點，但是聽一個真正「經歷過火災」的人現身說法，更會讓讀者有直接面對現實的臨場感。於是，我如何把自己平日的教導付諸實踐、如何把這次火災當成創傷後成長的跳板，就成了本書第一章的主要內容。

每個人的一生中都會遭遇烈焰。它們可能毀掉我們的婚姻或我們與孩子的關係，也可能把我們的職業及事業燒成灰燼，或是把我們的財富

或退休規畫付之一炬。沒有人能倖免。

創傷經驗會讓許多人陷入恐懼的漩渦中，永遠無法脫身。他們會對可能的威脅處處提防，對未知的將來大感焦慮，甚至對快樂抱持懷疑。夢魘、自我挫敗的信念以及侵入型意念（intrusive thought），會苦苦糾纏著他們的心靈。

然而，同樣的創傷經歷也可能促使人們對舊有的價值觀進行健康的重新評估，而開啟新的可能性。宇宙跟我們是一種充滿愛的關係，我們可以把這種關係當成我們的錨，讓我們甚至可以把最痛苦的失去轉化為成長的跳板。像精簡靜心與 EFT 敲打等實際操作的技巧，可以讓我們取用自己的力量，帶領我們前往更高的視野，讓災難變得更有意義，並創造出比過去更美好更精彩的生活。

我帶著如烈焰般的熱情，要喚醒人們認識到這樣的可能性。

從五十年到五十秒

在這本書中，我要分享自己從十幾歲第一次學會冥想以來，花了五十多年研究人類潛能所得到的發現。

我也會寫到自己的生活，這一點很不尋常。因為我寫的是科學，而一般來說，科學只會讓研究來說故事。不過為了說明科學，我會用真實的人來舉例，看看人們如何將科學應用在自己的生活中。在《超悅大腦》這本書中，我所記錄的真實體驗有時是我自己的。

在第二章，我要告訴你，為什麼多數人會覺得靜下心來冥想很困難。這種困難與意志力或意圖無關，而只是源自人類大腦的原始「設計」。一旦清楚理解這一點，你就有能力繞過這個問題。

第三章描述靜心冥想可以讓人們達到狂喜及極樂的狀態。本章將檢視你所啟動的大腦部位，並說明每個部位的功能，以及啟動這些部位後

可以分別獲得哪些健康與認知的益處。

在第四章，你聽到的故事是關於我失敗的冥想經驗。我學過許多不同的冥想法，但就是無法持之以恆。我之所以能夠突破這些困境，要歸功於科學。當我把七種簡單且獲得實證的練習結合在一起時，終於找到了一個公式，它「能讓人自動且不自覺地進入深度冥想的狀態」，毫不費力。

當我和同事將受試者連上腦電圖及磁振造影儀器後，我們發現使用這七個步驟，即使沒有冥想習慣的人也能在四分鐘內進入深度冥想的狀態。有時甚至不用五十秒。

在歷史上，只有 1% 的人知道這些狀態的祕密。現在多虧了科學，每個人都能取用這些祕密。

第五章是與狂喜有關的七種神經化學物質，我們將會了解每一種物質是如何讓人感覺良好的。而且，將這七種物質組合起來，你就得到了一個能讓大腦進入狂喜狀態的強大處方。冥想是你能一次得到這七種物質的**唯一**方式，其中的大明星就是稱為大麻素（anandamide）的神經傳導物質，又稱為「極樂分子」。

如果你能每天觸發這些狂喜狀態，它們就會改變你的大腦。第六章是關於資深冥想者所出現的全面性大腦重塑。壓力迴路會變小、萎縮，同時快樂迴路則會成長。不過，不需要是資深冥想者才能觸發這種重塑過程。從你開始有效冥想的「第一週」，就會啟動這個過程。

第七章是關於創傷後成長，以及冥想者的大腦如何讓他們適應生活中不可避免的煩惱，其中也包括醫療危機與金融災難。本章會提供實際的例子，來說明冥想如何讓你在面對像二○二○年的冠狀病毒恐慌與經濟危機時，保持足夠的復原力與彈性。

在第八章，我們要探討一個有趣的問題：我們的大腦到底能改變到什麼程度？答案是：程度相當大。鑽研這個問題的相關研究後，我得出

一個驚人的新科學假說，這或許會改變地球歷史的整個進程。它顯示了此一趨勢如何在二○二○年的經濟崩潰中表現為「散播關懷」（而不是「散播恐慌」）。

本書最後的結語，會誘使你將這些快樂的內在狀態化為你的新實相，藉此釋放你全部的人類潛能。

每一章最後都會有**深化練習**及**延伸資源**。**深化練習**是一些簡單的活動，你能藉此將該章的課題應用於自己的生活中。**延伸資源**提供的是聲音、影像及網路資源的連結，能豐富你閱讀本書的體驗，這個單元還包括依據該章主題所設計的附帶冥想。

當我們一起踏上這段旅程時，你將學會我在過去半世紀學到的所有最佳實踐方式，也學到最快的方法使用這種科學來調整自己的情緒狀態。善加利用「深化練習」及搭配的冥想錄音，等你讀完這本書時，你非常可能已經提升自己的快樂到達一個全新的程度，因為你的大腦開始自我重塑了。

一年後，新人生開展

在火災的週年紀念日上，我們夫妻在佩塔盧馬的新家與茱麗亞及泰勒共進晚餐。同一星期，萊諾從紐約過來，而蕾珂娜也從德州過來為即將到來的婚禮尋找場地。上個週末，我們全家一起去露營和泛舟，包括孫子與孫女。接著我搭機前往紐約，去教導另一門課。

整個月就像一個對稱工整的慶典，慶祝從大火發生後就在我們生活中流動的愛與支持。

在紐約的研習營中，我安排神經回饋專家將參與的學員連接到腦電圖儀器，結果發現他們的腦波表現有了顯著的改變。在我寫這本書時，先後讀了數十篇腦電圖與功能性磁振造影的研究報告。我一直都知道冥

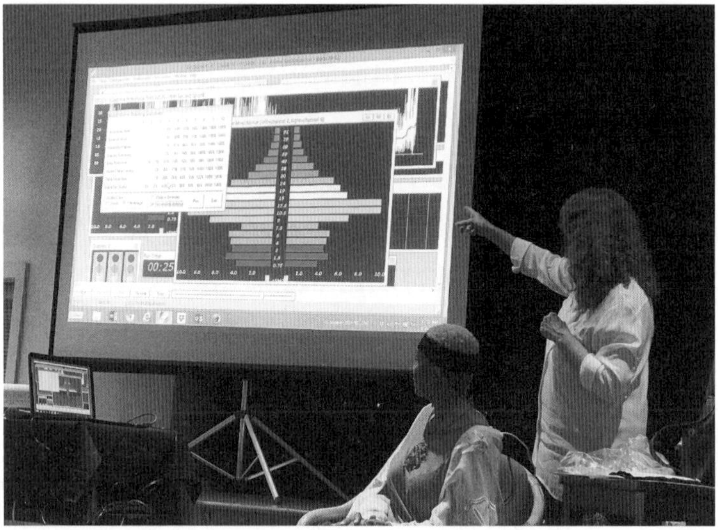

圖 1.18　測量研習營學員的大腦變化（請見書末全彩照片）

想可以改變大腦，但是新的研究揭示了關於這個過程更為豐富的資訊。

　　從十五歲起，我就開始練習冥想，等到四十五歲才養成每日冥想的習慣。這些年來，我還在不斷精進冥想練習。在一九九〇年代晚期首次公開為西藏僧侶所做的磁振造影後，對於冥想在人類健康與長壽方面的改善潛力，我產生了濃厚的興趣。

　　就跟許多人一樣，我早期練習冥想並不成功。不過，在我四十多歲時，為了判斷哪種冥想法真正有效，我求助的是科學而不是僅依賴古老的知識與訓示。這也讓我發展出一種簡單但有實證基礎的冥想法，做過的人也都覺得很容易上手。當我養成每天練習的習慣後，生活中的所有一切開始改變。EFT 敲打與精簡靜心，幫助我們夫妻能夠以前所未有的速度從大火創傷中恢復過來。

　　大火發生後的整整一年裡，我們夫妻每天都以冥想展開新的一天。隨著我們坐下來、深呼吸，所有的憂慮和不安逐漸消散。我發現自己的意識不斷上升到狂喜狀態，我稱之為「超悅大腦」（bliss brain）。

　　火災剛發生後兵荒馬亂的那幾個月，超悅大腦成了安定人心的錨，帶給我們一種幸福感，並感覺到自己連結到某種實相，而此實相遠遠超出我們渺小的、局域性的故事之外。當我們每天清晨在意識中揚升時，觀點也隨之改變，將自己的生命視為整幅織錦的一部分，充滿了新鮮的潛力，而不再是一個由不確定性與悲劇所構成的孤島。以下就是大火過後，冥想帶給我們的啟示：

一切都變了的那一刻

10/19/2017 東岸時間下午 8:59，赫芬頓郵報，聖羅莎大火部落格貼文之五

　　火災剛發生後的四十八小時內，我還在震驚與混亂中出不來。我不知道接下來該做什麼。關於索諾馬郡發生的事謠言滿天飛，而確切消息卻少之又少。我身旁的人都很害怕、焦慮，我自己也一樣。

　　接著發生了某件事，從此之後一切都變了。

　　我妻子克莉絲汀和我在羅斯堡木屋醒來，在逃離被火海吞噬的家園以後，我們就在這間飯店暫時棲身。前一天晚上，太陽在被灰燼、大火染紅的天空中緩緩落下。我們度過悽惶不安的一晚，整個晚上都被開車穿越大火的惡夢所糾纏不休。

　　隔天一早，我跟克莉絲汀說：「我們得趕快做點什麼。」

　　她好奇地看著我。

　　「我們必須冥想。」

　　我們在床上坐好，試著進入那個空間。但非常難做到，昨日血色天空的畫面一直在我腦海中浮現。此時，我才意識到自己的能量渙散得有多嚴重。

　　大火燒掉了連結著我的生命之舟與靈性修持錨的那根繩索，我在恐懼與不確定中漂流了數小時。現在該是重新連結的時候了。這是為了能和宇宙頻率校準——傾聽宇宙之聲，這個偉大的永恆之聲全天候播送著和平與寧靜。

　　當我們深呼吸且安住於心時，熟悉的平靜能量就會在我們身上湧動。我們回到「大靈」（Great Spirit）的心中，這是永遠不會受損也不會被摧毀的家園。

　　我們做了將近一小時的冥想，享受著深度的連結。接著我們轉向彼此，開始分享自己的想法。是的，確實發生了火災；是的，我們的家確實被燒毀了。但是我們此刻在這裡，待在安全且安定的存在核心之中。

　　我們開始想起所失去的財物。不過此刻，在靈性之中安坐，我們可以用不同角度來觀看。我記起有四箱我母親的照片就放在車庫裡。二十年前她過世時，留下了堆積如山的待整理物品。

　　大件物品已經逐步處理掉了，但誰有時間去篩選一九六○年代上千張的照片？這些照片大多數都模糊不清，照片中的人我們也不認識。那四個箱子占據了車庫的整個架子。

　　照片很重，沉沉壓著箱子的四個邊，四個紙板一年比一年垮。已經快分解的箱子，上面的潮濕形狀反映出要整理它們是一件令人提不起勁的苦差事。

　　現在那四個箱子已經不在了，我再也不會因為它們的悲慘樣子而深深自責。它們已經化為灰燼，這個事實真的讓我鬆了一口氣！

　　在我們的另一個車庫裡，有一張按摩椅。前年我們又買了一張新的，就將舊的放在車庫裡。在我的待辦清單中，有這一條：把舊

的按摩椅放在 Craigslist 分類廣告網站上賣掉。

但是一年過去了，我始終都找不出時間。現在那張椅子也化成了灰燼，我的義務奇蹟般解除了。

我有一輛經典款的勞斯萊斯銀靈，因為把太多錢花在這輛車子上，我買不起一部實用的新車。偶爾我也想把它賣掉，但是如今它已燒成了一堆廢鐵。保險理賠金可以用來買一輛新車了。

我和克莉絲汀這幾年一直想搬到佩塔盧馬。不過，因為我們的存款都投資在馬克韋斯特的房子，所以也只能做做白日夢。現在，因為無家可歸，搬家勢在必行，不可能變成了可能。於是，我們開始列出火災帶來的祝福。

在心理學中，這被稱為認知轉移（cognitive shift）。同樣的圖片，不同的裝幀；同一場火，不同的意義。

在冥想後我們列出所獲得的祝福，心情也隨之改變了。我們為活著感恩，也為擁有無限的可能性感恩。我們開始振作起來，也開始快樂起來。我們會彼此開玩笑，就在我們「失去」一切的四十八小時後！

在做完冥想後，火災意味著自由而不是損失；意味著揮別過去，而不是失去一生的財富；也意味著通往嶄新且更好的人生，而不是陷在舊生活的悲劇中。

是冥想讓一切都不同了。

那一天，就在火災發生後不到四十八小時，冥想改變了我對人生的整個看法。我從失落與迷茫轉變成自信和快樂，從沒有目標與充滿恐懼轉變成平和與喜悅。我重新連結上那個充滿活力與資源的自己。

　　幾天後，我在日記中寫道：「我感到無比快樂及幸運，每一刻都被大靈所愛及保護著。我有幸獲得社群、朋友、孩子及克莉絲汀的祝福。這場火災看起來沒有一點損失，房子和財物相形之下都顯得微不足道。

　　「我們不知道最後會怎樣，我們也不需要知道。我們可以順其自然，當你把錨固定在靈性之上，你就安全了。物質財物不會綁住你，賦予你生命意義的並不是它們。

　　「意義來自與靈性的連結，靈不是一種形而上學的抽象概念，而是現實的基礎！我選擇每天都在靈中生活，這讓我深刻地領悟到沒有什麼能奪走我的快樂。這一點很重要。」

深化練習

本週你可以做這些事，把這一章的資訊融入生活中：

- **購買日記本**：買一本全新的個人日記本。不要上網買，要走進實體店，親自挑選各種日記本，用手觸摸一下，感覺哪一本最適合你。即便你已經有了一本日記本，還是要買一本新的。讓採買日記本成為全新開始的象徵行動，謹慎挑選，不要在意金額。這本新的日記本代表了你生命的全新開始，用它記錄你在讀這本書時所獲得的洞見，冥想時也要帶著它。

- **感恩練習**：每天早上或晚上花五分鐘，在日記本上寫下今天讓你感恩的五件事。想要功效加倍？可以早晚各做一次，但不要過猶不及。

- **從未發生的災難**：本週找個安靜的時間，花二十到三十分鐘回想你生命中所有可能出錯但所幸沒有出錯的事。或許你有位朋友正在經

歷痛苦的離婚，但你的婚姻幸福美滿。感謝你的婚姻本來可能會有的那些災難。

- **感謝生命中所有擦肩而過的人事物**：包括事業（例如「公司裁員時，我本來很確定我會失業，沒想到我卻晉升了。」）、金錢（例如「我才剛賣掉那家公司的股票，結果股票就大跌了。」）、感情（例如「我本來會像蘇西那樣的，因為我比她先跟葛斯約會。」），以及健康（例如「今年冬天我沒有感冒，不像其他人那樣。」）。

- **冥想練習**：本書每一章都有相應的冥想練習，時間都在十五分鐘以內。每天早晨在你做其他事之前，請先聆聽以下的冥想音檔。要養成習慣，每天早晨給自己一小段這種安住於心的安靜時間，當成送自己的禮物。這會改變你的生命。

延伸資源

本章的延伸資源包括：

- 道森引導式精簡靜心：活化超悅大腦
- 精簡靜心的七個步驟（請見附錄二）
- 「我們的大腦如何將能量轉變為物質」的錄音節目
- 道森關於「遺傳學與復原力」的主題演講錄影
- 即將開辦的研習營與現場活動行事曆

延伸資源請上網連結 BlissBrainBook.com/1。

第 2 章

心流：
超悅大腦的極致體驗

Flow

冥想讓我們能夠直接與快樂接軌，成為擁有極樂體驗的
億萬富翁，充盈心靈銀行的金庫。於是，我們直接來到
了最終的心靈狀態，無須經歷擁有物品及累積財富的占
有階段。這意味著，這場遊戲不是發生在人生終於變得
完美的某個想像的未來，而是此刻正在發生。

超悅大腦的體驗是什麼樣子？

今天早上我坐著冥想時，試著描述這個經驗，就像旅人從遙遠的國度告訴朋友異國見聞一樣。

首先，我閉上眼睛，把精簡靜心的七個步驟做完一遍。我敲打穴位來釋放身體壓力，以及釋放心智及情緒上的任何阻礙，讓內心完全平靜下來，並讓舌頭輕鬆地放在嘴巴內。接著，想像透過心臟來呼吸，將呼吸減緩到吸氣六秒、吐氣六秒。想像我最愛的海灘，想像我最愛的人正在海灘上玩，然後我將一股心的能量傳送到這個場景。我想像眼睛後方有個巨大且空曠的空間。

我感覺得到身體也隱約意識到我所在的環境。但是，我絕大部分的意識都集中在純粹覺知正在接收的經驗上面。

狂喜的浪潮開始在我的大腦和身體裡湧動。偶爾，當另一波狂喜襲來時，我會輕微地顫抖或晃動。我專注於我存在的中心空間。在我的眉毛、前額及頭骨之間有一處感到刺痛，正是透過這一處，把現在這個意識狀態與我的物質身體牢牢地固定在一起。

要掉出這個狀態非常容易，只需要一個分神的念頭就會發生。一旦生起一個念頭必定會帶出下個念頭及下下個念頭，而在我注意到之前，我的覺知就已經從超悅大腦溜走了。例如，我發現自己在心裡寫了一封長長的電子郵件給行銷經理：「我知道你想要一個許可行銷頁面（opt-in page），但是我認為完整的銷售網頁才能更清楚解釋我們的課程。」或是，我與某個同事的一場道德爭論：「建議年紀這麼大的患者做髖關節更換手術，未免太過分了。」

甚至昨天晚上看的電影片段也會隨機閃過心頭：「克里斯・潘恩（Chris Pine）扮演蘇格蘭國王羅伯特一世時，他的蘇格蘭口音有多標準？」詭異的夢境也會跳進我的覺知來搗亂：「我全身上下只穿著羽毛編成的丁字褲，在舊金山機場為安東尼・羅賓煎蛋。」有時還會出現一

些靈感，指導我應該如何為正在寫的一篇科學論文呈現資料：「我應該使用 T 檢定或是變異數分析？」幾天前發作的關節炎：「將來我會不會需要做很痛的膝關節手術？」以及一篇已經超過截止期限的演講稿：「主辦人會不會又寄一封齜牙咧嘴的電子郵件來催稿？」除了以上這些不請自來的干擾，還有其他千百萬種干擾會不時出現。

只要發生這種情況，我都會將注意力帶回到中心。這就像把收音機轉到某個頻道一樣。我很容易就會錯過訊號，遊走到其他充滿焦慮和壓力的電台。

但是，我知道聆聽狂喜的電台是什麼感覺。我知道它會播放什麼音樂，也知道當我沉醉在其中時身體有什麼感受。因為我已經回到中心太多次了，所以通常能在閉上眼睛幾分鐘後就找到那個電台。

於是，我再次調整到那個頻道，並立刻感覺到意識開始擴展，與整個宇宙連結在一起。我有一種受歡迎的感覺，彷彿回到家一樣。我安住在意識裡，完美的幸福感是這裡唯一的實相。

隨著我回到了中心，另一波狂喜的浪潮湧入我的大腦、身體及心靈。我感覺意識提升且脫離了正常狀態，就像氣球隨風升起，遇到並融入一個龐大的、擴展的、無邊無際的意識。

我知道同樣的偉大智慧也用其完美的秩序在治理著宇宙。那種良好的感覺，讓我身體的所有細胞紛紛做出回應。每個細胞都知道自己回到家了，知道它們已經連結上了我的心靈所融入的那個宇宙意識。心靈與身體的有限實相場域，臣服於宇宙的無限實相場域，並與之交會融合。

宇宙意識不存在憂慮、懷疑或恐懼的空間。冥想一開始的所有焦慮已經被拋諸腦後，就像氣球擺脫牽絆，自由自在地在有限實相的世界裡翱翔一樣。

我的呼吸變得舒緩深沉，每次呼吸都連結著偉大的宇宙意識。每一次吸氣都從宇宙意識流出，而每一次吐氣則流入宇宙意識。一種溫暖的

幸福感蔓延全身，儘管早上開始靜心冥想時，清晨的空氣還是冰涼的，但現在我的身體裡已經充滿了溫暖的光芒。

　　隨著一次又一次讓自己安住於心，我注意到頭部上方出現一個強大、發光的銀白色漩渦。我往上飄浮並穿過入口，發現自己置身在一層未分化的白光之中。我俯瞰自己的心，看到我的心也充滿了同樣的白光。我達到了超悅大腦的境界。

　　所有一切都消融在光之中。沒有身體，沒有我，沒有心靈，也沒有宇宙，只有光。光純粹存在，無始無終，無限延伸。光是唯的一存在，在這個光的真實世界中，除了光，別無他物。在這光的「一」之中，我失去了自己。

　　前額中央是我跟光隧道連結最強之處，這裡會有種刺痛的壓迫感。天籟般的音樂在我腦海中迴盪，聲音與光融合為一。我的身體不由自主地左右晃動，當巨大的能量一波波湧入時，肌肉開始抽搐。隨著狂喜的光流入我的身體，每一種感覺都被沖刷過一遍。在口腔後方，我嘗到了

圖 2.1　進入超悅大腦

一滴滴甘甜的神仙佳釀。我的心充滿著巨大的平靜感。

靜心冥想讓我感到幸福

我睜開眼睛，溫柔地凝視面前的房間。接著我又閉上眼睛，一旦我處在狂喜中，不管眼睛睜開或閉上都能維持在擴展的覺知狀態。我的意圖是在靜心冥想後，將這樣的覺知帶入工作中，而不是在其他狀態下去思考或行動。

過了一會兒，我低頭看著坐在椅子上的身體，意識到自己已經在光中與狂喜為伴了很長一段時間。此時的我心中充滿了歡喜，眼睛因為感恩而盈滿了淚水。我為生命感恩，也為此刻的樣子感恩；我為了該有的每個細節感恩，也為了未來會發生的一切感恩，不管會發生什麼。我感謝所有一切。我與全世界此刻正在靜心冥想的每個人連結在一起。

我睜開眼睛，看著房間外頭的陽光，再次意識到時間與空間。我手中那杯咖啡早已經冷透了。

感激的淚水從我的臉頰滑落。我看著杯子，杯身印著「在旅途中發現快樂」。大火燒毀了我們的舊家，在搬進新家後我開始尋找印有勵志小語的馬克杯。庇護所送的杯子上印著「營造設備經銷商聯誼會」或「我可惡的狗也用我的杯子喝水」，這些字句和靜心冥想的能量無法共鳴。

我對所有一切都心存感激。我的手可以拿住咖啡杯，我的雙腳可以走路，我的呼吸為細胞帶來生命。我感謝能夠跟宇宙連結，也感謝生命中的所有好人。

我閉上眼睛，馬上又回到光之中；睜開眼睛後，光沒有消失。

在出神狀態下，我站起來重新倒了一杯咖啡。

我太太起床了，她走進房間倒了一杯咖啡。我們靜靜地擁抱，我把臉埋在她的頭髮中，深深嗅著頭髮的香味。

　　我們凝視著彼此的眼睛，一語不發，然後她也坐下來靜心冥想。我再次閉上眼睛，又回到了超悅大腦的狀態。

以靜心冥想展開每一天

　　我想起來，我今天跟人約了見面，時間不到一小時，必須準備出門了——決定今天的優先事項，先做最重要的事，接著查看收信匣。早起做完這一個小時的冥想後，我完成了今天跟宇宙的溝通程序，並把冥想的能量帶到日常事務中。

　　處在超悅大腦的狀態，我要將愛傳送給今天遇到的每個人及每件事，包括工作團隊的每個成員、今天發電子郵件或電話聯繫的對象，以及在研究或訓練課程中一起合作的那些人。

　　透過部落格、遠距教學、廣播節目、Podcast、電子郵件、社交媒體及主題演講，我可以接觸到將來會見到、認識或互動的所有人。我可以感覺到自己與未來或過去的所有人都產生了連結，也感覺到愛從我的心流向他們所有人。

　　我身上攜帶著與無限交流留下的印記，不可抹滅。我知道它會灌注我一整天，提升我的心靈層次。除非我在每一天的開始就讓自己安住於中心，否則我的心將無法運作。

　　冥想期間與冥想後所出現的洞見，通常比我在清醒時更為明智。從揚升的角度來看，我正在以普通意識永遠無法企及的方式與宇宙連結。

　　我知道自己將會找到答案、解決問題、突破經歷，但倘若不是我在日常活動中灌注了超悅大腦的智慧、創意、清晰及喜樂，這些將永遠不可能達成。於是，據此所創造出來的生活，就與依靠普通意識的生活完全不一樣。

　　我靠著普通意識生活了很久之後，才發現與無限連結所帶來的狂

喜。在普通實相的層次，我相信恐懼是真實的，我相信我的局限是客觀的，我也相信今日的我是由過去的經驗所決定的。我的心被困在一小部分的可能性之中。

現在我知道那個擴展的狀態是可能的，也知道我能在每天的靜心冥想中觸及到它，因此我見到了無限的可能性。我不再拘泥於渺小的有限心智中，不再將問題視為現實，也不再將限制當真。當我進入超悅大腦時，我看到了問題和限制再也不存在的那些可能性。它們只有在有限的心智層次才是真實的，而當你有意識地選擇讓意識揚升到無限的、非局域性的心智層次時，問題與限制就會消失。

接著，你將這個層次的解決方案與可能性帶回日常生活中。相較於受困於局域心智的囚籠，你的人生將會創造出截然不同的生活體驗。

我每天早晨都會冥想，幾乎一天都不會錯過，冥想成了我每天生活

圖 2.2　如果能以超悅大腦展開每一天，將會影響日常的實相。

的錨定點。回首過去這許多年，似乎唯一重要的，就是每天早晨的靜心冥想。這是我在現實世界的時間，也是我處在狂喜中的時間。正是這樣的無縫接軌，讓編織出生命的每一條纖維都能串連在一起。這種擴展性連結是我人生最重要的經驗，也照亮了所有次要的經驗。

神祕經驗的共同特徵

我的冥想經驗不是獨一無二的，所有歷史上的冥想者都跟我有一樣的體驗。十四世紀一位西藏神祕主義者曾經描寫自己進入深度冥想的體驗，他的描述如下：

……一種赤裸、透明的覺知狀態；

完全不費力，燦爛、鮮明，是一種放鬆的、沒有束縛的智慧狀態；

不執著且剔透清明，是沒有參照點的狀態；

明心見性，寬廣如無一物，是大開大闊、不受拘束的狀態；

感官掙脫了所有束縛……

神祕經驗並非佛教徒、天主教徒、道教徒或印度教徒所獨有，而是所有宗教的共同根源。偉大的靈性導師進入這些經驗後，等到他們「從山頂返回」，便用自己文化的習慣用語向追隨者描述。

神學家休斯頓・史密士（Huston Smith）是暢銷書《人的宗教：人類偉大的智慧傳統》（*The World's Religions*）的作者，他說神祕主義是所有宗教的顛峰。信徒或許對神學細節有不同意見，但神祕

主義者之間沒有分歧，無論他們來自什麼信仰，都共享著相同的第一手經驗。這些經驗是「靈性」經驗，不是「宗教」經驗。研究顯示，人們在有過神祕經驗之後將會變得更有靈性，而且對傳統宗教信仰的興趣會大減。十四世紀蘇非派神祕主義者哈菲茲（Hafez）感嘆道：

> 我是基督徒、印度教徒、穆斯林、佛教徒，還是猶太教徒？
> 我不知道……因為真理把這些話語都燒毀了。

資深冥想者不再認同於某個特定宗教，而是認同所有宗教的根源：第一手的神祕經驗。他們也不再認同於特定神學，而是認同於所有神學的根源：關於宇宙本身的深刻知識。

第一位嚴肅檢驗這種狂喜狀態的研究者是社會學家安德魯·格里利（Andrew Greeley），他在一份針對一千四百六十七人所做的研究中，找出神祕經驗與狂喜這兩種非尋常狀態的共同點。格里利發現以下元素是超然經驗的共同點：

- 感覺到深刻的平靜
- 確認所有事情最終都有好的結果
- 意識到自己有必要為他人奉獻
- 堅信愛是一切的中心
- 喜樂與歡笑
- 強烈的情感體驗
- 自我認知與理解大幅增加

- 意識到萬事萬物的統一性以及自己在其中的角色
- 感覺到新的生命或活在這個世界之中
- 對個人生存的信心
- 感覺無法描述發生在自己身上的事
- 感覺宇宙所有一切都有生命
- 感覺自己的人格已經由某種比自己更為強大的事物所取代

　　隨著我們跳脫主觀自我，超越自身的苦難，並以客觀方式看待自己的經驗，就會拋棄局域性心智的種種限制，投入非局域意識的懷抱中。

　　後續研究還是以格里利最初的發現為基礎，他們找到了七個共同點，包括合一、啟發、敬畏、狂喜等感受。「開悟」經驗的感官敏銳度超越了日常生活的感官運作，英國著名哲學家阿道斯・赫胥黎（Aldous Huxley）在一九五四年的經典之作《眾妙之門》（*The Doors of Perception*）中，將這稱為「現實的神聖幻象」。

　　無論是印度教苦行僧在鄉間遊歷乞討、佛教徒僧侶在喜馬拉雅山的洞穴離群索居，或是基督教修女投入冥想式祈禱，所有的神祕主義者都有類似的經驗。

　　哈佛大學第一位心理學教授威廉・詹姆斯（William James）在親自經歷過超然經驗之後，於一九〇二年有了以下的觀察：「我們日常的清醒意識……只是一種特殊形式的意識，而在此意識周遭，只被一層最薄的帷幕所隔開的，則是全然不同的意識潛在形式。」他說，若是無法解釋這些狀態，那麼任何關於宇宙的論述都是不完整的。

這些改變的狀態不僅僅是「主觀」體驗。現在科學已經表明，它們也是「客觀」的神經狀態。神經科學研究者安德魯・紐柏格（Andrew Newberg）在著作《開悟如何改變你的大腦》（*How Enlightenment Changes Your Brain*）中，將這種神祕的狂喜狀態稱為「主觀與神經科學上的真實體驗」。

進不去冥想、平靜不下來、跌出狂喜狀態……都很正常

靜心冥想之所以被稱為實踐或練習是有原因的：你必須時時刻刻去做。昨天我有過一次完美的靜心冥想，過程就像上面所描述的；但今天的冥想就沒那麼成功了。我一閉上眼睛，一個想法就跑出來干擾我的平靜。接著還有一個想法，然後一個接著一個。

我泡完茶，是不是沒有隨手拔掉電水壺的插頭？我懷疑同事在背後說我壞話。今天是不是該去乾洗店拿衣服了？作家伊莉莎白・吉兒伯特（Elizabeth Gilbert）比我更優秀。上星期，在跟岳父討論退休規畫時，我應該提出一個更好的論點。今年是閏年嗎？下一次績效考核是什麼時候？昨晚孩子們有沒有聽到我們做愛？

我為每個想法擔心；接著我釋出它們，重新回到超悅大腦的狀態，然後我笑了。

接著另一個想法橫衝直撞地跑了進來，占據了我剛剛驅逐那些想法的空位。我緊皺著眉頭，開始驅逐這個想法。

平靜的冥想因為這樣那樣的想法與憂慮而一再受挫。有些時候，這

樣的情況一直停不下來，而我會默默尖叫：「神啊，乾脆把我的額葉切掉吧！」

　　然而，這種挫折感又是另一個需要被釋出的憂慮。我愛我的心智，因為它是如此好奇且汲汲求知，再說思考和憂慮原本就是心智會做的事。想要改變心智，就像站在沙灘上並期待海浪停下來，只是個無濟於事的要求，還會導向更多的不快樂。

　　我能做的，就是有意識地、堅持地回到超悅大腦。即便心智運轉個不停，我必須維持正向的能量及良好的幽默感。這樣的練習會訓練大腦回到靜默經驗，在受到干擾時重新回到平靜狀態。

　　相較於達到超悅大腦的境界，這種有意識地將開關轉回到超悅大腦的練習或許**更重要**。

　　我們已經習慣於相信達成目標才是重點。對於冥想者而言，追求的目標可能是持續維持在狂喜狀態。能夠一直維持在開悟狀態的聖者，難道不是已臻於完美的顛峰了嗎？

　　或許不是。或許從至高的恩典跌落下來，然後再站起來爬向恩典，接著又跌入深坑……一再經歷這個過程的那個笨蛋所做的，才是最重要的事。對冥想者而言，「堅持不懈」或許比永恆地處於超悅大腦的狀態更重要。有時真正的英雄是不屈不撓的人，而不是勝利者。

　　所以在靜心冥想的練習中，你要學會開心地迎接失敗，必須禁得住無限次的失敗。跌出狂喜狀態不是問題，那只是過程的一部分。選擇提升你的狀態回到超悅大腦，即便只能維持一秒鐘，這都是成功的冥想過程中**最關鍵**的部分。

冥想的週期

　　埃默里大學（Emory University）進行的一項重要研究，檢視了在

跌落階段與冥想經驗中有哪些腦區是活躍的。研究人員發現冥想週期有四個明確的階段，他們稱之為「專注」（Focus）、「思緒漫遊」（Mind Wandering）、「覺察」（Awareness）及「轉移」（Shift）。

　　專注指的是注意力集中在冥想狀態。接著會開始**思緒漫遊**而分心，然後**覺察**到自己分心了，最後是把自己**轉移**回到專注狀態。

　　把冥想視為包括這四個階段的週期，而不是單一的理想狀態，可以讓我們對冥想過程有一個更貼近現實的期待。埃默里大學的研究人員強調「專注必定會因為分心而被干擾」，此時我們會覺察到注意力遭到挾持，因而開始練習轉移：將注意力重新轉移到冥想的專注階段。如此一直循環，這個週期會持續下去，一次又一次。

　　我曾經很羨慕那些少數的幸運兒，他們突破了障礙，到達永恆的狂喜、極樂狀態，而且不會受到思緒漫遊的干擾，能夠永遠都保持專注，從而建立了與宇宙的永恆連結。

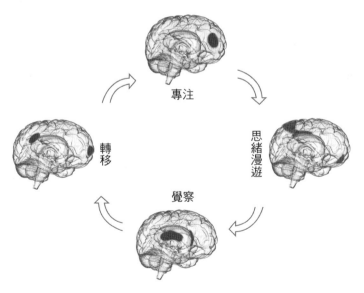

圖 2.3　冥想週期的四個階段。冥想者先會到達 (1)「專注」狀態；接著 (2) 因為思緒漫遊而分心；然後 (3)「覺察」到自己分心了；最後是有意識地 (4) 把注意力轉移回來。

　　幾個著名的例子包括佛陀在菩提樹下開悟；心靈作家艾克哈特·托勒（Eckhart Tolle）坐在公園長凳上突然「覺醒」，從此就停留在這種狀態；以及心靈導師拜倫·凱蒂（Byron Katie）在最深的絕望中醒悟過來，就到了超然忘我的狀態。

　　我經常拿他們的例子來跟我這種苦修者相比，即使我已練習了超過半個世紀，還是必須經歷過這四個階段，被自己漫遊的心智拉出冥想狀態，然後再一次次地自救，即使只冥想了一個小時。

　　不過，我現在已經明白了，重要的是旅程而不是目的地。回到專注的英雄之旅，即使必須重複無數次，也會讓天平朝向狂喜狀態傾斜。法國天主教聖人聖方濟各·沙雷氏（St. Francis de Sales, 1567~1622）曾寫道：「如果心走神或分心了，就溫柔地把它拉回到那一點……即使你一整個小時什麼也沒做，只是一直把心帶回來……雖然每次你領它回來，它還是會離開，但你的時間完全沒有浪費掉。」

　　這就像是扳動一個「關閉」。你注意到自己在黑暗中，於是把開關扳動到「開」的位置，你整個人就在光明之中（專注）了。

　　但是開關會再跳回去，因為這是預設或默認位置（思緒漫遊）。你再次注意到自己置身在黑暗中（覺察），所以你又扳動了開關（轉移），重新讓自己置身在光明中（專注）。一旦發現自己身處在黑暗中，要視之為將開關扳回來的訊號。

　　當你做得足夠頻繁時，黑暗與光明的比例就會改變。每一次冥想，你會一天比一天更常處於超悅大腦的狀態，而脫離這種狀態的情形會變少。每次當你有意識地扳動開關，都是在向宇宙聲明你是認真地想要與光明為伴。重要的不是你待在光明的時間是否夠長，而是你待在黑暗時一次又一次地扳動開關的那些時刻。

蟑螂爬過我的腳

離婚後，拜倫‧凱蒂罹患了嚴重的憂鬱症。她無法離開房子，甚至無法離開臥室。因為出現廣場恐懼症、妄想症及自殺傾向，所以她求助於藥物與酒精。在這種狀態下，她生活了近十年，最後住進了中途之家。

中途之家的其他女人都怕她，所以她被關在閣樓上，直接睡在地板上。在閣樓的地板上，她獲得了一次超然經驗，從此徹底改變了她的人生。

她回憶道：「有天早晨，我睡在地板上，然後感覺有東西爬過我的腳。我往下一看，是一隻蟑螂。我睜開眼睛，但醒來的人不是我……〔這個嶄新的人〕站起身、走路，顯然會說話，而且看起來很高興。能夠出生真是令人欣喜若狂……」

凱蒂睜開眼睛時，感受到了重生的敬畏。她說：「我把它稱為愛，因為我沒有其他文字可形容。我只是看著眼前的這雙手或雙腳，或桌子或任何事物，就像第一次看見一樣。這是言語不足以形容的特權，是自我在體驗著自身的純粹形象……在愛中出生。」

從那一刻起，她的苦難結束了。走出中途之家時，她已經徹底變成了另一個人。她的結論如下：「我發現，當我相信自己的想法，我就會受苦；當我不相信它們時，我就不會受苦。這對每個人來說都如此。自由就是這麼簡單。我發現受苦是可以選擇的。我在內在找到了一種喜樂，它從未消失，一刻也沒有。那種喜樂每個人身上都有，永遠如此。」

後來凱蒂成了聞名國際的演說家，還出版了《一念之轉：四句

話改變你的人生》（*Loving What Is: Four Questions That Can Change Your Life*）一書，書中有她自創的「轉念作業」（The Work）心靈工具，是由她本身經驗所發展出來的自我探索方法。

停不下來的大腦運轉

　　數十年來，神經科學的謎團之一就是大腦的能量消耗率。儘管大腦只占了體重的 2%，卻消耗了 20% 的能量。無論是正在做高難度的工作或休息，大腦都會消耗**同樣多**的能量。

　　需要集中注意力的活動，包括更新履歷表、數息、單腳站立、寫一首詩或是夜間在陌生城市移動，全都需要大腦以最大效能運轉。這些時候，一組被稱為「任務正網絡」（Task-Positive Network，簡稱 TPN）的腦區會啟動來執行任務，其中包括頂葉（parietal lobe）及外側前額葉皮質（lateral prefrontal cortex）。這些大腦部位的功能，包括工作記憶、認知及注意力。

　　但是，當你週日午後坐在自家花園的躺椅上，翻著漫畫或看著園內的花卉時，雖然大腦的任務正網絡處於休眠狀態，但是你的大腦**仍然**消耗身體 20% 的能量。磁振造影的結果顯示，大腦的能量消耗在一天內的起落幅度很少超過 5%。

　　這種情形就像汽車引擎持續高速空轉一樣。我和克莉絲汀逃離大火所開的本田汽車配備六缸引擎，有 271 匹馬力。當我們以每小時 80 英里的速度奔馳在公路上時，轉速表顯示引擎每分鐘的轉速高達 2,000 轉（RPM）。但是當我們把車子停在雜貨店的停車場，將變速箱放到 P 檔，引擎怠速，這時的轉速只有每分鐘 150 轉，不到最高轉速的一成。

　　只不過，你的大腦不是這樣運作的。即使你停下來，大腦還是以每分鐘 2,000 轉的高速在運作。為什麼？一直以來，這是神經科學的謎團之一。

　　後來發現，即使你什麼也沒做，你的大腦也不會安靜下來，還是非常活躍。不過這時候，它是以自動駕駛的模式運行，並啟動一組名為預設模式網絡（Default Mode Network，簡稱 DMN）的腦區。預設模式網絡，是大腦在「不從事某種任務」（所謂的任務可能是準備報表、踢足球或下棋等等）時所**預設**的位置。當我們的心智休息，我們的任務正網絡會關閉，這時 DMN 會介入，讓我們的大腦還是保持在每分鐘 2,000 轉的速度運轉，即便我們沒有做任何需要花腦力的任務。

神經科學家賴可與大腦的暗能量

　　一九九〇年代中期，在密蘇里州聖路易市的華盛頓大學實驗室，神經科學家馬庫斯・賴可（Marcus Raichle）有了一個出乎意料的發現。這個結果不是他研究的重點，但突然間就這樣出現了。當時他不知道怎麼解讀，只是將這個實驗結果放進他臨時編出來的標籤「內側神祕頂葉部位」（medial mystery parietal area，簡稱 MMPA）進行歸檔。

　　這個意外的發現讓他獲得了二〇一四年科維理獎（Kavli Prize）的神經科學獎。這個聲譽卓著的挪威獎項，頒發的對象都是在天文物理學、奈米科學及神經科學等領域有傑出貢獻的研究人員。

　　那麼，這個意外發現究竟是什麼？當時，賴可正在為專心投入心智活動的受試者以及休息的對照組做正子斷層掃描（PET）。讓

他感到困惑的是，對照組的腦部掃描顯示，什麼都沒做的受試者，他們某部分腦區的活動卻是「增加的」；而這些腦區在進行腦力任務的受試者身上並不活躍。

　　賴可在描述這項發現時，特別指出：「在我們研究的某一刻……我開始檢視所有的掃描。立即引起我注意的是，不管研究的任務為何，活躍程度降低都明顯存在，而且幾乎總是包含著後扣帶（posterior cingulate）及鄰近的楔前葉（precuneus）。」

　　後扣帶迴皮質（posterior cingulate cortex，簡稱 PCC）是大腦中線附近的部位，連結到邊緣系統（記憶及情緒處理不可或缺的一部分）。楔前葉則是頂葉的一部分，也和記憶有關。賴可觀察到這些大腦部位在專注的腦力任務中會關閉，然後在大腦無事可做時活躍起來。

　　一九九七年，賴可和同事重新分析了九項先前的研究，並將所

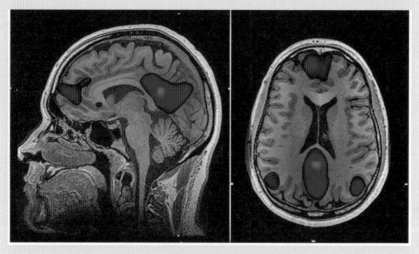

圖2.4　在預設模式網絡中的活躍腦區（請見書末全彩照片）

有在休息時活躍且在需要注意力的腦力任務中不活躍的腦區稱為「預設模式網絡」（DMN）。賴可還引用天文物理學的詞彙，把這些腦內活動稱為「暗能量」（dark energy），因為它們的性質很像宇宙中這些看不見卻構成整個宇宙能量三分之二的神祕力量。DMN 所消耗的，就是背景能量或「暗能量」。

「沒有人意識到，當我們放鬆時，大腦實際上和我們專注於困難任務時一樣忙碌。」賴可說道：「不過，在我們放鬆時，DMN 是大腦最活躍的部位。」

DMN 會在想法、情緒、影像和記憶之間跳躍不停，冥想者稱之為「猴子般的心」，因為猴子永遠安靜不下來，總是從一棵樹跳到另一棵樹。大腦為何會以這種方式工作？目前還不清楚，不過賴可的理論是，這種活動或許能幫大腦維持在有序的狀態下。

大腦的預設模式網絡

確認冥想四階段的埃默里大學研究人員還發現，一旦冥想者脫離任務正網絡的注意力而進入思緒漫遊的分心狀態後，就會活化預設模式網絡（DMN）。

DMN 的漫遊心智是以「我」為導向，專注的是自己。它可以從當下正在發生的事（「是不是有隻蚊子在嗡嗡叫？」）跳躍到對未來的憂慮（「下週的考試讓我很緊張」），或是跳回到過去（「我哥哥吉姆在我五歲生日會上說我娘娘腔，這讓我超不爽」）。

楔前葉與自我相關的注意力及情節記憶有關，而令人不快的記憶會一再重播。無事可做的大腦會預設回到困擾我們的事情，包括最近發生

的事以及久遠的事件。分心狀態的這些以自我為中心的思維,則會構成自我意識的肌理。

冥想時,當任務正網絡安靜下來時,會在意識中打開一個很大的空間。於是大腦會安靜幾分鐘,而你也感覺到內在的平靜。接著引擎開始轉動,預設模式網絡啟動,帶來了一連串的憂慮與隨機的念頭。停車狀態的你,達到了每分鐘 2,000 轉的高速運轉,但是你哪裡也沒有去。

情況還會更糟。DMN 有一個非常豐富的神經網絡,連結到其他的腦區。透過這種連結,它會忙碌地開始招募其他腦區,來響應它哀號般的自我偏執;此外,它還會徵用大腦的執行長——前額葉皮質(prefrontal cortex)。這樣一來,就會損害各種執行功能,包括記憶、注意力、靈活度、自制力,以及擬定計畫與解決問題的能力。

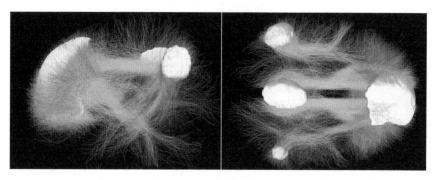

圖 2.5　預設模式網絡的神經向外延伸,與大腦許多部位交流(請見書末全彩照片)。

DMN 也會活化腦島(insula),這個部位會整合來自大腦其他部位的訊息。腦島有一些特殊的神經元,會因為我們對他人的情緒(例如憎恨、尷尬、欲望和蔑視等)而被觸發。我們不只是**想著**負面的想法,也會在**情緒**上感受到。

在這個階段,冥想者不只是沉溺在自我中心的旋風中,DMN 還劫持了大腦的執行長,並在腦島的幫助下,開始重播我們曾經在人際關係

中經歷過的所有輕視、侮辱及失望。幾分鐘前在冥想中體驗到的平靜，已經完全遭到摧毀。

這絕對會把冥想者逼瘋。他們才剛達到涅槃，進入超悅大腦的安靜空間，結果沒多久，DMN 就端上了各種各樣自我沉溺的幻想大雜燴，將我們拉進負面的情緒狀態，連帶著也將大腦其他部位一起拖下水。

預設模式網絡的 DMN 這個縮寫，讓我想到了一個單字：DEMON（惡魔）。DMN 就是惡魔，奪走了我們冥想所追求的內在平靜。

王子與惡魔

佛教有個關於悉達多王子的故事，說到這位未來佛陀的開悟前夜。那天傍晚，當悉達多開始靜心修持時，有魔障干擾他。

這不是普通的魔障，而是四種魔障的首位——天魔（Devaputra Mara）。Mara 的梵文意思是「魔」，指的是任何會阻礙開悟的事物。

天魔知道，如果能成功干擾悉達多的注意力，就會把他拉離開悟的道路。

天魔帶來一大幫的人馬，極盡所能地干擾悉達多，讓他無法再維持專一的狀態。有些惡魔向他射箭，有些惡魔射出火焰，或是拋擲巨石。眼見這些都無法分散王子的注意力時，他們便搬起了整座山向他扔過去。

仍然沉浸在愛中的悉達多，把這些武器都變成了花雨。

接著天魔改變策略。他扮演起指揮者的角色，開始一場聲色俱佳的「環球小姐」選美。他召喚來各種美麗的女子，體態、三圍、膚色各具特色，膚色有黑、黃、紅、白；體態則高矮胖瘦一應俱全，

圖 2.6　魔障企圖動搖王子的專注力（請見書末全彩圖）

天魔提供了任何可能會讓悉達多動心的組合。

　　然而，悉達多反而變得更專注了。他持續靜坐冥想，直到東方漸白。在這種專注的完美狀態下，他永遠揭除了分隔局域心與非局域心的帷幕，成為一個完全開悟的存在。

　　冥想傳統已經發展出各種技巧，試圖打敗種種魔障。例如，跟隨著呼吸、專注於第三眼、觀想某個神聖物體、複誦梵咒、吟唱、緩慢步行、正念，以及召喚聖人之名。這一切努力，都是為了馴服游移的思緒。

　　這些技巧中有許多都對神經有影響，它們會**活化掌管注意力的前額葉皮質**，把分神的心拉回到冥想狀態。研究顯示，比起冥想初學者，這種調節神經連結的效果在資深冥想者身上更為明顯。透過在冥想時重新集中心智，可以強化特定的神經連結，有能力在惡魔「個人秀」的干擾下按下「停止播放」的按鈕。即使只是三天的正念練習，也能強化這個連結。

　　所以魔障所要動搖的是「自我」，而冥想——特別是慈心禪（loving-kindness meditation）——的重點卻是無我。世上所有的神祕傳統都在教導**去除我執**，並把它當成開悟的關鍵。我們的大腦中有個部位稱為「依核」（nucleus accumbens），這是獎勵迴路的一部分，管理著快樂、成癮及情感依附。研究顯示，在長期冥想者的身上，依核這個部位會萎縮。當他們將注意力迴路從魔障無休止的「我、給我、我的」的偏執中解脫出來時，就會進入超悅大腦的超然狀態。

小我個人秀

　　基督教有個故事，主題與上述的佛教故事類似。在耶穌即將公開宣揚福音之前，曾經獨處並禁食四十個晝夜，然而在結束前，有魔鬼前來誘惑。當時耶穌又渴又餓，而魔鬼建議他可以將附近的石頭變成麵包。接著魔鬼出示「世上的萬國」，並且說只要耶穌俯伏朝拜他，就能擁有這一切。

　　來自世上偉大宗教的這些故事，不只是充滿智慧的古老寓言或奇怪的迷信，而是包含了原型智慧，用以照亮開悟之路的核心元素。

　　請注意這些導師所面對的誘惑類型，魔鬼的第一次出擊，針對的是耶穌的飢餓；而天魔向佛陀展現的是恐懼——所有事情都可能出錯。或者，也可套用莎士比亞的說法：「暴虐命運的弓箭弩石」。這正是DMN 最擅長的手段：翻出自己過去曾經出錯的所有事情，或是未來可能出錯的種種機會。那是魔鬼試圖引誘你離開超悅大腦的第一種方式。

　　接著天魔又向佛陀展示性與感官歡愉的所有可能性，而魔鬼則提供耶穌世上的所有榮華。這是惡魔試圖干擾我們，分散我們注意力的另一種方式——送給我們可能體驗到的所有美好事物。如果讓你看到自己的恐懼，無法動搖你，那麼就讓你看到自己所有的欲望，或許會成功。

惡魔還有最後一種手段，可以將你拉離全心全意的專注狀態。冥想僧侶的大腦顯示，出現了數量龐大的 γ（gamma）波，我們將在第四章進一步介紹這些腦波。

γ 波代表洞見與整合。處在超悅大腦的狀態，我們會在靈光乍現時得到無與倫比的洞見。這是一種創造性的腦力激盪，你可以寫出精彩的部落格文章，可以繪製出不凡的藝術作品，可以實現科學突破，可以創造出行銷奇蹟，以及可以擁有你想要的生活情境。

但是，鑽進這些兔子洞，有可能會跟恐懼和欲望一樣對你造成干擾。一切都跟你的小我有關：我的安全、我的快樂、我的身體、我的金錢、我的健康、我的愛情，以及我的事業。在我們的心智所能校準的所有串流影片中，「小我個人秀」是最難以抗拒的。這是惡魔用來分散注意力的終極武器。

要能抵達並維持超悅大腦的狀態，關鍵是要效法佛陀及耶穌的做法：保持專注，一心不亂。

游移的心不會帶來快樂

為了追蹤人們清醒時的心理狀態，有兩位哈佛心理學家發展出一種智慧手機應用程式，可以隨機聯繫志願者。這個 App 會詢問他們的快樂程度、當時在做什麼、在想什麼。志願者可以從選單來選擇，裡面包含二十二種常見的活動，例如購物、看電視、散步、吃飯等等。最後，研究人員從兩千兩百五十名志願者收集到大約二十五萬條資訊，並且發現人們大約有 47% 的時間都處在消極的負面狀態。研究人員寫道：「人的心智是游移不定的，而游移不定的心智不會快樂。」

如果人們的任務正網絡沒有專注在某項任務上，他們的 DMN 就會開始把焦點放在自我上，沉浸在個人故事而不是當下。他們的大腦努力

工作，同時也被惡魔的不快樂故事所吸引。研究人員觀察到：「把心思用來想那些沒有發生的事，是一種需要付出情緒代價的認知能力。」而他們的結論是：「思緒漫遊是人們快樂或不快樂的絕佳預測指標。」

　　游移不定的心智會帶著你離開當下，進入對過去的悔恨及未來的擔憂中。猴子般的心會喋喋不休，讓注意力離開我們正在投入的活動，也離開了快樂。

　　參與研究的志願者最不快樂的時候，就是做以下這三件事：打電腦、工作及休息。前兩者完全在意料之中。

　　但是第三項的休息，卻令人大感意外。為什麼他們休息時會感到不快樂呢？這是因為心智沒有任務可以執行，於是讓 DMN 有機會接管，反覆循環著它永無止境的自我偏執，因此不可能會快樂。相反的，一旦擺脫 DMN 對過去及現在的糾纏，就能進入當下時刻，那是他們最快樂的時候。快樂的當下時刻，你可以運動、做愛以及和朋友聊天。做愛是唯一一項 DMN 消耗的注意力低於 30% 的活動。

圖 2.7　我們的心智喜歡在悲慘的過去記憶及恐怖的未來可能性之間漫遊

相較於走神狀態，正在從事的活動對快樂程度的影響其實並不多。在決定人們的快樂程度上，思緒漫遊的重要性是活動的兩倍多。只有**活在當下**，人們才能找到快樂。

快樂為何如此脆弱？

如果超悅大腦如此令人快樂又渴望擁有，為何它會如此脆弱呢？為什麼我們的大腦會因為風吹草動的細微念頭就受到干擾呢？為什麼惡魔的輕聲低語，就足以把我們拉離狂喜狀態呢？為什麼我們的大腦結構會內建消極的東西呢？

答案很簡單：我們的老祖先就是因此才存活下來。對危險警覺性最高的人才能活下來。如果我們祖先的大腦出現基因突變，能提早幾奈秒聽到老虎的窸窣聲，他就能比別人早一點逃跑。正如我在《基因中的精靈》（*The Genie in Your Genes*）一書所提到的，能夠注意到威脅的基因會帶來巨大的生存優勢。

對潛在威脅反應遲鈍的人無法活下來，而他們的基因也會在基因庫逐漸消失。只有對細微的威脅跡象做出反應的人才能存活，將他們偏執的基因傳給下一代。

相形之下，快樂提供的生存價值很少，或甚至趨近於零。沒有注意到美麗的夕陽，無視於兒童歡唱的聲音，走過玫瑰花叢時沒有嗅聞到花香？這些事不會讓你惹禍上身。但是，忽略了老虎走動的窸窣聲？你很可能會丟了性命。

所以，數千個世代的演化磨練著我們的能力，能夠回應最細微、最遙不可及的可能威脅，並在瞬息之間放棄快樂。大自然之母非常關心你的生命安危，卻絲毫不關心你是否快樂。

這就是為什麼 DMN 所預設及默認的情緒是擔憂，而不是狂喜。心

智會在腦海裡演練未來可能會傷害我們的事、過去肯定會傷害我們的事，以及現在可能發出危險信號的事物，這所有一切都指出，大腦正在成功地練習各種能夠確保我們祖先倖存下來的策略。

這不是壞事。只不過，生活在安全的現代世界，這樣的做法就有些過度了。如果你人在建造大樓的建築工地，為了自身的安全，你會戴上堅硬的安全帽與護目鏡。那樣的環境正適合這樣的著裝，但如果以同樣的打扮去跟女王喝茶呢？那就完全不適合了。

儘管 DMN 會干擾冥想，但是它在我們的生活中卻扮演著有用的角色。當我們想到別人、考慮自己的安全、回想過去、規畫未來時，它都會活躍地運作。在以自我為導向的任務及社交任務中（包括記住在任務導向的活動中收集到的經驗），DMN 的線路同樣很活躍。

你內在那條隱士路徑會帶你提升到開悟境界，而你內在DMN的首要目標則是「保障你的安全」。萬一你被老虎吃掉了，還談什麼開悟。赫胥黎曾經指出：「每個人都是潛在的『總體心識』（Mind at Large）*。不過，既然我們都是動物，要做的就是不計代價活下去。」

人們自以為可以透過正向行為來調整大腦的負面偏見，不過這幾乎不會成功。如果你週末去參加冥想僻靜、讀勵志書，或參加線上的快樂課程，你可以暫時轉變自己的狀態，但為時不長。因為你所走的每一步，都是逆著四十億年的演化潮流。

不再放飛自我，讓內在的批判者閉嘴

「我、給我、我的」的那個自我，主要是由大腦內側前額葉皮質

---

* 編按：就像站在制高點及旁觀者的立場，可以記得所有發生過的事，也能感知宇宙任何
　地方正在發生的事，並接收到大部分的訊息。

（medial prefrontal cortex）所建構而成的。協助這個過程的，還有內側顳葉（medial temporal lobe）、頂葉及後扣帶迴皮質（第三章會進一步討論）。這個大腦網絡讓我們能做其他動物做不到的事，例如創作音樂及計算數學。我們的時間感包括過去和未來，這讓我們能夠延緩滿足感來實現目標。我們還能夠思索意識的本質，用大腦來思考自己的想法。

然而，意識的開關永遠都是打開的。無論我們是用「任務正網絡」來專注於某項任務，或是聆聽惡魔 DMN 的嘮叨，引擎都是以每分鐘 2,000 轉的速度在運轉。要關閉我們的想法、從自我走出來，沒有簡單的方法。

杜克大學的心理學家馬克‧利瑞（Mark Leary）在《自我的詛咒》（*The Curse of the Self*）一書中，說明這種持續的自我意識有許多缺點。他指出，這會導致許多形式的痛苦，包括「憂鬱、焦慮、憤怒、嫉妒以及其他負面情緒」。他的結論是，自我意識「一手導致了人類作為個體及物種所面臨的許多問題」。

我們可以用一個詞來概括這個狀態：「放飛自我」（selfing）*。

冥想會讓自我意識安靜下來，緩解放飛自我的狀態。在有經驗的冥想者身上，前額葉皮質的「自我」部分會離線。這種現象的專業術語是「額葉功能低下」（hypofrontality）。hypo（不足）和 hyper（超過）正好相反，「額葉功能低下」是指大腦額葉關閉，此時內在的批判者會閉嘴。關於「我是誰」、「我做什麼」以及「別人怎麼看我」等負面的自我對話都會停下來，也就是我們不再放飛自我。

這給了我們一種新的身分認同，讓我們超越痛苦的自我，以及超越自我所扮演的所有角色。心理學家羅伯特‧凱根（Robert Kegan）是哈佛大學成人心理學的前負責人，他將超越自我稱為「主體客體切換」

---

* 譯註：此為作者以 surfing（衝浪）的字義與字形創造出來的字。

（subject-object shift）。在改變狀態中，我們會擺脫一般認為代表自己的主體自我。

想要做到客觀，你不可能是你所思考的對象。所以，當大腦進入額葉功能低下的狀態時，我們不會再糾纏於局域性的自我，而是對自我有了新觀點。我們會意識到自己不只是這樣，也領悟到那只是我們正在觀察的一個對象而已，我們必須走出那個受苦的自我。一旦進入這種身分認同，這個身分遠比我們先前所寄居的身分更偉大，於是我們就能從遠處觀看這個惡魔。

凱根認為，這種切換是促成個人轉變的一個強而有力的方式。他說，在主體客體切換之後，「自我更像是在不同意識狀態之間移動，而不是捍衛和認同任何一種形式」。制約性的想法讓我們受困在有限的、日常的自我之中，而放下這類想法的能力則會開啟大門，迎接寬廣的、非局域性的自我意識，其中包含著我們的全部潛能。

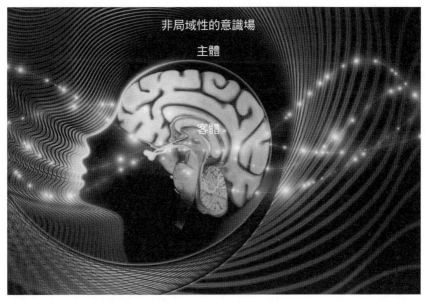

圖 2.8　進行主體客體切換，就能擺脫有限自我的限制。

　　有些人甚至會有抽離身體的經驗。神經學家安德魯·紐柏格描述過一名蘇非派的神祕主義者，他突然間發現自己正在從外面俯視著自己的身體。許多冥想者也提到了「飄浮」、「穿過光的隧道」或是「從高處看自己的身體」等親身體驗。

與神溝通不是任何人的專利

　　約翰是個同志，是 HIV 陽性的非裔美籍男性，接受過大學教育。有一天，為了幫助一位不幸的酒醉白人男子，他超越了自身的苦難及憂慮，此後他有了一次靈魂出竅的經驗。以下是他對這個經驗的描述：

　　「我覺得自己好像飄浮在身體上方，我永遠也忘不了，當我飄過身體上方時，往下看到的身體就像一顆風乾的梅子，除了乾巴巴的表皮，什麼都沒有。我的靈魂在身體上方盤旋，不僅是靈魂與身體分離，還感覺到自己是在不同次元，身體裡彷彿有一陣風在吹。

　　「記得我當時對上帝說：『神啊！我現在不能死，我還沒有實現我的目標。』而就在我說完話時，靈魂和身體再度合而為一，我能感覺到一陣風吹來，然後我又是一個完整的人了。

　　「那真是一次突破性的經驗。在感染愛滋病之前，我是因為恐懼而信神。我總是希望自己有歸屬感，能夠融入其他人，或是感覺自己被愛。當我領悟到神不是任何人的專利時，幫我克服了對上帝及對改變的恐懼。我開始能用對靈性的渴望，來取代許多毀滅性的行為。我認為我身上的變化，還包括渴望親近神、渴望真正愛自己，以及渴望擁抱無條件的愛。」

紐柏格指出，當你切換主體客體時，「大腦中恐懼與憂慮中心的活動會隨之減少，而當你觀察到自己的焦慮時，就會變得不那麼焦慮」，同時也更能超越那個受苦的自我。在我寫一篇關於愛滋病研究的文章時，也看到了某位患者講了一個類似的故事。

當約翰完成主體客體的切換後，這一切都在瞬間發生。這樣的超然經驗讓我們了解自己不等於那個受苦的自我，因此能徹底重組生命架構，改變行為與個性。用紐柏格的話來說，就是「自我反思的觀察……將會活化大腦中與開悟及轉變有直接相關的各種結構」。

幾個世紀以來，東方宗教一直告訴我們，是我們的小我讓我們陷在痛苦中。西元五世紀，印度大師世親菩薩（Vasubandhu）寫道：「只要你抓緊小我不放，就會繼續受制於苦難的世界。」這些靈性傳統強調以冥想、靜思、利他服務與慈悲來跳出小我。我們的情緒和想法會變得不那麼「黏滯」，而「我、給我、我的」會失去它們自我催眠的力量。這就是我們為放飛自我踩煞車的方式。

一旦停止認同深藏於前額葉皮質內的偏執小我，並進入超悅大腦，我們就完成了主體客體的切換。我們可以問自己：「如果我的想法不是我，而是我在想著這些想法，那麼我可能是誰？」

這個觀點會帶領我們脫離放飛自我的狀態，進入當下時刻。冥想時，我們可以連結上偉大的無限意識場。這個意識場，不同傳統會以不同名字來稱呼它，包括：道、宇宙靈魂（Anima Mundi）、宇宙心靈、上帝及「萬有」（All That Is）等。如此一來，我們就能把局域性的自我視為客體。

透過這種高山之巔的觀點，我們就能感知到所有的新可能性，這一次是我們與宇宙的合一觀點。由於沒有小我的拉扯，也擺脫了惡魔的喋喋不休，因此我們由過去經驗及歷史所傳承來的、受到制約的人格不再能限制我們的自我感。就像約翰一樣，主體客體的切換讓我們得以重寫

自己的人生劇本，也讓我們在面對生命困境時保持韌性，關於這點我們
會在第八章深入探討。

跳脫你的腦袋

考慮到惡魔 DMN 帶來的痛苦，我們會想要「逃離自己的腦袋」，
一點都不令人意外。七十年前，阿道斯・赫胥黎曾寫道：「不管是男人
或女人，大多數人往最壞的來說，都活得非常痛苦；而往最好的來說，
卻又活得那麼單調、貧窮和受到限制。因此逃離的衝動，哪怕只是片刻
超越自己的渴望，一直都是靈魂最主要的欲望之一。」

除了冥想，人類還設計出許多其他的逃離路徑，其中包括毒品和酒
精。根據智庫蘭德公司（RAND corporation）所做的研究，美國人每年
在非法藥物上的花費近一千五百億美元，包括古柯鹼、海洛因、大麻及
安非他命。此外，還有一千五百八十億美元花在了酒精上。

《盜火》（*Stealing Fire*）這本書的兩位作者史蒂芬・科特勒（Steven
Kotler）與傑米・惠爾（Jamie Wheal）描述了許多人用來淹沒 DMN 無
止境的喋喋不休，以及打破局域性小我魔咒的其他方法，包括：

- 飛鼠裝滑翔運動及風箏衝浪等極限運動
- 改變情緒的處方藥，例如鴉片類止痛藥奧施康定（OxyContin）
  與提神藥物阿得拉（Adderall）
- 面對面或線上進行的治療與自我幫助課程
- 賭博
- 電動遊戲
- 沉浸式的視覺體驗，例如色情、3D 與 IMAX 電影
- 社群媒體

- 性
- 集體體驗，例如薩滿儀式、教會活動及火人祭（Burning Man）
- 藝術與科學的高度創造力狀態
- 神祕經驗
- 團體表演，例如舞蹈、擊鼓、音樂、劇場等
- 沉浸式藝術
- 神經回饋與生物回饋

　　雖然表面看起來這些經歷完全不同，但從內在看，卻有許多共同點。它們都能從內在感受到經驗中產生的正向改變，並把我們置於當下的時刻。它們會關閉 DMN 惡魔，讓我們跳脫出自己的腦袋。

　　無論是火人祭的參與者耍火、僧侶在喜馬拉雅山的洞穴冥想、穿著飛鼠裝的人飛越大峽谷上空、接受心理治療的個案有了突破、觀眾在大都會歌劇院為三大男高音起立鼓掌、程式設計師喝咖啡熬了一整晚後看到零與一在矩陣中流動、通靈者聽到天使的聲音、青少年跟隨著電子舞曲搖頭晃腦、核子物理學家靈光乍現取得一個優雅的新理論、藥物成癮者獲得高潮，或是信徒看到露德聖母（Mother Mary at Lourdes）顯靈，以上這些跳脫出自己腦袋的經驗都有相同的神經生物學特徵。它們都讓 DMN 惡魔安靜下來，讓我們能在無休無止的念頭中暫時得到喘息。

　　一直以來，科特勒與惠爾兩人透過他們的「心流基因組計畫」（Flow Genome Project）研究心流的內在狀態。他們是顛峰表現方面的專家，也是許多頂尖公司與組織的顧問。他們的研究聚焦於我們如何能逃離惡魔 DMN 的暴政，並孕育出美好的心流狀態。

　　為了測量我們有多迫切想擺脫腦袋裡的喧鬧，他們計算出我們為了脫離尋常的自我而花了多少錢。他們把這個總額稱為「改變意識狀態經濟」（Altered States Economy）。

他們得出的驚人結論是，僅僅在美國，改變意識狀態經濟每年就價值四兆美元，遠超過美國投入國小到高中教育、孕產期護理及人道主義援助的總金額，而且也遠遠超過印度、俄羅斯或英國的經濟規模。

加州大學洛杉磯分校的藥理學家羅納‧席格爾（Ronald Siegel）將透過藥物脫離普通意識狀態的需求，稱為人類與動物的「第四種驅動力」，它可以和另外三種驅動力——食物、飲水及性——同樣強大。

冥想只是人們用來逃離惡魔 DMN 的一種技巧，但是某些特質卻讓它的效果卓著。冥想基本上是免費的，你可以在線上學習（參見本章最後的延伸資源），而且不會像賭博或消耗品那樣會帶來財務上的懲罰。

不同於酒精或藥物濫用，冥想不會對社會造成負面影響。比起成癮物質連帶的健康懲罰，冥想只有正向的附加作用。冥想也沒有極限運動的風險，可以隨時隨地練習，非常有彈性。

狂喜的四種特質

針對修持了數萬小時的西藏僧侶所做的研究顯示，他們能啟動紐柏格所謂的「開悟迴路」（Enlightenment Circuit），並使放飛自我的網絡離線。他們還會關閉大腦後扣帶迴皮質及內側前額葉皮質，此二者為惡魔 DMN 的神經軸系。

在這種改變狀態下，大腦中與快樂、慈悲、平靜有關的部位會發亮。科特勒與惠爾描述了狂喜狀態的四種經驗特質，包括：

- 無我（Selflessness）
- 超越時間或失去時間感（Timelessness）
- 毫不費力（Effortlessness）
- 盈滿（Richness）

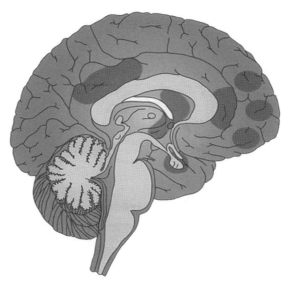

圖 2.9　與超越大腦相關的「開悟迴路」。這些腦區包括與注意力有關的部位（腦島及前扣帶迴皮質）、調節壓力與預設模式網絡的部位（腹內側前額葉皮質及邊緣系統）、同理心部位（右顳頂交界區、前扣帶迴皮質及腦島），以及調節自我覺知的部位（楔前葉與內側前額葉皮質）。

　　他們用英文首字母的縮寫 STER 來概括這四種特質。這種對改變狀態的描述，其好處在於，沒有與哲學、宗教、上師或教派扯上關係，而且是聚焦在超越狀態的共同經驗上，不是「人們透過什麼途徑來達到這些經驗」。

　　無我代表放下跟「我、我的、給我」有關的所有感覺，也放下會讓我們持續受困在痛苦的預設人格的所有元素。

　　超越時間意味著進入到當下。在這裡，可以擺脫過去的遺憾、悔恨及對未來的憂慮。我們此刻是超越時間的存在，當下是唯一能讓我們體驗到心流狀態的所在。用赫胥黎的話來說：「眼睛重拾童年的感性純真」，同時「對空間的興趣降低，對時間的興趣則降到幾乎為零」。

　　在這裡，我們會放鬆到一種「毫不費力」的感受，覺得自己與宇宙、所有生命都有了連結，我們的生活更豐富也更精彩。在這種狀態

下，不同的想法之間會建立連結，而所有腦區的協調也會增強。

這些豐富的經驗讓人感覺非常有意義。科特勒與惠爾梳理了人類的狂喜衝動，最遠可上溯到古希臘時代，柏拉圖將此描述為「一種改變的狀態，在這種狀態下，我們平常的清醒意識徹底消失，取而代之的是強烈的狂喜，以及與更偉大智慧的強力連結」。英文字ecstasy（狂喜）即源自希臘文的ex與stasis，意思是脫離或走出意識通常停留的靜止之地。

這就是超悅大腦。當你讓惡魔DMN安靜下來，就打開了一個意識空間，以便能跟宇宙連結。這就創造出一種非常珍貴的經驗，時間、空間及努力全都不見了，而你會融入非局域心智的無限豐富之中。

贏得體驗的大樂透

我在機場看到了一本名為《羅博報告》（*Robb Report*）的雜誌，鎖定的是超級富豪，裡面光鮮亮麗的廣告介紹的是價值七千五百萬美元的私人遊艇、私人飛機、名牌服飾及限量珠寶。你還是在放飛自我，不過現在你住的是總統套房。

翻閱這本雜誌時，我心裡想的是，一艘遊艇的售價可以讓多少發展中國家的兒童取得乾淨水源？可以讓多少退伍老兵治療創傷後壓力症候群所需要的六次EFT療程？可以讓多少遭受家暴的婦女獲得庇護？可以讓多少即將滅絕的白犀牛不再遭受盜獵？可以從海上清除多少噸的塑膠垃圾？

為什麼我們想要遊艇和噴射機？為什麼我們想要山腰上的別墅或是奢華的新車？為什麼我們想要一個美豔迷人的女友或是勞力士手錶？

因為，我們相信這些會帶給我們快樂。

在月光下的海灘跳舞

在前往伊色冷靈修中心的路上，克莉絲汀和我曾在加州的卡梅爾（Carmel）跟朋友一起住，那是一個濱海的高檔度假小鎮。

希洛‧麥克勞（Shiloh McCloud）是靈視藝術家，她的「意向創作」啟發了成千上萬的人找到自己內在的藝術家。她的先生強納生是高級餐飲廚師，喜歡鑽研美食，笑起來很爽朗。我們度過了一個非常充實的傍晚，一邊品嘗著強納生入口即化的牛排、啜飲著濃郁的馬爾貝克葡萄酒，一邊談笑風生，然後四個人享受了一夜好眠。

第二天我很早就醒過來，其他人還在睡。我專注於放下惡魔DMN，擁抱超悅大腦。當我進入心流時，感受到了一股拉力，要我走出房子。我抬頭看著月亮及它周圍的光暈微笑，傾聽著峭壁下的怒濤拍岸。海洋呼喚我，我踏上了通往海灘的小徑。

惡魔 DMN 不斷提醒我可能發生的諸多問題：「你沒有跟任何人說你要出門，如果你在黑暗中跌落懸崖怎麼辦？可能要好幾小時才會有人在岩石間發現你破碎的身體。如果克莉絲汀發現你不在，一定會很擔心……」我持續深呼吸，試著去注意醉人的清新空氣。

但惡魔還不罷休：「你把體香劑落在家裡了。在卡梅爾跟伊色冷之間這段荒涼的路上，你去哪裡買體香劑？你會一邊教著學生，一邊散發著體臭！」

惡魔猶自喋喋不休，提供各種即將降臨的厄運與黑暗。只要我放下一個問題，惡魔又會提出另一個問題。

抵達沙灘後，我脫下涼鞋，享受著沙子填滿腳趾縫隙的感覺。我的心中滿溢著感恩，藉此將惡魔持續的呼喊往外推。我的身體自

圖 2.10　黎明時在沙灘上跳舞

然地進入氣功的姿勢，起勢調息、甩手扭腰、轉動肩背。

　　惡魔被遺忘了，在當下我完全放鬆，沉浸在超悅大腦的懷抱中。

　　我開始吟唱感恩的頌歌，突然一陣大浪拍擊附近的岩石，反彈的浪花沿著岩壁噴濺，我的腰部以下全部濕透。我因為海水的親吻而大笑，在海灘上跑了起來，在月光下閃避著海草和岩石。

　　跑得上氣不接下氣，我停下休息，召喚自己最喜歡的原型指導靈，讓我的心智校準祂們的頻率。喜悅、活力、智慧、慈悲、美、笑聲、正直及保護。

　　半個小時後，仍沉浸在狂喜中的我沿著懸崖小路回到了朋友的家。旭日正在升起，橙色雲彩點綴著藍綠色的天空。強納生帶著一杯熱氣騰騰的咖啡在門口迎接我。我走進臥室，克莉絲汀睜開了眼睛，我們凝視了幾分鐘，眼中因為對彼此的愛而發亮。這一天才要開始。

　　然而，沒有這些東西，我們每天也可以過得很快樂。快樂是一種體驗，不用花錢就能給自己這種體驗。要在超悅大腦中忘了自己，只需要停止放飛自我。在展開新的一天時，我們可以自我訓練，把自己導向這種狀態。

　　這樣的體驗是無價的。它帶給你的快樂，昂貴的遊艇和勞力士名錶無法給你。你可以每天選擇「走出靜止之處」，在狂喜中用感恩來跟宇宙校準，無論惡魔怎樣干擾你都無法擄獲你的心。

　　快樂是機會均等的真正民主。在撒哈拉沙漠過著石器時代生活、勉強維生的布希曼人（Bushman），和財星五百大企業的執行長可以擁有同樣的快樂。你可以擁有價值七千五百萬美元的遊艇，但比起不花分文在月光下的海灘跳舞、全身濕淋淋的笨蛋，不見得你會更快樂。除了一條濕透的短褲，你什麼都沒有，但你照常能感覺到物我兩忘、神志恍惚的那種快樂，沉浸在超悅大腦中，並從DMN無止境的嘮叨中獲得自由。

　　有價值的是**體驗**，而不是財物。我們渴望擁有身外之物，因為我們相信它們會讓我們更快樂，但是廣泛的研究顯示，一旦基本生存需求獲得滿足，額外增加的財富並不能提高你的快樂程度。

　　冥想讓我們能夠選擇直接與快樂接軌，跳過中間的占有階段。取得財物需要拿大量的工作與時間來交換，而所有這些努力都可能讓我們離心流越來越遠。我們可以花四十年的職業生涯去累積財富，並相信它們會在退休後帶給我們快樂。如果跳過累積的階段，直接走向狂喜，這意味著從一開始我們就有了最終的目標，在比賽尚未開始前我們就拿到了金牌。這場遊戲不是發生在人生終於變得完美的某個想像的未來，而是此刻正在發生。

　　我們可以成為擁有快樂體驗的億萬富翁，讓心靈銀行的金庫裝滿了喜樂。那是唯一有意義的貨幣。於是，我們直接來到了最終的狀態，無須經歷取得物品的中間狀態。我們在骰子上做了調整，每次擲出都會帶

來狂喜。

　　所以，為什麼不每天都這樣過呢？

深化練習

本週你可以做這些事，把這一章的資訊融入生活中：

- **釋放受苦的自我**：這是配合本章內容的冥想主題。每天早晨請點開以下連結，收聽十五分鐘的免費冥想課程。

- **玩「為你的惡魔命名」的遊戲**：為放飛自我的那個你取個有趣的名字，或是直接問它叫什麼名字，並將答案寫下來。有位女士將她的惡魔命名為「黏黏」，另一人取的名字是「尤哥」。這個練習可以讓你跟惡魔切割開來，並提醒你，擁有掌控權的人是你。

- **主體客體切換**：任何時候，只要發現自己在冥想時分神了，只要簡單地呼叫你為「預設模式網絡」取的小名並謝謝它（例如，「尤哥，謝謝你」），再將注意力轉回來。

- **正念應用程式**：註冊哈佛的分心研究並下載智慧型手機應用程式，將這當成保持正念的方法[*]。

- **走入大自然**：本週至少要走入大自然三次。現在就將預定時間寫在行事曆上，就像約診一樣地認真看待。這種自我照顧的練習，能讓你安住於心並滋養自己。

- **寫日記**：準備一本新記事本，寫下你本週獲得的洞見。要注意冥想時，你的心智是如何運作的，並如實寫下來。只要幾句話就夠了，例如「今天早上很難進入狀況，經常分心。不過十五分鐘後，我終於安頓下來了。」

---

[*] 譯註：原書並未提供相關連結；該項研究的網址如下：https://www.trackyourhappiness.org/

延伸資源

本章的延伸資源包括：

- 道森引導式精簡靜心：釋放受苦的自我
- 日常氣功練習影片
- 預設模式網絡的簡介影片
- 馬庫斯・賴可談預設模式網絡
- 本章一開始的精簡靜心完整版，包括兩個部分：「與原型溝通」以及「向宇宙尋求答案」。

延伸資源請上網連結 BlissBrainBook.com/2。

第 3 章

創造極樂的
日常生活

Ordinary Ecstasy

所有快樂時光都有個共同點：你的注意力完全放在永恆
的當下。你不擔心過去，也不會為未來緊張，時間與
空間都消退了，只有充滿愛的當下占據著你的注意力。
只有在當下，你才能擺脫「預設模式網絡」對過去的錯
誤及未來的問題緊抓不放。

人腦是一個令人驚嘆的器官，每一秒鐘同時協調著數百萬個生理功能，還是意識與身體之間的媒介。

人腦有75%是水，剩下的有60%是脂肪。人腦的重量占身體的2%，消耗的能量卻占了20%。為了滿足它大量的能量需求，它有約長十萬英里的血管，藉此來吸收身體20%的氧氣供應。人腦最高可以產生二十三瓦特的能量，足以照亮一整個房間。

人腦中灰色的神經組織稱為「灰質」，占大腦總容積的40%，剩下的60%是白質。

懷孕初期的生長階段，人腦每分鐘會增加二十五萬個神經元（神經細胞）。從出生到十八歲，人腦的尺寸會增加至原來的三倍。在此之後人腦就不會再變大，但會持續透過更複雜的褶皺來不斷增加表面積。

突觸是神經元延伸出去的特化組織，神經元藉此與其他神經元連結。單一神經元最多可以擁有七千個突觸，並以這種方式與其他數千個神經元建立網絡。

新突觸可以很快就形成，當你傳遞訊息來刺激某個神經束時，突觸的數量就會增加。經過一個小時的反覆傳遞訊號，突觸連結的數量可以**翻倍**。當你使用神經傳導路徑時，它們就會成長。

如果你停止使用某個神經路徑，它會開始萎縮。經過大約三週後，大腦會注意到你不再經由那條路徑傳送訊息，就會開始拆解構成該路徑

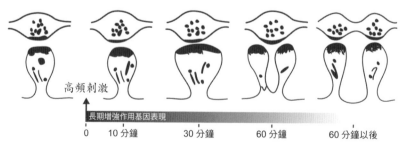

圖 3.1　經過一小時的反覆刺激，神經束內的突觸數量變成了兩倍。

的細胞。結果就是，你最常使用的腦區會變大，更快傳送訊息，而你不再使用的腦區則會萎縮變小。

　　大腦與其相關的神經系統大約是在六億年前開始演化，最先演化的部分是後腦，包括腦幹及小腦。後腦協調著與生存相關的各種功能，包括呼吸、消化、生殖及睡眠。恐龍的後腦跟人類很像，牠們的後代如蜥蜴和鳥類也一樣。這就是為什麼有人會把人類的後腦稱為「爬蟲類腦」。後腦擅長調節生存功能，因此數百萬年來沒有多少變化。

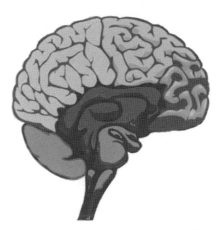

圖 3.2　三重腦（請見書末全彩圖）

　　堆疊在後腦上方的是中腦或稱為邊緣系統，處理的是記憶、學習及情緒。邊緣系統內有許多次級組織，各有特定的功能，例如視丘、下視丘、海馬迴及杏仁核等。中腦演化得晚一點，大約是在一億五千萬年前，與哺乳類的崛起同時。哺乳動物能做到爬蟲類做不到的事，例如調節體溫、生下能行動的幼仔、彼此之間建立強大的情感紐帶，以及從情緒經驗中學習等。

　　人腦最大的組成部分是新皮質。從演化發展來看，它也是人腦中最新的構造。猩猩與猴子等靈長類動物的大腦，隨著演化而加大了尺寸，

在原始人類祖先的身上增加的速度更快。自從早期人類在大約三百萬年前開始製造工具以來，人腦體積已經是原來的三倍大了。

新皮質處理有意識的思考、語言、感官的感知，以及為其他腦區提供指示。貓的新皮質體積大約是人腦新皮質的 4%，而狗大約是 7%；愛貓人士可能會有點小失望。

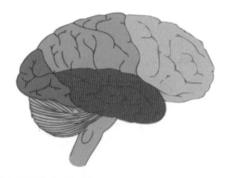

圖 3.3　大腦皮質分為額葉、顳葉、頂葉及枕葉（請見書末全彩圖）

大腦皮質分為額葉（頭部前方）、頂葉（頭部上方）、枕葉（頭部後方）及顳葉（頭部兩側）等四葉，每一葉都有明確的功能。枕葉處理來自眼睛的訊息；顳葉整合記憶以及來自聲音、觸覺、味覺、嗅覺和視覺的訊息輸入；關於動作、溫度、味覺及觸覺的訊息，由頂葉處理；認知及行為控制等執行功能則是由額葉負責，這也是我們所謂「自我」的所在位置。

超悅大腦是什麼樣子？

近百年來科學有了長足的進步，醫學上發展出更先進的腦部造影技術，例如功能性磁振造影（fMRI）、腦電圖（EEG）、正子掃描（PET）及腦磁波儀（MEG）等。這些設備讓科學家能夠判定在不同狀態下哪

些腦區是活躍的，而哪些腦區是沉寂的。

　　研究人員測量大腦在決策、睡眠、壓力、集中注意力、白日夢、洞察力、玩耍、社交互動及情緒體驗時，究竟使用的是哪些部位。此外，他們還轉向研究大腦在冥想及其他超然狀態下的運作情形。

　　針對修持多年的藏傳佛教僧侶及方濟會修女所進行的研究，提供了靈性修持中常見的大腦狀態資料。天才愛因斯坦、全壘打王貝比‧魯斯（Babe Ruth）等名人的故事，也讓我們了解這些人傑出的能力是如何與特定腦區的功能增強有關。

　　在超然經驗中，大腦處理訊息的方式不一樣。這一點在腦部造影掃描上，顯示出來的是某些腦區偃旗息鼓，而某些腦區被活化。在檢視數千名冥想者的大腦功能後，研究人員如今已經能針對冥想如何改變大腦的運作勾勒出一個綜合圖像。

　　其中有些大腦結構會部分關閉功能，例如開啟戰或逃反應的杏仁核，以及處理感官輸入的頂葉。其他大腦結構則會因為被啟動而發亮，例如與快樂、仁慈及慈悲有關的腦島、處理情緒自我控制的海馬迴，以及連結大腦左右半球的胼胝體（corpus callosum）。

　　冥想時，保持注意力集中及調節情緒的前額葉皮質會發亮，與此同時，合成人格（你放飛自我的那些特質）的那些腦區則會變暗。在這一章中，我們將會逐一檢視神經科學家安德魯‧紐柏格所謂「開悟迴路」的每個大腦部位。

　　檢視開悟迴路的每個大腦部位，我們能據此建構完整的圖像來描繪冥想時大腦是如何運作的（第六章，你將會認識構成這個迴路的四個網絡，並了解大腦某些部位如何在冥想時增加體積）。這樣一來，我們就能了解怎樣才能最有效地冥想，並從冥想中收穫最多的健康與快樂效益。

頂葉：連結外在世界的橋梁

　　頂葉位於頭頂，所扮演的重要角色是幫助我們與外在世界建立關係。來自感官的訊息會送到這裡，然後與來自內在狀態的訊息整合。

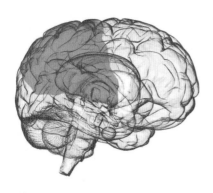

圖 3.4　頂葉：連結外在世界的橋梁

　　頂葉接收來自感官的輸入，會感知觸覺、味覺及溫度，還能判斷我們與周遭世界的相對位置。當你伸手去拿一杯水時，頂葉會判斷手指要從哪裡下手以及接觸杯子的起始位置。如果頂葉受損，可能無法執行一些簡單的功能，例如撿起東西。

　　與舞伴共舞、抓抓蚊子叮咬的地方、使用 GPS 導航前往一個陌生地點、踩在人行道邊緣，用叉子插肉丸或摸摸孩子的頭，都要靠著頂葉引導你的身體在空間中行動。頂葉會測量角度和距離，負責定義自己與他人之間的界線。

　　大腦的頂葉會協調肢體與眼睛的動作，也在語言和注意力的處理上發揮作用。即使沒有視覺訊息輸入，頂葉也能判定熟悉物體的位置。你可以用很簡單的方式自我測試：閉上眼睛，然後用手碰觸你的臉頰。即使沒有視覺訊息輸入，你也能以完美的協調性來移動你的手。

資深的冥想者，例如冥想時數超過一萬個小時的西藏僧侶，頂葉在冥想時會顯現出活動大幅降低的狀態。儘管大腦的能量消耗每天上下變動的幅度僅有 5%，但對這些資深冥想者來說，只要他們進入一種意識改變的狀態，能量消耗會下降達 40%。

相反的，疏離與孤獨的人則會顯現出另一個極端的效應。他們的頂葉可能非常活躍。許多研究顯示，在我們這個碎片化的社會中，疏離感和孤獨感正在增加，這些感覺都對健康有害。人類是社會性動物，連結感與歸屬感會轉化為整體的生理與情緒健康。

在一項涉及一百四十八份研究、共 308,849 名參與者的統合分析中，研究人員發現「社會關係較強的參與者，其存活率增加了 50%；而且這個發現不受年齡、性別、最初的健康狀況、死亡原因、後續追蹤等差異的影響」。即使研究人員針對抽菸、肥胖、缺乏運動等行為進行校正，其影響仍然是一致的。

回想一下，你這一生最快樂的時光。對大多數人來說，想起的應該是與親朋好友共度的美好時光。我們或許會與愛人一起去度假，或是跟朋友一起聚餐、說說笑笑，也或許在節日時一起唱著頌歌，跟著數十億人一起為「願和平降臨大地，願良善歸於世人」祝禱。

所有快樂時光都有個共同點：你的注意力完全放在永恆的當下，也就是第二章提到的「超越時間」。你不擔心過去，也不會為未來緊張，彷彿你沒有放在心中時刻掛念的人一樣。時間與空間都消退了，只有充滿愛的當下占據著你的注意力。

只有在當下，你才能擺脫惡魔對過去的錯誤、未來的問題緊抓不放。當頂葉關閉時，超越時間的體驗會重新形塑我們對世界的感知，以及我們要如何在這樣的世界行動。史丹佛大學一項針對曾經有過「沉浸在當下」（the deep now）經驗的人所做的研究發現，有過這種體驗的人會改變他們的行為。他們「覺得自己有更多時間……更有耐心……更

願意貢獻自己的時間來幫助他人⋯⋯優先考慮經驗而不是物質產品⋯⋯生活滿意度大為增加」。

　　沉寂下來的頂葉會促進同理心、慈悲心、放鬆、感恩、連結感，以及自我價值感。

　　安德魯‧紐柏格這個曾經使用磁振造影及斷層掃描來研究西藏僧侶與方濟會修女的神經科學家，曾經說過：「當人們〔在冥想中〕失去自我的意識時，會產生一種合而為一的感受⋯⋯這導致了自己與他人之間的界線變得模糊⋯⋯〔因而〕會喪失空間感，或是感覺不到時間流逝。」

　　冥想時，有宗教信仰的信徒確實在與宇宙合一的感受中，達到物我兩忘的境界，這一點可由沉寂下來的頂葉看出來。方濟會修女用拉丁文「unio mystica」（意思是神祕合一）來描述這種經驗，佛教徒則稱之為「一體意識」或「一元意識」（unitary consciousness）。

　　紐柏格說：「合而為一⋯⋯幾乎可以說是每一個宗教傳統的基本概念⋯⋯人們通常表示，合而為一的感覺比他們所經歷過的任何事物都要『更真實』，比真實更真實。」在一份針對有過開悟經驗的兩千人所做的調查中，超過 90% 的人表示這類經驗比日常實相更真實。

　　這種超現實感覺之所以會發生，是因為在這些狀態下，40% 頂葉停止作用所省下來的能量會重新分配來加強注意力。紐柏格說：「這是一種效率交換⋯⋯通常用來劃清自我界線的能量會重新分配給注意力。在那一刻，我們的大腦會判讀，你和所有一切是一體的。」紐柏格指出，這個體驗會讓人產生一種敬畏感。

　　冥想者不會覺得孤獨，因為他們體驗過與宇宙每個人、萬事萬物連結在一起的感受，而他們自己也是這幅無限圖景的一部分。回到現實面來說，你和其他人一樣，仍然與家人、朋友維繫著活躍的關係；但是你還擁有一種社會支持，而這種支持不用依靠其他人。當你和宇宙意識融合為一時，你會感覺自己和所有生命及宇宙本身合為一體。

一組頂尖專家針對冥想研究所做的文獻綜述表明，冥想會開啟「人類意識中被稱為『非局域』（nonlocal）的那個層次……人們所回報的體驗包括接收到的訊息似乎不受限於典型的五官感知，或者似乎跨越了時空限制，例如預知、遙視、心靈與物質的互動（印度瑜伽傳統稱之為『悉地』，意思是妙成就）」。

失去自己的人格後，我找到了極樂

關於喪失對自己人格的執著，一個著名的例子是大腦科學家吉兒‧泰勒（Jill Bolte Taylor）。一九九六年，她腦中有一條血管破裂，讓左腦停止了運作。

隨著頂葉離線，她過去三十七年的個性再也無法體現。她記不得自己是誰，也不記得自己的過往。她無法說話，也聽不懂別人說什麼。少了頂葉的功能，她喪失了空間感，無法辨別地板從哪裡開始，她的腳要踩在哪裡，因此也就無法走路。

然而，她一點都不害怕，反而感覺到前所未有的自由。神經科學的專業背景，讓她有能力從這個內在經驗把自己的故事說出來。她在 TED 演講分享了這個親身經歷，而這個演講也引起了轟動。她寫了一本書《奇蹟》（*My Stroke of Insight*）談她在經歷腦溢血時所獲得的洞見，並登上了《紐約時報》暢銷書。在接受《合一》（*Unity*）雜誌的訪談時，她回想了這整個事件：

「我右腦的意識無法辨認身體的邊界。大腦的左側頂葉部位，也就是所謂的『定位關係區』（orientation association area），保存著身體的全息圖像，好讓你知道身體從哪裡開始，又在哪裡結束。

當那些細胞在中風後離線時，我就不再擁有那樣的視角了。

「我感覺自己跟宇宙一樣大！我的身體依附著我，但我並不覺得那就是我。相反的，我成為一個集合體，與每個人、每件事連結，而且我是流動的。我們的右腦不會看到左腦對身體所做的人為劃分。我們實際上都是能量，而身體則是被壓縮成緻密形態的能量。

「中風時，我感覺自己非常巨大，就像剛從又小又窄的瓶子裡跑出來的精靈一樣。這就是我們真正的力量……我們就是如此巨大，然後被擠壓進這些小小的身體裡，而我們卻以為這個又小又窄的身體就是自己。但事實上，它只是在這個物質世界方便我們做事的一個工具而已。」

這份文獻綜述一共調查了一千一百二十名冥想者，有 56% 的人回報有過遙視或心電感應的經驗；82% 的人遭遇到的共時性事件增加了；86% 的人覺得時間感改變了；89% 的人有過 γ 波典型的頓悟瞬間。

有更多冥想者表示，他們曾經接觸到非實體或不是來自現實世界的冥想導師；其中超過半數的人表示，曾經多次接觸過他們稱之為指導靈、天使、神或更高力量的存在。

冥想者的局域心會和宇宙的非局域心合而為一。同時處於這兩種狀態下，讓冥想者產生一種深刻的連結感。無論是日常生活中和他人互動，或是在冥想時和宇宙互動，連結感都十分強烈。想要處在當下，要讓你的頂葉離線，將你的覺知從時空中抽離出來。真正進入冥想後，因為超越時間的關係，冥想者會喪失時間感。當你渺小的有限自我融入無限的宇宙中時，你的空間感會擴展到無垠的邊界。所以關閉頂葉功能，可以讓你安住在當下。

關閉頂葉功能有哪些好處？

增加	減少
• 合而為一的感受 • 活在當下 • 連結感 • 同理心 • 慈悲心 • 自我價值感 • 快樂	• 孤獨感 • 社交焦慮

胼胝體：連接左腦與右腦兩個半球

　　胼胝體連接大腦的左右兩個半球，是整個大腦中最大的白質帶。大腦的左右兩個半球是不一樣的，而胼胝體就是它們交流的管道。

　　這種整合非常重要，因為有些功能不是平均分給左右半球，而是由其中的一個半球所主導。例如，語言及口語主要是在左腦生成；而右腦

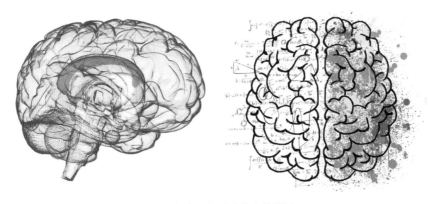

圖 3.5　胼胝體：大腦的左右半球透過胼胝體來交換訊息

則專精於非語言的溝通和情緒。發育良好的胼胝體會整合來自兩個半球的訊息，並平衡兩者的活動。

冥想時，胼胝體會被活化而亮起來，在大腦左右半球之間交換訊息，這使得我們能夠連結及平衡左右腦的功能。一項研究比較了三十名冥想者與三十名非冥想者，結果發現冥想者的胼胝體組織數量明顯更多；而有創造力的人也更擅長整合來自不同源頭的訊息，從而找到解決問題的新方法。

胼胝體包括一種稱為「前扣帶迴皮質」（anterior cingulate cortex，簡稱 ACC）的結構，這是啟動同理心的一個關鍵角色。催產素能夠活化 ACC，通常被稱為「親密荷爾蒙」，因為接觸到我們關心的人通常會刺激催產素的分泌。ACC 也是開悟迴路中被點亮的結構之一。

當胼胝體變大時，與直覺、創造力、專注、記憶力、解決問題的能力及協調能力有關。冥想會活化胼胝體，這會讓你能夠取用大腦左右半球的所有資源，也讓你能夠整合所接收到的訊息。

活化胼胝體有哪些好處？

增加	減少
• 專注、記憶力	• 閱讀障礙
• 左右腦的溝通	
• 直覺、洞察力	
• 感知清晰度	
• 快樂	
• 音樂能力	
• 協調性	
• 整合訊息	
• 左右開弓的能力	

全壘打王貝比・魯斯的大腦

　　貝比・魯斯綽號「猛打蘇丹王」（Sultan of Swat），從一九一四年到一九三五年一共參加了美國職棒大聯盟二十二個球季。他在大部分球季（十一個球季）都有超過四十支全壘打的紀錄，更曾創下四個球季全壘打超過五十支的驚人紀錄，至今仍是紀錄保持者，被譽為史上最偉大的棒球明星。

　　一九二一年，《科學》（Science）雜誌報導了一項研究，探討貝比・魯斯的揮棒為何如此神奇。哥倫比亞大學心理學實驗室的兩名研究人員亞伯・約翰森（Albert Johanson）及約瑟夫・荷姆斯（Joseph Holmes）讓貝比・魯斯接受一系列的生理與心理測試。最後，他們將貝比・魯斯的能力歸因於以下的發現：

- 身體動作的效率高達 90%，而人類平均效率是 60%。
- 眼睛功能比一般人快了大約 12%。
- 耳朵運轉速度比一般人至少快了 10%。
- 比起五百名受試者中的其他四百九十九人，他的神經更穩定。
- 注意力和感知敏捷度比一般人高出 1.5 倍。
- 智力比正常水準高 10%，由理解速度及準確性反映出來。

　　貝比・魯斯的眼睛和耳朵比其他人運轉得更快，大腦也能更快地記錄來自身體感官的訊息輸入，因此能更快將後續指令傳達給肌肉。他的眼睛、大腦、神經及肌肉之間的協調性近乎完美。

　　他是在一個相當悶熱的晚上接受測試，當天下午才剛打完一場

費力的比賽，擊出了一支全壘打。用來測試的房間很悶熱，持續進行了大約三個小時，他全程幾乎都得站著，還得上下爬樓梯五次。

　　研究人員發現貝比‧魯斯並沒有露出疲態；並指出，如果他能在神清氣爽的狀態下接受測試，目前這個已經令人印象深刻的結果可能還會更好。這些測試也透露出，貝比‧魯斯揮棒時會屏住呼吸。而我們現在知道，憋氣會抑制揮棒的力量。如果沒有屏住呼吸，那麼他那種常人望塵莫及的揮棒能力很可能會更厲害。

　　貝比‧魯斯是左撇子，能投能打。左撇子及雙手都靈巧的人，他們的胼胝體組織比右撇子多了 11%。

　　愛因斯坦同樣也有功能強大的胼胝體。研究人員比較他的大腦與兩組樣本，一組是十五名七十六歲（愛因斯坦去世時的年齡）的男性，另一組是五十二名健康的年輕男性。結果發現，愛因斯坦的胼胝體就像一條高速公路，比其他人「在多數的胼胝體次區都更厚實」。

海馬迴：偵測威脅並創造記憶

　　海馬迴是一種海馬形狀的構造，位於邊緣系統的中心。在研習營中，我為海馬迴所選用的類比是軍事史學家。它最重要的工作是「將輸入的**訊息**與**過往的威脅記憶**比較」，如果兩者匹配，它就會啟動杏仁核來發出警報，從而啟動整個戰－逃－僵住（fight-flight-freeze，簡稱FFF）的系統。

　　海馬迴會決定哪些訊號要傳遞給杏仁核，哪些訊號可以忽略，藉此來調節我們的情緒。有些人的海馬迴很活躍，可以有效調節情緒。其他

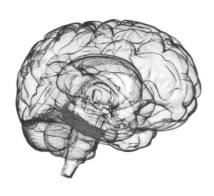

圖 3.6　海馬迴：偵測威脅並創造記憶

人則否，這些不幸的人對自己的情緒會有一觸即發的反應。只要受到一點刺激，他們就會生氣、害怕或焦慮，行為完全受到情緒所擺布。

　　海馬迴也被認為與學習有關。新的經驗會在海馬迴內形成新的突觸連結，學習新語言、學打匹克球、跟新對象約會，或是嘗試匈牙利食譜的新菜色，海馬迴都會開始長出新的連結。然而，海馬迴最重要的功能卻是「對過去的壞事進行分類」，如果現在發生的事與過去的壞事類似，它就會「居中撮合」並打開戰－逃－僵住的反應。

　　當海馬迴不確定如何處理某個訊息時，會向大腦的執行中心——前額葉皮質求助。前額葉皮質的功能是分辨與儲存知識，它會接收海馬迴的訊息並判定威脅是否為真。

　　比如說，你聽到一聲巨響，立刻就緊張起來。海馬迴會問：「是槍聲嗎？」前額葉皮質告訴它：「不是，那是車子回火。」於是，鬆了一口氣的海馬迴就不會將警報傳給杏仁核。又或者前額葉皮質會說：「那群在停車場混的年輕人看起來很可疑。」海馬迴隨後就會通知杏仁核，於是身體立即進入了紅色警戒。

飛機辨識圖表

　　我在二次大戰後的英國長大，身邊到處都可以見到戰爭痕跡。例如，除役的野戰槍炮還架在政府建築物的入口兩側；用廢彈殼製成的哨子；親戚家衣櫥裡的鋼盔；用子彈做的飛機及坦克模型。

　　提醒你的戰時物品，還包括飛機辨識圖表。當英國在德國閃電戰中遭到轟炸時，頭頂上經常傳來飛機的引擎聲。人們仰望夜空，或許可以看到頭頂上飛機的輪廓，而是否能弄清楚那個形狀代表的是英國或德國飛機，可能就是生與死的差別。

　　戰爭期間，英國政府將飛機辨識圖表張貼在各個地方，甚至直到一九六〇年代，我都還經常在酒吧或旅館的不顯眼角落看到它們。不到兩歲的我，只看一眼就能分辨英國的蘭開斯特轟炸機與德

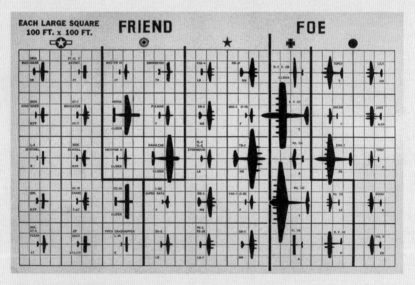

圖 3.7　飛機辨識圖表

國的亨克爾 HE 111 轟炸機。一個還在蹣跚學步的孩子，在被帶到帝國戰爭博物館（Imperial War Museum）時，只要看到任何二次大戰的飛機，我就能馬上說出它的名字。

當然，那個時候，這些知識早已無用武之地了。戰爭過去十年了，記得飛機的形狀已經無關生死。但是，它們卻在我的海馬迴神經路徑上，刻下了不可磨滅的印記。

這一類的模式識別正是海馬迴的工作，它會將輸入的訊息（例如飛機的形狀）與自己龐大如百科全書般的過往記憶做比較。如果判定是威脅——那是亨克爾 HE 111 轟炸機！——海馬迴就會傳送訊號給杏仁核，而杏仁核會停止其他生理功能並且尖聲大叫：「放下一切，快跑進防空洞！」如果與過去的威脅不匹配——那是蘭開斯特轟炸機——海馬迴會保持安靜。

當我們小時候學到各種威脅時，通常會伴隨著諸如恐懼等強烈情緒，它們會一輩子鑲嵌在海馬迴的神經迴路上。神經科學家稱之為「深度情緒學習」（deep emotional learnings）。

就像舊日的海報，雖然現在可能已經沒有用了，但還是可能觸發我們對完全想像出來的威脅做出反應。一旦學會了，並因為制約行為而被強化後，它們就很難改變。如同酒吧裡積滿灰塵的海報，即便已經過時了，卻還是繼續在我們眼前盤桓不去。

使用「從大腦情緒中心通往執行中心」的這條路徑，對情緒調節非常重要。因為它包括一個反饋迴路，訊息先進入前額葉皮質，然後再從前額葉皮質回到海馬迴，這條神經路徑被稱為**長路徑**：海馬迴→前額葉皮質→海馬迴→杏仁核→戰－逃－僵住。能夠有效自我調節情緒的人，

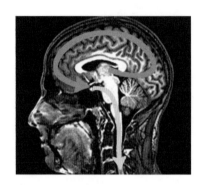

圖 3.8　長路徑

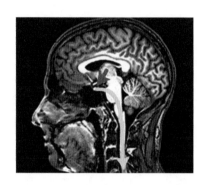

圖 3.9　短路徑（請見書末全彩圖）

都配備有這條預設路徑。

　　至於自我情緒調節較差的人，例如罹患創傷後壓力症候群的人，因為這條迴路受損，很容易受到驚嚇，往往會對無害的刺激反應過度。他們的海馬迴會跳過前額葉皮質，沒有將眼前的可能威脅轉交給靈長類腦來進行明智辨別。靈長類腦會把發出巨響的一聲，歸類為「車子回火」；而海馬迴卻會把輕微的刺激都視為「威脅生命的大災難」，並隨即活化杏仁核。這種將長路徑截斷的過程，會創造出一條**短路徑**：海馬迴→杏仁核→戰－逃－僵住。短路徑的反應速度快，但準確度往往不足。

　　海馬迴對記憶與學習也非常重要，會幫助我們處理至少兩種不同類型的記憶：陳述性記憶與空間記憶。陳述性記憶與事件及事實有關，例如你會記得在學校戲劇公演的台詞，或是世界盃球隊的排名。

　　空間記憶則與導航有關，可以幫助計程車司機記住穿越一座中世紀古城的道路，或是讓小提琴家將手指按在琴弦上的正確位置。

　　這也證明了海馬迴還執行著另一個驚人的工作：將短期記憶轉變為長期記憶。剛開始學小提琴時，你必須非常專注才能把手指按在正確的位置。隨著經驗累積，一旦你將這些訊息銘刻在長期記憶中，就能不用思考、毫不費力地演奏。海馬迴可以同時控制大腦幾個遙遠部位的功能，並協調它們的活動。

　　冥想時，我們會活化海馬迴，尤其是一個叫「齒狀迴」（dentate gyrus）的次區。齒狀迴的功能是同步調節大腦不同部位的情緒，我們將會在第六章看到它的驚人表現。這種同步意味著，我們能夠安撫自己動盪的情緒，啟動長路徑，並讓我們的意識從橫掃預設模式網絡的愛與恐懼、嫉妒與欲望、憎恨與吸引中獲得喘息。沒有這些情緒的干擾，我們就能為超悅大腦創造一個平靜的情緒空間。

活化海馬迴有哪些好處？

增加	減少
• 記憶、學習	• 抑鬱
• 情緒控制	• 過動
• 獲取技能	• 健忘
• 方向感	• 阿茲海默症
• 血清素	
• 協調不同腦區	

杏仁核：大腦的火災警報器

　　杏仁核經常被稱為大腦的「火災警報器」，大腦其他部位（主要是海馬迴）解讀為危險的訊號會啟動杏仁核。假如你在加勒比海游泳時，看到巨大的背鰭突出水面，海馬迴就會閃電般將它與類似影像做比較。一旦得出「是鯊魚」的結論，它就會傳遞訊號給杏仁核。

　　從杏仁核延伸出去的神經會連結到腦幹中那個主掌戰－逃－僵住反應的部位，再從那裡向外延伸到身體的每一個器官系統：心臟、肺臟、肌肉、消化道、免疫系統和皮膚。

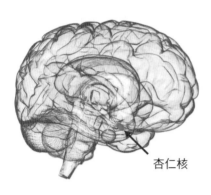

圖 3.10　杏仁核：大腦的火災警報器

　　如果你的身體進入戰－逃－僵住的狀態，所有的器官系統都會被調動，因為對每一個生物來說，生存是至高無上的驅動力。你的肺臟在心臟的協助下，會瘋狂地把氧氣輸送到血液裡（心臟加速跳動會增加肌肉的血流量）。肌肉因為血流量增加而變大，尤其是手臂與腿上的大肌肉，因為它們已經準備好戰鬥或逃跑。

　　你的消化道會關閉，將血液輸送到腸道的微血管和動脈會收縮至80%，因為你的身體要將寶貴的資源從非必要系統（例如消化）抽走，重新部署到循環與呼吸等核心系統。

　　你的免疫系統也會關閉。一項研究發現，夫妻吵架時，雙方的免疫系統最高會下降 40%。由於微血管收縮，前額葉皮質會大部分關閉；當首要之務是逃離鯊魚時，前額葉皮質創作交響曲或計算微積分的能力就毫無用處。

　　如果你的情緒調節能力很強，而且長路徑也在運作中，那麼海馬迴會將看到的背鰭傳送給前額葉皮質參考，而前額葉皮質有可能會說：「那是海豚。」海馬迴一收到訊息，知道那個外來刺激是無害的，你看到的背鰭是愛玩耍的海豚而不是掠食性的鯊魚，它就不會啟動杏仁核，而你也會恢復冷靜。

　　如果你的長路徑因為壓力而短路，而大腦正在使用短路徑，正在海裡游泳的你很可能一想到有鯊魚就會恐慌症發作。如此一來，身體所有的戰－逃－僵住機制會因為這種想像的威脅而開始運作，就像你真的面對大白鯊一樣。你的腸道開始痙攣、心跳加速、呼吸又快又淺，而且注意力會變得非常狹窄，除了眼前的威脅，其他的你完全無法思考。

　　這種狀態會造成嚴重的生理損傷。腎上腺素升高會減少壽命。比起沒有壓力的人，飽受壓力的人會更常生病，壽命也更短。無論壓力以何種形式出現——憂鬱症、焦慮或創傷後壓力症候群——都會導致癌症、糖尿病及心臟病的高發生率。承受壓力的人，對於壽命的折損不只是一兩年，而是動輒十年或二十年。

　　在冥想者身上，可以看到杏仁核是安靜的；只要多加練習，還會變得更沉寂。資深與資淺的冥想者，杏仁核的活性也有明顯差異。經過測量得知，資深冥想者對壓力事件的反應，比一般人低了四倍。即使只是每週練習正念三十個小時並持續八週的新手，杏仁核的活性也降低了。

　　中腦或邊緣系統內的其他構造，會跟海馬迴、杏仁核協同運作。其中之一的視丘就像中繼站，它的位置很靠近胼胝體，負責辨認來自觸覺、聽覺及味覺的輸入訊息，並將訊息引導到前額葉皮質的意識中心。冥想時，視丘通常會變得活躍，因為它會更努力工作來抑制會將我們從超悅大腦拉走的感官輸入（例如「嗡嗡叫的蚊子」或「這張椅子太硬」）。

　　海馬迴調節情緒，而視丘調節感官輸入，加上長路徑運作正常，如此一來誘發壓力的訊號就不會傳送到杏仁核。因此，身體所有的戰－逃－僵住機制就會維持離線狀態。這會產生相對應的生理效益，包括心率均勻、呼吸深而緩、消化有效運作、免疫力提高。因此許多研究都顯示，冥想對健康及長壽都有助益。

抑制杏仁核有哪些好處？

增加	減少
• 冷靜	• 恐懼、焦慮
• 免疫力	• 壓力
• 放鬆	• 戰—逃—僵住
• 長壽	• 抑鬱、緊張
	• 皮質醇
	• 擔心
	• 憤怒
	• 成癮
	• 情緒波動

腦島：同理心與慈悲的連結者

　　腦島是位於大腦縫隙深處的組織，把顳葉與額葉、頂葉區隔開來。此處有大量的特化神經元，稱為「紡錘體神經元」（von Economo neu-

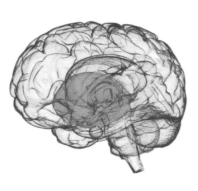

圖 3.11　腦島：將訊息與相關的情緒整合在一起

rons，簡稱 VENs），它們會促進**來自大腦不同部位的訊息整合**。這些特化的神經細胞只在少數物種中發現，包括人類、猩猩、猴子、鯨魚和大象等高度有組織的社會化物種。

這是因為腦島是大腦中「照顧迴路」的一部分，這個迴路在其他哺乳動物身上也可以見到。哺乳動物的親代會照顧自己的孩子，而不是下了蛋就走開。身為人類的我們，也會照顧家人及其他家族成員。

與其他人類同胞連結所產生的種種情緒中，腦島扮演著關鍵角色。這類情緒稱為「社會情緒」（social emotions），包括驕傲、噁心、內疚、感激、怨恨、尷尬、鄙夷及情欲。關於腦島的作用，一般認為它對「理解身為人類的感受」非常重要。

你的帳篷有多大？

新英格蘭有一則老笑話，說的是緬因州一個悶悶不樂的浸信會農夫傑斯。每天晚上，傑斯都用同樣的話祈禱：「神啊，請保佑我和我的妻子、我的兄弟吉姆和他的妻子。就我們四個，其他人就不用了。」

借用舊約的帳篷比喻，傑斯的帳篷只覆蓋他的直系親屬。或許你劃定的保護圈會大一點，關心更多的人：你的帳篷邊界或許可以延伸到社區、城市，或甚至是國家。

冥想經驗豐富的人，他們的帳篷有無限的邊界。神經科學家理查·戴維森（Richard Davidson）和威斯康辛大學實驗室的研究團隊，曾為二十一名這樣的資深冥想者做測試。其中冥想經驗最豐富的，是一位名叫明就仁波切（Mingyur Rinpoche）的西藏僧侶，他

在四十二歲前就已經完成了超過 62,000 小時的冥想。

戴維森第一次將磁振造影設備連接到明就仁波切身上時，給了他一系列的冥想練習，以判斷每個練習會用到哪些大腦部位。

當明就仁波切接到要喚起慈悲心的指示時，戴維森和實驗室控制室的其他研究人員都看呆了：明就仁波切的同理心迴路，活躍程度提高到不可思議的 700%。戴維森寫道：「如此極端的增長，無法以科學來解釋。」平均而言，資深冥想者的 γ 波數量是對照組的二十五倍，而 γ 波是大腦處於創造性狀態的標誌性腦波。我們將在第六章看到，這些都是天才的腦波。

在社交場合中，腦島的紡錘體神經元會幫助我們識別他人的面部表情，分辨噁心、內疚等情緒。這些特化的神經元讓我們可以開玩笑，或者在朋友忽視我們時感覺受到怠慢。

腦島也能激發「同理心」。對他人的情緒訊號越是敏感，腦島的活躍程度就越高，同理心測驗也有更高的得分。冥想時，腦島會發亮，尤其是冥想者生出慈悲心時。

隨著冥想者擴展他對連結的定義，會把其他人納入，最終則涵蓋整個宇宙，因而感覺到與天地萬物合而為一。套用一篇關於冥想的綜合評論所說：「主體與客體、自己與他者、群體內與群體外等慣用的二元性全都不見了。」一旦把自己的帳篷擴展到無限邊界，大腦活動就會發生巨大的變化。

活化腦島有哪些好處？

增加	減少
• 揚升的情緒狀態	• 憤怒
• 肢體控制	• 恐懼
• 善良、慈悲	• 焦慮
• 同理心	• 抑鬱
• 長壽、免疫力	• 成癮
• 快樂、愛	• 慢性疼痛
• 感官享受	
• 自省	
• 成就感	
• 連結感	
• 專注、自我覺知	

除了調解我們的同理心與慈悲心迴路之外，腦島還有許多其他功能。它會透過身體內部延伸的受體網絡以及皮膚收集訊息；接著誘發飢餓等感覺，從而引發去尋找食物等行動。

這個機制的黑暗面在於，它會刺激對毒品、香菸、酒精的渴望。甚至成癮者在使用藥物**之前**，腦島的活躍程度就增加了。當我們感到疼痛，或甚至**預期**會感到疼痛時，腦島部位也會發亮。

一旦涉及到身體疼痛，冥想者更能「活在當下」，並更快地將疼痛釋出。他們或許也會體驗到強烈的渴望，正如我們將在第五章看到的。這些是正向的渴望，會引導人們走向超悅大腦的狂喜狀態。

右顳頂交界區：資訊的整合者

右顳頂交界區（temporoparietal junction，簡稱 TPJ）是大腦的顳葉與頂葉連接之處。TPJ 也連接著處理情緒和學習的邊緣系統，以及連結到視覺、聽覺及軀體神經系統。

我們的感官隨時都受到外在訊息的轟炸，大腦還必須處理來自身體各個器官和系統的所有訊息。TPJ 的工作之一就是整理這些如雪崩般湧來的訊息，判斷哪些是相關的，接著將它們打包成一個連貫的故事，讓前額葉皮質加以判斷後並據此行動。

伊利諾大學的一組研究人員想繪製與情商有關的大腦部位，他們徵得一五二名越戰退伍老兵的同意，在從事需要情商的活動（例如與他人互動）時掃描他們的大腦。結果發現，右顳頂交界區會在老兵們投入社交活動時開始活躍起來。

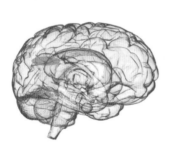

圖 3.12　右顳頂交界區：資訊的整合者

右顳頂交界區在冥想時也很活躍。德國與西班牙的研究人員找來了一群沒有冥想經驗的人接受正念訓練，僅僅四十天後，他們右顳頂交界區處理資訊的能力就提高了，同時焦慮與憂鬱程度也大為降低。

離開大腦與身體，神祕的靈魂出竅經驗

如同第二章提到的，馬庫斯‧賴可意外發現了預設模式網絡，關於靈魂出竅的新見解，也是在瑞士神經科學家歐拉夫‧布朗克（Olaf Blanke）處理癲癇症狀時出其不意地浮現出來。布朗克醫師為了找出一位癲癇女患者的病因，使用電極來繪製她的大腦，以便比對大腦各部位所負責的功能。

就在他刺激角迴（angular gyrus，右顳頂交界區的一部分）時，患者出現了自發性的靈魂出竅。她向布朗克表示，她正在從上方俯視著自己。布朗克發現，每次他刺激那個部位，患者就會進入靈魂出竅狀態。

布朗克推論，在進入右顳頂交界區的大量訊息中，癲癇患者的神經路徑可能會彼此交錯，導致暫時離開自己的身體。在冥想中，這是刻意練習後的附加作用之一；而瀕死經驗或許也是類似機制的運作結果。

梅爾文‧莫爾斯（Melvin Morse）醫師對這些大腦狀態與客觀現實的關係有這樣一個發人深省的評論：「宗教經驗不會只因為有了大腦理論為基礎，就自動削減或貶抑它們的靈性意義。事實上，我們可以說，在宗教經驗中找到了神經科學的依據，正好為它們的客觀真實性提供證據。」

冥想會啟動右顳頂交界區這個情商中心，藉此提升各種正向特質，包括利他、適應性、同理心、語言技能、覺知、責任心及情緒平衡。

活化右顳頂交界區有哪些好處？

增加	減少
• 情商、情緒平衡	• 社交焦慮
• 利他主義	• 自閉症
• 動機、同理心	
• 更好的人際關係	
• 責任心、自我覺知	
• 訊息處理	
• 感知、專注	
• 書面語言*、口語	

前額葉皮質：指揮官

　　前額葉皮質是額葉最前面的部位，許多複雜行為都源自這裡。前額葉皮質也是你的人格所在，讓你之所以成為你。它所負責的是衝動控制，協調大腦其他部位生起的情緒。

　　如果我們想對搶走停車位的鄰居大吼，如果我們因為孩子不吃花椰菜而想掐死他們，如果我們的績效考核糟糕到想甩老闆一巴掌，或是我們想要跟閨蜜身材壯碩的新婚丈夫來個熱情舌吻，前額葉皮質都是大腦中會說「不」來阻止我們的部位。

　　前額葉皮質也是大腦中能集中我們的注意力，並依據輕重緩急來安排心智活動的部位。前額葉皮質能規畫複雜的活動，這一類的活動通常

---

* 編按：書面語言（written language）是指在書寫和閱讀時所使用的語言，是在口語的基礎上發展出來的文字。

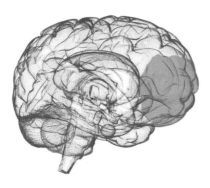 

圖 3.13　前額葉皮質：指揮官

會涉及到許多訊息輸入，包括時間、空間、身體、資源及其他人的反應；而且能在相互競爭的訊息中決定何者優先。

　　對於能夠集中注意力的人而言，是他們的前額葉皮質在排除干擾。例如寫作時，我可能會聽到遠處的警笛聲，或分心想到電子郵件信箱塞滿了未讀的訊息；或只剩下一天可以打包行李，然後我就要搭機去主持研習營；手機帳單的繳費期限到下個星期為止……但是，前額葉皮質會選擇將所有注意力集中在眼前的這個任務上，過濾並屏蔽其他爭先恐後想要引起我注意的事項。

　　前額葉皮質是成長過程中最後發育的大腦部位。孩童要在進入青少年階段後，才能完整發展出前額葉皮質內建的規畫與決策能力；並且直至二十五歲左右，前額葉皮質才會發育成熟。

　　前額葉皮質有許多次級結構，對於冥想與注意力來說，最重要的兩個次級結構是「背外側前額葉皮質」及「腹內側前額葉皮質」，前者與涉及認知、注意力的腦區相連，而後者則連接包括海馬迴及視丘在內的邊緣系統。

海狸隊教給我們的一課：想要贏，先從專心做起

治療師葛雷格‧華伯頓（Greg Warburton）的專業是提升運動表現。從小他就喜歡運動，呼吸、生活都離不開運動。二十七歲時，他完成個人的第一場馬拉松賽，但不久後就在摩托車事故中失去了一條腿。

但是，他並未因此而放慢腳步。他成為了一名諮商顧問，開始教導其他運動員提高表現的技巧，例如情緒釋放技巧（EFT）。EFT敲打是收效迅速的一種技巧，可以透過敲打指壓穴位來調節壓力，我自己在開始做精簡靜心時也經常使用EFT。

我曾經和葛雷格在奧勒岡州立大學的一項開創性研究合作過，在隨機對照試驗中，我們測量奧勒岡州海狸隊（OSU Beavers）男子和女子籃球隊的各項能力。在測驗過運動員成功罰球的次數以及能跳多高後，我們把他們隨機分成了兩組，一組進行EFT而另一組則接受安慰劑療法。

在這之後，EFT組的罰球成績比對照組高38%。我們只花了十五分鐘做EFT，就產生了這樣的成果。

當我站在球場上觀察球員時，注意到他們的表現非常一致。有些人可以一次次地十投十中，而那些表現差的球員也一致性地表現不佳，投十球只能中三或四球。每次他們上場，投不進的球數都跟先前差不多，而十投十中的明星罰球者同樣表現得很穩定。

這種差異，當然不是因為體能。如果運動員有能力投進一球，他當然會完成自己的工作，因為他有足夠的肌力及手眼協調的能力，將球成功投進籃框。理論上，除了體力耗盡之外，他應該能夠

連續十次都重複自己成功的經驗。

　　事實上，造成這種差異的原因是調節情緒的能力。我曾仔細觀察過一位表現不佳的球員，當他準備投球時，雖然很努力想集中注意力，卻受到了干擾。體育館的噪音、腦袋裡的雜音，都讓他很難專注。他的前額葉皮質無法調節大腦產生情緒的那些部位。

　　葛雷格在高爾夫、棒球隊與籃球隊的訓練工作，為海狸隊帶來前所未有的成功。在葛雷格開始指導他們不久，奧勒岡州立大學的籃球隊就連續兩次贏得聯賽冠軍。二〇一八年，他們再次在大學世界大賽拔得頭籌。

　　當運動員能夠調節自己的情緒時，焦慮和壓力就不會影響到他們的表現。長期冥想者在專注力的表現非常出色，他們的前額葉皮質能夠壓抑住 DMN（預設模式網絡）喋喋不休的干擾所引發的情緒，受過訓練的運動員同樣也能做到。要贏得比賽，專注能力甚至比身體力量及協調性更重要。

腹內側前額葉皮質：安撫情緒

　　冥想時，腹內側前額葉皮質是活躍的。這是情緒調節迴路的一環，我們會在第六章進一步說明。來自腹內側前額葉皮質的訊號，可以安撫海馬迴與杏仁核生起的情緒，讓我們從 DMN 激發的所有情緒中獲得喘息。這會降低我們對外在世界及對內在情緒的反應，兩者都會干擾冥想狀態。

背外側前額葉皮質：專注力的調控者

　　這是冥想時表現很活躍的第二個前額葉皮質部位。當腹內側前額葉皮質抑制情緒時，背外側前額葉皮質會維持注意力的集中，讓我們能夠把意識固定在冥想狀態，不被外在世界的訊息輸入所干擾。一旦背外側前額葉皮質做出決定，它就會抑制與目前不相干的訊息輸入。

　　屏蔽掉不必要的干擾，冥想就能改善我們保持注意力的能力。這會進一步改善工作記憶，將當前的訊息轉變成長期記憶。一項研究顯示，受過正念訓練的學生能更好地回想起自己學過的東西，並提高他們研究生入學考試（GRE）的成績。

　　在這一章，我們探討了與特化功能相關的大腦部位，不過大腦中的各個部位很少只有單一功能與目的。大腦是以一個整體的模式在協同工作。這一章所附的圖像都經過簡化，以強調與每個功能相關的大腦部位，但實際上，它們被活化的程度可能差距非常小。

　　與其使用開與關來說明大腦部位的活化與去活化，不如說那是一種調光開關，從一端的光明到另一端的黑暗，之間還有很大的範圍。不同的功能會造成不同的腦區變亮或變暗，而不是打開或關閉。儘管大腦有這些特化部位，但是整個大腦都會協調運作，而不是獨立作業。

　　例如，當我們產生同理心時，情形就跟冥想者在自我訓練時一樣，包括視丘、海馬迴、杏仁核在內的整個邊緣系統，都會與其他腦區一起合作。「同理心迴路」也包括腦島和前扣帶迴皮質；而杏仁核在其中的主要作用是透過前扣帶迴皮質，傳達訊息給前額葉皮質。我們所體驗到的同理心越強烈，同理心迴路的啟動程度就越高。

　　腹內側前額葉皮質及背外側前額葉皮質，是前額葉皮質中兩個相對較小且更特化的次級構造。在冥想者身上，前額葉皮質中「放飛自我」的那個大腦部位會在冥想中離線。對冥想中的僧侶做腦部掃描時發現，

構成人格的前額葉皮質部位會變暗,而且能量消耗會下降到 40%,也就是在第二章中神經科學家提到的「暫時性前額葉功能低下」。紐柏格發現,許多不同類型的修持者會「從他們的腦袋出走」,無論是巴西的薩滿或說著「神言神語」的五旬節派基督徒都一樣。

冥想時,我們會放下對自己及對世界的老舊認同。在那段時間,我們停止放飛自我,忘記「我、給我、我的」的執著。我們的意識曾經「卡住」的地方,包括小我、美醜、喜歡誰或不喜歡誰、扮演自己的角色,這種種束縛以及隨之而來的所有苦難全都鬆開了。這釋放了我們的心,得以走進無限的非局域心,並與一個比我們的小我更偉大的意識建立連結。紐柏格是這麼描述的:「人們真切地感到自己的小我正在消融,沒有了『我』,只有單一的覺知或經驗。」

開悟的弔詭之處在於,我們必須**失去自己的人格才能找到極樂**。儘管前額葉皮質的思維能力是我們日常生活中最大的資產,但這些能力也是我們體驗合一感的最大阻礙。正是小我讓我們和宇宙分離,一旦小我離線,我們就能與宇宙奧祕同在。

調節前額葉皮質有哪些好處?

增加	減少
• 情緒調節、自我控制	• 焦慮、抑鬱
• 執行大腦功能	• 成癮
• 設定目標	• 受到干擾
• 複雜的推理	• 放飛自我
• 適當的行為	• 對壓力的反應
• 心智能力	• 疼痛
• 規畫概念、決策	• 思緒漫遊
• 快樂、幸福感	• 驚嚇反應

- 意志力、韌性
- 控制衝動
- 專注、注意力
- 意義和目標
- 流動智力 *
- 認知彈性
- 工作記憶
- 利他行為
- 長遠思考
- 複雜的規畫

- 注意力不足過動症
- 阿茲海默症
- 認知衰退
- 皮質醇
- 發炎
- 創傷後壓力症候群
- 老化
- 慢性疲勞

紋狀體：情緒閥門

　　紋狀體（striatum）是基底核（basal ganglia）的一部分。這些神經節之所以稱為「基底」，是因為它們就位於大腦底部，與腦幹及脊髓相連，訊號會透過它們傳遞到全身。striatum 的拉丁文原意是「條紋的」，確實說明了它的外觀特徵：由白質組成，並有灰質的條紋貫穿其中。

　　紋狀體包含許多對情緒調節很重要的次級結構，其中之一是尾核（caudate nucleus），這是 C 字形的彎曲組織，位於新皮質底部附近。尾核在處理及儲存記憶上扮演重要角色，特別是與學習和語言有關時。尾核跟海馬迴一樣，會汲取過去的經驗來**解讀輸入訊息的重要性**。

　　紋狀體調節壓力的方式是擔任大腦皮質與邊緣系統之間的訊息通道，而且它還可以**控制充滿壓力的訊息在這兩者之間傳遞**。一旦被活化，就會開始調節焦慮情緒的流動，否則這些訊息會肆無忌憚地自由流

---

* 編按：心理測量使用的術語，流動智力（fluid intelligence）是指在混亂狀態中發現意義、解決新問題的能力，而固定智力則是指應用先前獲得的知識與經驗的能力。

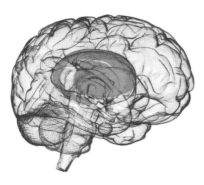

圖 3.14　調節情緒與渴望的紋狀體

動，從而導致控制不了的焦慮。

　　一旦你的前額葉皮質制定了一個目標，就會將目標傳達給基底核，然後基底核會接著制定達成此目標的適當行動，同時基底核也會抑制無助於此目標的其他行動。這就創造出一種流動的、協調性的運動。在帕金森氏症病人身上，由於基底核衰退、惡化，而導致了顫抖、肌肉僵直及協調性喪失。

　　當我們專注學習時，尾核是活躍的。它會幫我們記住所學到的內容，好讓我們下一次能以自動導航的模式做同樣的事。以騎腳踏車為例，等到你不用去思考學騎腳踏車這個任務的每個步驟時，大腦的其他部分就能解綁，你才能有餘裕邊騎車邊看風景，還能同時保持安全。

　　創造高峰表現的人會運用尾核，**來讓自己保持在心流狀態**。他們會抑制恐懼及憤怒等負面情緒，全身心地投入眼前的任務。當冥想者使用尾核來反覆抑制自己的負面情緒時，這個過程最後會變成**自動化**，就像學騎腳踏車一樣。這種訓練，能讓他們在面對壓力時保有彈性及韌性。

　　我們在第二章曾提到依核這個構造，這是紋狀體的另一個重要部分。它與獎賞經驗以及獎賞在大腦產生的強化作用有關。愉悅的經驗會活化依核，並在此過程中分泌大量的多巴胺，多巴胺是大腦主要的獎賞

性神經傳導物質。

這個獎賞系統也和成癮行為有關，酒精、海洛因與古柯鹼等成癮物質會刺激依核分泌多巴胺。當你在海灘上撿到二十美元、達到性高潮或是享受一大片的櫻桃派時，依核都扮演了一定的角色。

但是，當冥想者想的是如何利益他人時，他們的依核也會發亮。他們會獲得和成癮者使用古柯鹼一樣的快感體驗，有同樣大幅增加的快樂荷爾蒙「多巴胺」。同樣的，嗜吃巧克力的人剝開金莎巧克力包裝紙時，也有同樣的狀態。冥想之所以會讓冥想者感覺良好，是因為**運用的神經傳導物質和被活化的腦區，都與成癮者完全一樣**。這個獎賞系統，解釋了資深冥想者為什麼能夠堅持練習不輟，因為他們全都對美好的感覺上癮了！

調節紋狀體有哪些好處？

增加	減少
• 適應性行為	• 焦慮
• 動機	• 自閉症
• 適當的目標	• 強迫症
• 情緒調節	• 注意力不足過動症
• 適當的情緒狀態	• 成癮
• 長期記憶	• 干擾
• 動作協調	• 抑鬱

橋腦：野獸的監管者

橋腦是腦幹的一部分，而腦幹是大腦最古老的部位。橋腦的大小跟指甲差不多，所參與的許多生理功能都不是人類意識所能控制的。橋腦

調節著你的呼吸，包括你每分鐘呼吸的次數及呼吸的深淺。它還會視情況自動調整及控制呼吸、心跳和血壓，例如在你從事體力勞動時，或是躺在沙發上睡午覺時。此外，橋腦也在味覺、聽覺、平衡及深度睡眠方面發揮作用。

　　冥想時，橋腦會隨著我們規律的深呼吸而活躍起來。橋腦與大腦的 δ（delta）波及 θ（theta）波的生成有關，而研究顯示這兩種腦波會啟動細胞內多種有益健康的程序，包括促進幹細胞生成，以及修復皮膚、骨骼、肌肉、神經及韌帶。這些腦波也會拉長染色體末端的端粒（telo-

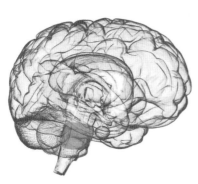

圖 3.15　橋腦：野獸的監管者

meres），而端粒是長壽最可靠的指標。

　　人類的驚人能力之一，就是**只靠意識就能啟動或關閉所有這些腦區**。透過冥想，我們可以有意識地轉移想法，或是單純地將注意力放在不同的刺激上；而大腦會做出相對應的反應。在第六章，我們會看到這種「選擇性注意力」的超能力，如何帶來不可思議的神經效應，並在第八章進一步探討其進化意義。

活化橋腦有哪些好處？

增加	減少
• 優質的快速動眼期睡眠	• 失眠
• 細胞修復	
• 長壽	
• 能量	
• 細胞代謝	
• 褪黑激素	
• δ 波	
• θ 波	
• 做夢頻率和品質	
• 清明夢	

對大腦而言，想像就是事實

數千年來，聖者及導師們一直向我們保證，我們的心念會創造出實相。在聖經《箴言》（23:7）中，詩人告訴我們：「因為他心怎樣思量，他為人就是怎樣。」兩千年前，佛陀曾說：「我們想成為怎樣的人就會變成那樣的人；我們的想法創造了一切，也創造了世界。」現在，神經科學正在向我們揭示佛陀的教誨有多真實。

一項別出心裁的研究，測量了我們的大腦如何回應只存在於**想像中**的場景。科羅拉多大學波德分校（University of Colorado at Boulder）的一個研究小組，在六十八名受試者身上進行伴有聲音

的輕微電擊。接著把這群人分成三組。

　　第一組重複聽到電擊聲音，但不施予電擊；第二組則在腦海裡想像電擊聲音；第三組則想像由雨聲和鳥鳴所組成的大自然天籟。結果顯示，想像電擊聲音的那兩組和確實聽到聲音的第一組，所表現出來的大腦活動完全相同：大腦的兩個部位——腹內側前額葉皮質和尾核——都會發亮。正如我們所知道的，前者調節邊緣系統所生起的恐懼等情緒，而後者則處理獎勵與厭惡。

　　後來，「雨聲和鳥鳴聲」那一組人仍然害怕聽到電擊聲，即使這個聲音在沒有電擊的情況下已經重播了許多次。然而，確實聽到聲音的第一組以及想像聲音的第二組，都已經忘掉並消除了自己的恐懼。神經科學家把這種修正現實的做法，稱為「恐懼消除訓練」。在第七章，將會看到消除恐懼的能力如何發展出生命的韌性、復原力及創傷後成長。

　　該研究的第一作者瑪麗安·瑞丹（Marianne Reddan）表示：「從數據來看，大腦暴露在真實或想像的威脅，反應並無二致，想像同樣能發揮作用。」

　　托爾·瓦格（Tor Wager）是波德分校認知暨情緒神經科學實驗室主任，也是此研究的第二作者，他說：「這項研究證實，想像是由神經所建構的實相，會對大腦和身體造成影響。」

　　對大腦來說，**想法就是現實**。當預設模式網絡讓我們小題大作並誘引我們反覆思索人生遇到的壞事時，所啟動的大腦部位就是壞事發生當下所觸動的部位。如此一來，根據托爾·瓦格的說法，這將會「干擾大腦在每個層面表現良好的能力」。

相反的，當我們冥想或運用「選擇性注意」來專注在仁慈、歡愉、慈悲及創造力的愉悅實相時，就會使用意識來點亮相對應的腦區。這會打開數百個基因，讓它們得以調節免疫力、能量層次、胰島素、壓力、抗老化分子，以及調節細胞粒線體這個能量庫的健康。

只要一次狂喜經驗，你就會對冥想上癮

快速翻閱上文所有的好處清單，你就會發現啟動開悟迴路會獲得多麼令人震驚的多方面好處。冥想不只是調節一兩個大腦部位，而是對整個大腦都有巨大的影響，因此也會影響到身體及生理狀況。你可以發現身體感覺不一樣了，情緒也由負面轉向了正面，推動著你進入欣喜若狂的極樂狀態。

前面提到，當預設模式網絡變得活躍時，意味著大腦的能量使用非常穩定，一整天的波動幅度不到5%。相反的，進入冥想狀態時，因為改變了前額葉皮質與頂葉的活躍程度，大腦使用的能量可下降至40%，這代表多大的改變。冥想者一旦抵達這個門檻，感覺就全然不同。他或她會進入一個崇高的新次元實相，這不僅發生在個人的主觀經驗裡，也在客觀的腦部功能上表現出來。

這兩個腦區的關閉，會讓冥想者脫離放飛自我的狀態，從不滿足的喋喋不休及對此時此地的執著中解脫出來。反覆練習，大腦就會依照這個新狀態重新形塑。借用神經科學家理查‧戴維森的說法：「這種轉變會戲劇性地解除心理科學對人類可能性的諸多限制。」

一旦人們學會誘發超悅大腦，所獲得的超然經驗會越來越深刻，從而讓他們上癮。他們的大腦和重症成癮者一樣，都充滿著相同的獎勵性神經傳導物質（例如多巴胺、大麻素，在第五章將會進一步探討）。於是，冥想者會渴望重現這個經驗，讓冥想成為一種規律的常態性練習，

而不是偶一為之的嘗試。

　　冥想所創造的良好大腦狀態，提供了充分理由讓我們去練習冥想。再加上對情緒的改善、對身體的療癒作用，以及與非局域心的連結，冥想創造出了全方位、無所不在的幸福感。這是你自主掌控生活品質的好方法，涵蓋了靈性、心理、情緒與生理各層面。只要認真看待並不斷練習，冥想就會帶你走向美好的幸福人生。一旦你嘗過超悅大腦的滋味，就不會想走回頭路。

深化練習

　　本週你可以做這些事，把這一章的資訊融入生活中：

- **以開悟迴路來展開每一天**：每天早上花十五分鐘聽啟動開悟迴路的精簡靜心錄音，可於以下的延伸資源免費取得。把這當成每天早上第一件事來做，要在紛擾的思緒衝進你的腦海之前進行。
- **以同理心取代氣惱**：注意自己什麼時候會對某人感到惱怒，並觀想那樣的惱怒是以什麼形態出現：它出現在身體哪裡？什麼顏色？什麼形狀？想像你把這股惱怒從身體揪出來，放在身旁。接著，回想你在早晨冥想時的感覺，想像你把生起的同理心能量拉進身體裡，填補空下來的相同位置。將同理心導向你放在身旁的那股惱怒，通常都能夠消融。
- **想像的休息**：每天中午之前留給自己五分鐘，用來練習「想像的休息」。用這段時間來想像一下你生命中某個最正向及最積極的結果。
- **全腦感官強化**：把你所想像的畫面詳細寫在日誌上，記錄所有細節，並調動五感。你所想像的正向結果聞起來、嘗起來、摸起來、聽起來及看起來會是怎樣？

延伸資源

本章的延伸資源包括：

- 道森引導式精簡靜心：啟動開悟迴路

- 冥想時活躍的腦區影片

- 《開悟如何改變你的大腦》作者安德魯・紐柏格博士的訪談錄音

- 道森談如何啟動大腦開悟迴路的影片

延伸資源請上網連結 BlissBrainBook.com/3。

第4章

與 **1%** 的人同行

The One Percent

歷史上能夠達到超悅大腦境界的，只占總人口數非常小的一部分。這些人以尋求開悟為終生志業，都走過漫長且艱辛的靈性旅程。但現在我們可以跳過這樣的長途跋涉，體會同樣非凡的靈性狀態，那可能是一次小小的領悟，也可能是一個深刻的極樂之境。

瑞士信貸（Credit Suisse）的《全球財富報告》指出，1%的巨富控制了全球五成以上的財富。在美國，1%富人的總財產比其他九成人口的總財產還要多。自從二〇〇〇年起，全球百萬富翁的人數已經三倍跳了。那麼，全球有多少財富是掌握在後50%的人口手中？答案是：不到3%。

這樣的不平等不僅僅是數字，而是激情及大規模社會變遷的燃料。它們會引發民粹政治運動，也會促成各種不可靠的候選人獲得權力。前1%的人與其他所有人的差異，引起了我們的注意。

錢就談到這裡為止。現在，讓我們來考量更為珍貴的東西：快樂。講得更精準一點，應該說是在超悅大腦裡找到的快樂。

但即便是超悅大腦，也會發現極大的不平等。歷史上，能夠達到超悅大腦境界的，只占總人口數非常小的一部分。很少人會想走上尋求開悟的道路，而在所有追尋「涅槃」的人之中，真正獲得成就的，就更是鳳毛麟角了。然而，一旦出現千年難得一見的靈性天才，例如耶穌和佛陀，他們攀上顛峰的事件會變得非常重要，甚至改變了整個世界歷史的走向與發展。

為何要遁離日常生活？

歷史上那些偉大的靈性大師，他們的生活方式會激勵其他人效法。不過就跟聖者一樣，普通的追尋者無法在充滿了魔障與干擾的日常世界中達到開悟。

所以數千年來，有志於靈性道路的人會特地去隱居所、荒野閉關處、修道院或女修道院等清修地。他們從庸庸碌碌的社會跳脫出來，追求不同尋常的意識狀態，這是因為喧囂的凡塵俗世不利於成就超悅大腦，所以他們只能轉身離開。

圖 4.1　傳統上，尋求開悟需要遁離日常生活（請見書末全彩圖）

　　剩下的其他人則停留在普通意識之中，受到預設模式網絡的欲望與魔障所驅動。在《科學證實你想的會成真》（*Mind to Matter*）一書中，我將這種生存取向稱為「穴居人大腦」。如果你身邊的人都是穴居人大腦，要達到超悅大腦就很困難，因此抽離那樣的環境並進入神聖空間，通常是開悟的先決條件。

　　有多少人踏上這樣的旅程？當然不可能針對尋求開悟者做人口普查，不過有個替代方案，那就是統計曾經到清修地閉關的人數。在一三〇〇年代初期，英格蘭境內的修道院大約有兩萬兩千人，另外還有一萬人從事其他宗教性工作。

尋求開悟的少數人，成為我們的先行者

這些人約占當時總人口數的 1%，中世紀其他歐洲國家的估計數字也差不多。而最後真正達到開悟境界的人更少，只占這些尋求者的一小部分。

西藏傳統上是一個信仰虔誠的國家，根據過去五百年的統計指出，約 12% 的西藏人曾經是僧侶。不過到了今天，以泰國這個更典型的佛教國家來說，僧尼只占了總人口數的 1%。

因此從歷史推估，即便是最好的數據，大約也只有 1% 的人口走上靈性道路。這些人以追求開悟為終生志業，就像其他人把追求財富當人生目標一樣。

「百分之一」的這群人一心一意地研究並體驗超悅大腦。他們的不辭辛勞，都各自有了一些成果，並把在隱居所或修道院所獲得的相關知識及發現記錄下來。冥想及靈性啟蒙的步驟一直以來都是被小心守護的祕密，只有追求靈性開悟的人才能取用。

他們所走的路，就跟耶穌、佛陀走的路一樣阻礙重重。靈性啟蒙者筆下所描寫的，幾乎都是一段漫長且艱辛的靈性旅程。從普通意識推進到超悅大腦，這趟旅程有許多階段，每一步都走得不容易，有時還是痛苦的開始。

兩千多年前，悉達多王子（佛陀悟道之前的身分）一心尋求開悟，他要面對許多障礙。他跟隨兩名飽學的婆羅門學習，遵循他們建議的所有儀式。他是「至聖者」，將靈性啟蒙的實踐推到了自我剝奪的極限。最後，他變得瘦弱不堪，以至於牧羊女見到苦修的佛陀時，還把他當成了鬼。後來她用乳糜供養佛陀，幫助他恢復體力。

只不過，經過六年的苦修，佛陀發現自己距離開悟目標仍然非常遙遠。不僅當初的決心已經開始動搖，所做的一切努力也成了障礙。

圖 4.2　代表八正道的法輪

　　他坐在菩提樹下四十九天，與自我懷疑和絕望奮戰。就在那時，他才突破了自我否認及自我沉溺之間的「中道」，並尋得了開悟。他體驗到真正財富的泉源，那個世間最珍貴的祕密。後來，他的追隨者將他對「四聖諦」及「八正道」的教導編成了佛教的核心教義，為 99% 的我們指出了 1% 的人所走的道路。

靈性啟蒙的步驟

　　在古希臘與古羅馬時期，厄琉息斯密儀（Eleusinian mysteries）是一個最有名的祕密宗教入會儀式，也被視為最重要的靈性啟蒙儀式。據說，這個祕密儀式蘊含著巨大的力量，能讓人神合一，並賜與凡人超越人類的天賦，同時承諾他們的意識在死亡後仍能保有。

　　羅馬歷史學家西塞羅（Marcus Tullius Cicero）曾經寫道：「由你們雅典人所創並貢獻給人類生活的諸多出色且神聖的制度中，在我看來，沒有什麼比神祕儀式更好的了。因為透過它們，我們被帶離了野蠻且殘暴的生活方式，被教導且精煉成文明的狀態；正如這些儀式被稱為『啟蒙』，我們確確實實從儀式中學到生命的肇始並獲得了力量，這不僅僅讓我們能快樂地活著，還能帶著更好的希望死去。」

　　厄琉息斯密儀共有兩種。大密儀（Greater Mystery）每五年舉辦一次，而小密儀（Lesser Mystery）則每年舉行。靈性啟蒙的步驟，包括將聖物帶到雅典衛城、在海中沐浴、收割儀式使用的植

圖 4.3　厄琉息斯密儀（請見書末全彩圖）

物、沿著神聖路線前進、饗宴數日、齋戒數日、飲用致幻藥物、點燃聖火、以公牛祭祀，以及從神聖的高腳杯倒出調配好的液體。

　　如果有人公開討論這個儀式最神聖的步驟，懲罰將會是死亡。

　　無論是天主教的「耶誕節的十二天」儀式、古埃及的「愛希斯密儀」（Mysteries of Isis）、穆斯林的齋戒儀式，或是西非部落約魯巴（Yoruba）的奧里莎儀式（Orisha rites），數千年來，人類已將靈性啟蒙階段予以正式化，視之為「意識的轉變狀態」（altered states of consciousness）。

　　神祕狀態被視為最珍貴的人類體驗，人們幾乎願意放棄所有，只求能達成這樣的狀態。由於這種狀態殊勝難得，能夠攀上這個高峰的人會受到世世代代的尊崇。一直以來，冥想就被視為神祕經驗的入口，它標示著一條通往開悟的道路，引你走向那些 1% 的修持者才能享有的體驗。

　　正是這樣的承諾，才會吸引這麼多人投入冥想。我們知道，旅途盡頭會有非凡的狀態等著我們。或許是深刻的靈光乍現，或是一個小小的覺悟，甚至是一次將我們永遠帶入極樂的體驗——一個前所未有的大開悟。在第八章，我們將看到越來越多的冥想者擁有這樣的個人體驗。

我為何做不到？一位冥想者的自白

　　一九六〇年代，還是青少年的我開始冥想的初次嘗試，卻以失敗收場。當時的我，迫切地想擺脫困擾我人生第一個十年的焦慮和抑鬱。

　　有一天，我在旅館大廳約見朋友，走過一面全身鏡時，我停下了腳步，盯著鏡子裡那個瘦高的年輕人。他留著中分的齊肩長髮，穿著天藍色喇叭褲，肩上斜背著一個紮染的男式小背包。

　　我端詳著自己的五官，腦海中突然冒出一句話：「這是我見過最悲傷的一張臉。」

　　不只是我，我認識的大多數人也一樣。不過，在身邊無數個悲傷的人之中，總有那麼一兩個人似乎過得很快樂。我想：「或許他們只是偽裝得很成功，笑容背後一定藏著絕望。」

　　但是，說不定他們內心真的很安詳平靜，沒有我經常感受到的焦

慮、憂鬱、恐懼及仇視自己。我心想：「冥想會是我的唯一出路嗎？」

十六歲時，我與一個靈性社群一起生活。我們種植有機蔬菜、吃素食、研究先知阿道斯・赫胥黎所謂的「永恆的哲學」（the perennial philosophy），這是所有宗教的基礎。我也發現了保羅・布魯頓（Paul Brunton）博士的沉思錄，這位靈性追尋者在一九二〇到一九五〇年代走訪全世界，尋找各種靈性傳統，並將自己對於開悟的洞見寫成一系列著名的筆記。我還如飢似渴地讀了羅桑・倫巴（Lobsang Rampa）的冒險故事，他自稱是藏傳佛教僧人，在一九七〇年代出版了一系列暢銷書。

我也寫日記，試圖理解自己的痛苦。然而，我無法在這些神祕主義者所描述的揚升狀態，以及自己無止境的問題與挑戰之間，架起一座可以溝通的橋梁。我了解神祕主義者所描述的狂喜、極樂，就像我了解阿姆斯壯在月球漫步的經驗一樣。我知道真有其事，但沒有發生在我身上。

上冥想課時，上師向我們保證：「冥想很簡單，只要你們能夠做到心靜如水。」

「心靜如水！」我在內心尖叫。「你瘋了嗎？這根本不可能！」

閉上眼睛，只會讓我活躍的思緒跑得更歡快。隨著大腦的任務正網絡（TPN）變暗，預設模式網絡（DMN）這個腦中的惡魔就會進入超載狀態。在接下來幾年，只要我試著靜下心來冥想，都會與這個惡魔面對面。聖者的平靜根本與我無緣，這也讓我沒什麼動機再堅持下去。

至於那個靈性社群也是一團亂，偽善、被誤導的熱情、中傷、操縱、無知及無能領導更讓人心慌意亂。這也餵養了我的DMN更多養分。最後，該團體在性醜聞與財務醜聞中終於解散了。

我夢想破滅地踏入了這個世界，完全沒有能力去理解金錢、人際關係、健康及職業。接下來的數十年，我把全部的心力用來與它們搏鬥，而一閉上眼睛冥想，外界的紛擾雖然退居幕後，但我還要跟DMN這個惡魔繼續角力。對我來說，聖者的平靜就像一場白日夢。

圖 4.4　巴爾的摩（Dún na Séad）小鎮

調對頻道，讓心靈重歸平靜

到了三十歲，我決定回應內心的召喚，開始進行一場長時間的僻靜。在耶誕節前，我處理完所有的事務，前往愛爾蘭一個月，在科克郡（County Cork）的巴爾的摩（Dún na Séad）偏遠小鎮訂了一間小木屋。這裡是你在不踩進大西洋的情況下，距離都柏林最遠的地方。

我尋找著古老的石圈陣，把手放在長滿青苔的冰涼岩石上面，觀想著參與建造這些神聖場域的文明。我在愛爾蘭的懸崖散步好幾個小時，聽底下大西洋怒濤拍岸的聲音。我在翡翠島（Emerald Isle）的森林步道健行，將自己的反思感想寫滿一整本筆記本。

幾個星期後，我感覺到心終於平靜了下來。我偶爾會冥想，有時可

以產生天人合一的感受。只要一連結到無限的非局域心，我就會感覺到身體裡充滿了愛，即便思緒還是四處紛飛。任何時候，只要我「調對頻道」，就會在前額中心感受到某種輕微的壓力。如同在黑暗森林中注入陽光，即使生活動盪混亂，我仍會感覺到片段的內心平靜。在那之後，我偶爾會冥想，但還沒養成習慣。

那一天，一切都改變了

　　快進到十五年後，我四十五歲，正坐在「酋長」（El Capitan）墨西哥餐廳裡頭，身邊四處可見墨西哥寬帽及仙人掌壁畫。我對面坐著莎莉，她是我的人生教練。

　　我告訴莎莉：「我快喘不過氣了，我一個單親爸爸，帶著兩個年幼的孩子。學校早上八點上課，我們必須在七點半出門。這表示我要在六點半起床，在六點四十五分把瞌睡蟲趕走。

　　「我經營著兩個事業，一個正在走下坡，一個蒸蒸日上。我沒有自己的時間，沒有時間去健身房，也沒有時間出去玩。

　　「每個星期我都在日記裡寫著：絕望、無助、心情煩悶、身體疼痛、惡夢般的女友、沒有自信、為錢掙扎、讓人心碎的失望。

　　「我曾經坐在大師的腳邊，曾經讀過所有靈性啟發的著作，也參加一般人會去的工作坊。但，有什麼差別嗎 ?!

　　「當我拿起五年前或十年前的筆記時，讀到的都是老調重彈的內容，唯一不同的只有日期。我就像困在倉鼠滾輪裡努力奔跑著，但快樂離我越來越遠。」

　　妳能感同身受嗎？

　　莎莉問我有沒有定期冥想。

　　我語氣尖酸地回答她：「我哪有時間！」

如同冬日清晨呼出的氣息馬上化為冰冷的霧氣一樣，這句話也飄蕩在我面前，我盯著它們看。

突然之間，我非常確定，每天冥想是我個人成長的下一步。就在那一刻，我做了一個新決定：無論發生什麼事，每天都要冥想。第二天，我將鬧鐘設定在早上五點半。

對我來說，這是一個非常痛苦的數字。我天生是個夜貓子，睡到上午十點自然醒才正常。

圖 4.5　心能商數學會（HeartMath）早期研發、用來監測心率變異度（HRV）的自律神經檢測儀（emWave monitor）；如今智慧型手機也可以下載這個功能。這種早期的縮小化測量儀器，訓練成千上萬的人達到了心腦諧振。

但是隔天我在早上五點半起床，完成了第一天的冥想課程。第二天及第三天也一樣。

一天又一天，我堅持不懈。事實上，我還開始期待著早點起床。

那一年歲末，我翻閱日記時，發現我的人生正在改變。就像綠色的

嫩芽從貧瘠的灰色荒土裡探出了頭,積極的正面趨勢正在顯現。兩個孩子越來越快樂,我的錢夠用,親密關係充滿了愛,還養成了健康的飲食、規律的運動,結交了正能量的朋友,自己設定的目標也一一完成。

在酋長餐廳的那一刻是我人生的轉捩點,快樂就在觸手可及之處。

出版商等了我十年的書稿,突然間我就寫完了,二十年前開始在貝勒大學(Baylor University)攻讀的博士學位也到手了。此外,我還開始認真研究起了科學。

我買了一台自律神經檢測儀,練習進入心腦諧振的狀態。我學了EFT 敲打,研究神經回饋。我意識到借助科技,能夠促成我們體會及理解神祕經驗。

開悟的逆向解構工程

神祕主義者曾描述他們的經驗,試圖為其他 99% 的人指明道路。他們寫出了狂喜的詩歌,或璀璨的散文。

這些神采飛揚的文字,與科學的簡化語言截然不同。開悟一向被視為神祕現象,屬於最深奧的靈性層次,獨立於科學領域之外。

接著,現代科技登場。德國醫師漢斯·伯格(Hans Berger)在一九二〇年代發明了腦電圖,並經歷了我在《科學證實你想的會成真》一書所描述的通靈事件。到了一九六〇年代,先驅研究人員想到,他們可以使用腦電圖來窺探冥想者的大腦。

英國工程師麥斯威爾·卡德(Maxwell Cade)將開悟者接上了一種他稱為心鏡(Mind Mirror)的腦波儀;羅伯·貝克(Robert Becker)等其他研究人員,則分別研究不同修持派別者的腦波模式,其中包括佛教僧侶、五旬節教派的信仰治療師、道教大師、蘇非派的旋轉苦行僧、氣功師父、印度教苦行僧,以及猶太教的卡巴拉派(kabbalists)信徒。在

圖 4.6　漢斯・伯格（Hans Berger）發明的腦電圖

記錄了數千種腦電圖之後，研究人員得出了受試者的大腦功能側寫，並發現每次開悟者的意識進入改變狀態後，腦波就會隨之改變。他們大腦的 β（beta）波、α（alpha）波、θ（theta）波、δ（delta）波的比值會改變，形成獨一無二的特殊模式。

　　卡德將這種腦波模式稱為「覺醒之心」（Awakened Mind）。這種開悟模式，與普通的意識狀態所看到的神經訊號完全不同。科學家只要看看這些人的腦電波比值，就能知道他們是否處於超悅大腦的狀態。

　　不僅如此，無論是哪一種靈性修持或宗教信仰，覺醒之心的心智模式看起來都是一樣的。向聖母瑪利亞祈禱的天主教修女、以圓圈作為冥想對象的禪宗修持者、吟唱著阿拉聖名的蘇非派修持者，或是正在「集氣」的氣功大師，他們的腦電圖讀數看起來都很類似，都有覺醒之心的典型腦波，也就是少許的 β 波、許多 α 波，以及大量的 θ 波與 δ 波。

　　於是，一個驚人的真相出現了：開悟是一道公式。而且，這道公式

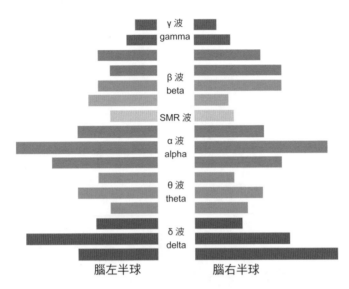

圖 4.7.　覺醒之心的腦波模式。SMR 波是感覺運動節律（sensorimotor rhythm）腦波的縮寫（請見書末全彩圖）

不是靈性啟蒙者的專屬。卡德的學生安娜‧懷斯（Anna Wise）開始測量處在「心流」狀態下的傑出創造者與高成就者，比如藝術家、執行長、音樂家、運動員及科學家。她發現，他們許多人也具備覺醒之心的典型模式，有大量的 α 波、θ 波及 γ 波。卡德與懷斯發現這道公式可以重複出現，也能經由訓練取得，於是他們開始訓練一般人來獲得覺醒之心的腦波模式。

　　隨著 HRV 監測、單光子斷層掃描（SPECT scans）、正子掃描以及功能性磁振造影等新科技問世，科學家測量這些狀態的能力也更加穩定及精確。科學家逆向解構神祕主義者達到開悟的過程，只要檢視腦波掃描，任何受過腦波識別訓練的人都能「解讀」個人的靈性狀態。

　　這點也讓開悟更趨向「大眾化」了。因為有了這樣的知識，初學者只要受過訓練都能進入超悅大腦的狀態。換句話說，這不再是 1% 人口的專屬領域，而是只要有足夠的付出、專注及練習，任何人都能獲得。

穴居人大腦 VS. 超悅大腦

在現場研討會中，我經常會問以下兩個問題。第一個問題：「有誰參加過冥想研習營、讀過相關書籍或是註冊線上教學？」幾乎所有的學員都會舉手。

第二個問題是：「有誰是每天練習的？」只有少數人舉手，其他人則低頭不語，似乎突然間對地板的木質紋理很感興趣。

每個人都知道他們「應該」堅持冥想、「想要」冥想或「試著」冥想。但是，大多數人卻沒能做到。為什麼？

人類的大腦新皮質，也就是你耳朵上方的隆起部位，是演化史上最晚出現、功能上最高階的部位。最早的新皮質組織大約在兩億年前出現在哺乳動物身上，但直到三百萬年前人類學會使用工具之後才快速變大。人類的新皮質繼續學習分辨過去與未來，創造音樂、藝術及詩歌等抽象事物，並發明了語言和文明。如今，新皮質占大腦灰質的比例已高達 76%。

人類的小腦與腦幹主管生存本能，已經有四億年的歷史。它們盡責地做好自己的工作，讓你和你的人類同胞得以保持安全，運作時間比新皮質長了二十倍。

當大腦的這些古老部位變得活躍，或是運用 DMN 來預演下一次災難時，它們就能毫不費力地劫持你的注意力。你試圖要靜下心來冥想，結果負面念頭一再地讓你束手無策。在穴居人大腦對抗超悅大腦的戰爭中，通常都是穴居人大腦獲勝。因為生存比快樂或自我實現更加重要。如果你死了，還奢言什麼自我實現！

二〇一五年，美國國家衛生研究院（National Institutes of Health）估計，有冥想習慣的美國人不到 10%。主要原因就是冥想很困難，很多初學者不久後都會心灰意冷地退出。

博採各家所長的冥想法：精簡靜心

在我寫第一本暢銷書《基因中的精靈》時，我試過許多減壓及冥想派別，包括心腦諧振、正念、EFT 敲打、神經回饋及催眠等。

有一天，我突發奇想：「如果全部統合在一起，不知會怎樣？」於是，我開始試著把各種技巧結合在一起，最後得出了以下的步驟：

步驟一：敲打指壓穴位來釋放壓力。**步驟二**：閉上眼睛，舌頭放鬆平放在下顎。當你這樣做時，會傳送訊號給遍布全身的迷走神經（vagus nerve），它們連結著所有的主要器官系統，而且對主掌放鬆的副交感神經系統而言，迷走神經是最重要的訊號傳送者。

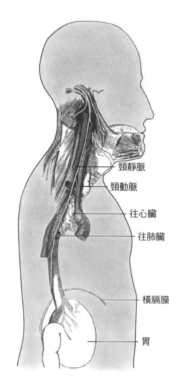

頸靜脈

頸動脈

往心臟

往肺臟

橫膈膜

胃

圖 4.8　迷走神經連結身體所有的主要器官系統（請見書末全彩圖）

步驟三：想像身體內部有個巨大的空間，尤其是雙眼之間。這會讓大腦自動產生大量的 α 波，推動你走向覺醒之心。**步驟四**：放慢呼吸到吸氣六秒、吐氣六秒，這會讓你進入心腦諧振的狀態。

步驟五：想像從心臟部位吸氣、吐氣，而且觀想心臟裡頭有個能量球。**步驟六**：從心臟部位傳送一束能量給你欣賞的人或喜歡的地方，這會讓你進入深度共振。享受這種連結一段時間後，傳送慈悲給宇宙的每個人及萬事萬物。

當資深冥想者生起普遍的慈悲心時，從功能性磁振造影可以看到他們的大腦發生重大的變化。在第六章及第八章，我們將會看到慈悲心的強大影響力，遠遠勝過其他事物。

生起慈悲心時，多數人都會自動進入超悅大腦。他們會處在 α 波、心腦諧振、副交感神經主導的綜合狀態下。他們只是遵循一系列簡單的生理步驟，沒有人要求他們的心靜下來、要盤腿坐好，也不需要追隨某個上師或信仰某個神靈。

維持幾分鐘的大慈悲心之後，再次將那一束能量投向某個人或某個地方。接著，溫柔地抽離，把那束能量收回自己的心。**步驟七**：將慈悲的光束投向你身體某個正在受苦或疼痛的部位。最後，將注意力帶回到此時此地，然後結束冥想。

二〇〇九年，我在加拿大多倫多與大約兩百名觀眾第一次嘗試了這個組合。讓我驚訝的是，他們全都在幾分鐘內就進入了心腦諧振的狀態，所有人的呼吸自動同步。結束以後有很多人告訴我，這是他們第一次成功地完成冥想。

我意識到，儘管這七個步驟的任何一個步驟都具有強大的力量，但結合之後更會彼此強化。由於它們可以同時刺激身心兩方面，「不需要事先訓練或有任何宗教信仰」，因此每個人第一次嘗試時都能達到揚升的狀態。我將這個冥想法命名為「精簡靜心」。你可以在書末列出的參

考書目中，找到支持這個冥想法的相關研究。

通往揚升狀態的快車道

在步驟六的最後，我會請人們把發出的那束能量收回到自己的心。這一點很重要，因為人與人之間都需要保留空間與界線。雖然與他人的能量交融感覺很美好，但是能夠抽離並再次安穩地回到自己的能量空間才更重要。

睜開眼睛後，我會請他們環視一下周圍，注意看看環境中的物件。我可能會問：「你所看見的最小的綠色物體是什麼？」或是「最大的圓形物體是什麼？」這是因為處在超悅大腦的狀態下，我們會失去自我感，所以能夠完全回到局域性的現實世界非常重要。生活還要繼續，我們還得砍柴挑水。

在週末研習營第一次嘗試精簡靜心的人，腦電圖都相當迷人。「覺醒之心」訓練師茱蒂絲‧潘寧頓（Judith Pennington）在做心鏡分析時指出：「短短兩天，許多參與者都獲得了揚升的大腦狀態，這種狀態通常都需要多年的冥想練習才會出現。」這些人在「沒有事先練習、沒有信仰、沒有準備、沒有靈性啟蒙或一萬個小時的冥想」情況下，就進入了 1% 的人才會有的神祕經驗。

這種體驗是如此強大又簡單，激勵了許多人願意繼續練習，在第五章我們將會看到它的迷人之處。在某次研習營結束前，我問大家：「你們有誰願意每天都做精簡靜心練習？」大約有九成的人舉手。超悅大腦的確會令人上癮，而且一旦你體驗過一次，就會想要更多。

三十天的實驗

這些年來，我上過很多冥想課程，但一直沒能堅持下去。只要聽到別人討論冥想，我就會感覺到羞愧和尷尬。

然後，朋友傳給我一個連結，是道森在 Insight Timer 應用程式的「精簡靜心」錄音教學。我只聽了其中一部分，就進入了深度的冥想狀態。

因此我決定每天都要練習，堅持三十天——畢竟，每一個錄音檔都只有十五分鐘而已。我開始越來越享受，原本我以為會很難堅持下去，可能總有幾天會受到誘惑並中斷。結果是，我非常樂在其中，根本不需要說服自己，精簡靜心冥想就成了我每天早上的例行事項之一。

我開始看到改變。例如，我對先生跟孩子更有耐心了。我是個治療師，從業這麼多年下來，感覺自己都快油盡燈枯了。現在，那種耗竭的感受已經不見了，我對自己的工作和生活更樂觀積極了。

原先我規畫的冥想實驗是三十天，現在已經持續到第四十六天了——哈哈！而且我想不到有停下來的任何理由。我還跟客戶及朋友分享道森的連結，因為如果只需要一點努力就能帶給我們這麼大的幫助，就值得我們去做。我經手的許多個案，都表示他們現在感覺更平靜了。

目前我正在參加現場課程的培訓，好讓我的客戶能夠從這門新科學獲得好處。我認為在接下來幾年，這將會改變整個心理學專業。

本文作者為瑪麗・貝絲・史塔克力（Marie-Beth Stuckley）

解讀自己的腦波

　　早期使用的腦電圖設備可以裝滿一輛小貨車，打造成本需要數十萬美元，還需要由專家團隊來連結設備與受試者，進行記錄，詮釋結果。因此，只有最先進的大學神經造影實驗室才會有腦電圖的設備。

　　到了一九八〇年代，這類設備已經縮小到背包大小，到了一九九〇年代連筆記型電腦都可下載同款功能。現在，你更能在智慧型手機讀取自己的腦波或心率變異度。將資料傳送到手機的腦電圖數據儀器，重量只有一、兩百公克，售價只賣幾百美元。想必再過幾年，它們就會跟你穿的 T 恤布料整合在一起。在第八章，我們將會了解，這樣的發展趨勢將會如何形塑整個世界的未來。

　　到現在為止，我已經用名為「繆思」（Muse）的一種簡單腦電圖設

圖 4.9　戴著繆思頭帶的受試者

備測量過許多人。儘管它沒有實驗室設備那麼精密，但是發出的訊號連沒有科學訓練的人都能解讀。比起實驗室使用的十九個電極，它只用了四個電極，但這已經足以測量前額葉皮質及右顳頂交界區的活動了。繆思穿戴起來非常舒適，受試者經過幾分鐘後通常都會忘記它的存在。

　　繆思附加的應用程式，會訓練你如何利用設備的回饋訊號來冥想。你現在可以擔任自己的腦電圖神經回饋技師，不需要實驗室或博士學

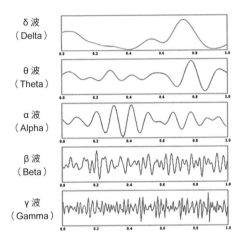

圖 4.10　腦波頻率。頻率是測量腦波的兩種方法之一，指的是腦波的種類，例如 α 波、β 波或 δ 波。第二種測量方法是振幅，測量的是這些腦波的強度。

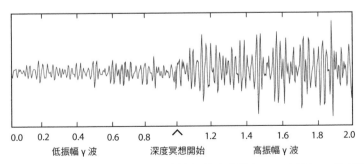

圖 4.11　腦波振幅。當研究人員說受試者的某個腦波「較大」、「增加」或「變大」時，指的是振幅較大；說某個腦波「縮小」、「降低」或「變小」時，指的是振幅減少。上圖所示，是一個兩秒的低振幅 γ 波與高振幅 γ 波的讀數。

位。這是不是很酷 ?!

　　研究人員需要的資訊，比繆思提供給消費者的應用程式要更加詳細。所以他們編寫了複雜的、強大的軟體，以提供適合研究的數據，其中包括腦波的頻率、強度及時間。時間標籤會顯示大腦功能回應刺激的反應有多快（請見書末全彩圖）。

　　以下圖示是繆思的典型讀數。從左到右，你可以看到腦波頻率。在最左邊的是 δ 波，最右邊的是 γ 波，其他腦波則位於兩者之間。從左到右的白色虛線則代表每十秒的紀錄。

圖 4.12　這是意識在平靜狀態下的繆思讀數（請見書末全彩圖）

　　讀數顯示一共有五種顏色。深藍色代表最低的活動量，而紅色代表最高的活動量。例如，當 β 波為優勢腦波時會造成焦慮，在 20 赫茲的範圍內會顯示為紅色；而當有療癒作用的 θ 波為優勢腦波時，6 赫茲範圍內會顯示為紅色。綠色代表平均活動量，黃色代表活動量增加，淺藍

色代表活動量減少。

受試者處在普通的意識狀態中，就像你我在清醒、放鬆及平靜的時候一樣。大腦活動不多不少。時間標籤顯示，在每十秒的時間段內沒有多少變化。

通往極樂之境，只要五秒

關於這點，我不想提供太多的訊息，因為這真的很簡單。

- 由左至右：頻率
- 由上而下：時間
- 顏色：代表強度

清楚了嗎？現在來看看其他的繆思讀數。這個擁有正常大腦功能的人現在坐了下來，讓自己更舒適，然後她閉上眼睛開始精簡靜心。

哇！看看圖 4.13 的中間部分。她的大腦功能徹底改變了。在不到五秒的時間裡，產生了更多的 δ 波及 θ 波，這兩種腦波是直覺、療癒以及跟宇宙連結的典型腦波。左側橢圓形的閃焰，頻率為 0 到 8 赫茲。

注意，當她開始冥想時，出現了一個橢圓形的閃焰，等到她完全進入冥想後又出現了第二個。這種「雙重泡泡」是我在許多紀錄中都曾觀察到的模式。

就在第一個泡泡之後，你會看到所有高頻腦波都明顯下降，這代表放飛自我已經關閉，也就是前額葉皮質關閉。這很突然，對冥想者而言，就像著名神經科學家安德魯・紐柏格所說的：「感覺就像從懸崖墜落。」在冥想者身上所測量到的前額葉皮質功能下降40%的現象會出現，意識會突然發生根本性的改變。

（請見書末全彩圖）

圖 4.13　進入精簡靜心狀態　　　　圖 4.14　進入深度的精簡靜心

　　你通常關注的那個「自我」就這麼消失了。精簡靜心會拔起插頭，然後第二章所提到的「小我個人秀」不再上演。你和宇宙合而為一，借用保羅·布魯頓的話來說，就是：「外在世界徹底消失了。」

　　不過，接著出現了第二次的橢圓形閃焰，是 δ 波和 θ 波，在那之後或許還會有第三次及第四次閃焰。冥想者和宇宙的連結啟動了，並臣服於潛藏的創造性秩序，不再放飛自我。布魯頓是這麼描述的：「感覺四周圍繞著某種更偉大的存在，仁慈地守護著你。」

　　在 20 赫茲頻段的 β 波是代表焦慮的腦波，徹底進入休眠狀態。整個大腦安靜了下來。α 波的數量正常，特別是 8 赫茲左右的低頻 α 波。這是意識心頻率和潛意識、無意識心頻率之間的橋梁，而整個大腦會以一種整合的模式運作。圖 4.14 所示，是這段期間的繆思讀數。

　　至於 θ 波和 δ 波則是正常程度，偶爾會有活動增加的跡象（出現閃焰）。在意識心與焦慮頻率受到抑制的同時，直覺和連結的能力會完全上線。想像一下，在這種超悅大腦的狀態停留一段時間：十分鐘、二十

圖 4.15　離開精簡靜心

圖 4.16　精簡靜心之後

分鐘、一小時。那是非常不可思議的美妙感覺！布魯頓描寫道：「在最深度的冥想中，可以同時體驗到無我及充滿喜樂的平靜。」

不過，最終鬧鐘還是會響起，新的一天要開始了。圖 4.15 的中間部分顯示的是脫離精簡靜心狀態時，大腦出現的變化。

注意，這裡又出現了另一次「雙重泡泡」，不過比進入精簡靜心時的情形要微弱。這表示大腦正在為回到正常狀態做準備，將來自超悅大腦的訊息整合到日常現實中。當冥想者睜開眼睛，她的大腦很快就會回到正常狀態。

然而，這又跟她開始冥想前的那種正常狀態不一樣。安德魯・紐柏格如此觀察：「從開悟經驗重新回歸的大腦，已經不是進入開悟前的那個大腦了。」

圖 4.17 將這兩個紀錄並列呈現。左邊是開始精簡靜心之前的「正常」狀態，右邊是經過三十分鐘冥想後大腦回復正常的狀態。你可以看到，右邊顯然更平靜、整合性更高。在綠色之中，甚至還有一些深藍色

的小光點。

　　這是因為回到日常生活的她，正在體驗冥想的後續效應。她的大腦不用再像以往那麼努力工作，因為運作效率提高了。這種情形就像剛調校過引擎的汽車，耗油量降低的同時，引擎的運轉也更流暢了。她建立了一個小時的復原力，能將超悅大腦的特質帶入日常生活。她更快樂、更平靜、更有創造力，而且在接下來的二十四到四十八小時更能處理好壓力。在第七章，我們會再看到冥想如何提高復原力的實際案例。

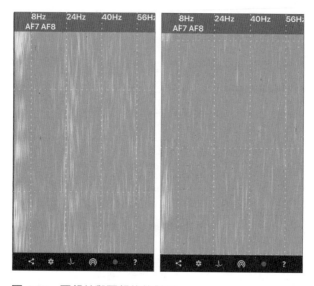

圖 4.17　冥想前與冥想後的對照

　　這些紀錄屬於一名經驗豐富的冥想者，冥想總時數約是三千個小時，從開始精簡靜心迄今已有七年。不過，參加週末僻靜營、只練習冥想幾小時的那些人身上，我也看到了相同模式。當你實際練習過本書技巧後，很可能也馬上有主觀上的不同感受與改變。就神經科學的角度來看，你大腦的運作及建立連線的方式，都將跟 1% 的那群人一模一樣。

冥想如何改變大腦功能？

我的同事皮塔・斯塔伯頓（Peta Stapleton）博士負責邦德大學（Bond University）的心理學碩士班課程，她是能量療法領域的先驅研究人員之一。皮塔與神經科學家奧利佛・鮑曼（Oliver Baumann）博士首次為二十四名使用精簡靜心的冥想者進行了一項隨機對照試驗。

在隨機分組後，受試者接受高解析的磁振造影設備測試。第一次掃描後，研究人員給了他們一個二十二分鐘長的錄音檔，要求他們每天聽一次。第一組拿到的是精簡靜心；而對照組拿到的是正念呼吸練習，在聽的同時要回憶最近的一次假期。其他錄音元件都盡可能設計得一模一樣，控制的元素包括背景音樂、聲音、正念及呼吸等——唯一的差異，是精簡靜心的七個步驟。

在連續每天聽這些音檔四週之後，受試者回到實驗室做後續測試。結果發現，對照組的大腦功能跟原來沒有什麼變化。但是精簡靜心的那一組，卻發現了兩個重要的大腦網絡出現明顯差異。

第一個是右側海馬迴與腦島之間的連結性增強了。海馬迴是情緒、學習及記憶的中樞，而腦島是良善與慈悲心的中樞，現在兩者之間的連結變強了。第二個差異是，內側前額葉皮質的活躍程度下降，這個「自我中心」也是構成預設模式網絡（DMN）的兩個大腦部位之一。

這些發現顯示，練習精簡靜心的那一組，他們的慈悲心增強了，同時伴隨而來的是強烈的正向情緒，其中包括對自己與對他人的慈悲，因為精簡靜心會讓你雙向傳送善意。與此同時，因為預設模式網絡的其中一根支柱關閉，讓這些受試者也獲得了一些效益，得以擺脫腦海中以自我為中心的喋喋不休。

儘管這兩組受試者的生理變化相當明顯，但心理特徵的變化卻更加微妙。兩組人在神祕經驗量表上的得分都比原來增加一倍多，但精簡靜

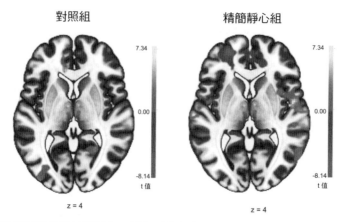

對照組　　　　　　　　　精簡靜心組

圖 4.18　兩組受試者的連結性變化。藍色到紫色表示活躍程度衰退，紅色到黃色則是活躍程度提高。右圖大腦前部的藍色區塊就是內側前額葉皮質，是預設模式網絡的兩大支柱之一；而亮紅色與黃色點是腦島（請見書末全彩圖）。

心組的焦慮和憂鬱卻顯著增加了。會發生這種情況，可能是當他們專注在慈悲上時，會觸及到全世界的更多苦難，正如他們變得活躍的腦島所暗示的那樣。

　　還有一個附加作用是，左側的背外側前額葉皮質活動程度明顯下降。其他的冥想研究顯示，背外側前額葉皮質會努力抑制 DMN。不過練習精簡靜心時，當 DMN 安靜下來後，背外側前額葉皮質的左側（或稱「邏輯腦葉」）會放鬆，於是受試者進入了「心流」狀態。

重塑大腦，打破一萬小時定律

　　要達到這些提升狀態無須耗上漫長的時間，不用你花上「一萬小時」才能辦到 *；甚至不用一百個小時就能看到成效。參與邦德大學磁振造影研究的受試者，僅僅十四天共五個小時，就讓大腦功能產生了相

---

* 編按：這個定律說的是要成為某個領域的專家，就需要花上一萬個小時才有成效。

當大的變化。精簡靜心具有科學基礎，研究顯示它會傳送即時的訊號給身體，因此你很可能初次嘗試就會感覺到不同。

因此，我非常誠摯地想跟大家分享這些技巧。精簡靜心可以將只有 1% 人口獲得的好處立即帶給初學者，不用像傳統的冥想法一樣，必須經歷過巨大的學習曲線。

對於那些發現冥想原理並將它們帶給人類的先行者，我無比佩服，也樂見現代科學正在用理性的方式分析，讓先行者的洞見能加速傳播。

以漫長、艱辛的傳統方法修持的人，或許會鄙視精簡靜心，認為這是走捷徑。但是，我也曾經走過這條漫漫長路才抵達狂喜境界。難道過往所投入的辛勤努力，都只是在浪費時間嗎？

從一九六〇年代起，伊色冷靈修中心就一直在教導高階療法與哲學，許多人都認為這裡是人類潛能運動的發源地。一開始我向他們的課程經理提出辦僻靜營的構想並描述精簡靜心冥想時，她也深不以為然。

她在回給我的電子郵件寫道：「我們這裡教授每一種主要的傳統冥想，基於我們中心悠久的歷史，我可以向你保證，冥想不可能那麼快得到成效，也沒那麼簡單。」

但是，事實真是如此嗎？

最後，伊色冷靈修中心讓步了。我在中心舉辦過一次精簡靜心週末僻靜營，當時還帶了研究團隊做過一項先導研究，等到資料從實驗室送回來時，每個人都對結果嘖嘖稱奇。

我們測量了皮質醇，這是主要的壓力荷爾蒙；也測量了分泌型免疫球蛋白 A（secretory immunoglobulin A，簡稱 SIgA），這是一種 Y 字形的抗體分子，存在於唾液、黏液、眼淚和汗水等體液中，能中和入侵身體的病毒。Y 字形的分岔會附著在各種冠狀病毒的棘蛋白上，而病毒正是利用這些棘蛋白附著在細胞上並感染它們。

不過，一旦 SIgA 分子附著在冠狀病毒的棘蛋白上，就會讓它們失

去活性。接著 SIgA 會發送訊號給特化細胞前來摧毀病毒。因此，SIgA 的濃度正是免疫系統強度的指標之一。

過了週末後，三十四位學員的基礎腎上腺皮質醇（baseline cortisol）濃度下降了 29%，而 SIgA 濃度則升高了 27%。由於樣本數太少，因此這樣的結果在統計學上並不明顯。再來看看學員的靜止心率（整體健康指標之一），平均下降了 5%，而疼痛程度則下降了 43%。

此外，我們還測量了他們的心理健康程度，發現焦慮和抑鬱程度至少降低了 25%，而快樂程度則提高了 11%。所有這些明顯的效益，都只是一個週末精簡靜心練習的成果。

只要開始，永遠不嫌晚

我的人生很坎坷。毒品交易很難做，這些年下來，只剩我沒有死掉也沒有入獄。我傷害過別人，別人也傷害過我。我已經不記得多少次被人用槍指著腦袋了，再說我也曾經用槍指著別人。我對自己的所作所為，一點都不覺得光彩。

十八年前，我曾經加入了毒癮者無名會（Narcotics Anonymous）。只不過當時我根本不信這一套，只是把那裡當成藏身之地。我的右腿打上了石膏，一直包到髖骨處，哪裡也不能去。我假裝自己想戒毒，才能躲開那些追殺我的人。我住進毒癮者無名會的中途之家，以前那些兄弟沒有人會想到這裡來找我。

我在地下室冰冷的水泥地上睡了五個月，還參加了他們的治療小組，但什麼感覺也沒有。我只是假裝自己有感覺，這樣才不會被踢走。閉上眼睛時，我看到的都是那些曾被我用槍指著的人。我快

受不了了。會去那個地方的人，大部分都已經毒癮很嚴重了，我不認為他們會成功戒毒。很快的，他們不是回到監獄，就是死在街頭。

有一天，一個大約五歲的小女孩走進地下室。她是房東的女兒，說要為我祈禱。她不可以下來這裡，但是她來了。她說：「上帝，請幫幫文尼的腿，請幫幫他的心，請幫幫他感覺到祢的愛。阿門。」

她走後，我開始大哭，哭得涕淚縱橫的那種。我感覺心裂了一個大洞，整個人顫抖到無法控制，哭到停不下來，就像是要洗清一生的痛苦。我感覺到真的有某種存在正在保護著我，儘管我曾做過這麼多壞事。

在那之後，我的人生開始改變。我賺了很多錢，也捐出了很多錢，後來受邀加入州長的戒毒特別工作小組。我結識了州長，談到人們可以如何改變。閉上眼睛時，我再也看不到死人了。

現在我和道森一起在敲打工作坊共事。每一天，我們都會練習精簡靜心。第二次做的時候，我閉上眼睛，看到身邊有三個人影。祂們是美麗的純白天使，一起出現在白色的樹下。我感覺得到祂們對我的愛。祂們的存在比真實更真實，就像我曾經睡在中途之家的地下室那樣真實。我知道這些天使是來指引我的，道森告訴我，我越關注祂們，祂們就越能跟我連結。

有時我會回去中途之家，跟他們聊聊該如何改變。一想到我曾經離監獄裡那些可怕的傢伙或死亡有多近，我就全身發抖。愛改變了我，天使救了我，每天我都會在精簡靜心中找到祂們。

我想要人生過得有意義。我若能幫到一個罪犯，讓他知道自己是有價值的，我所受過的苦就都值得了。只要開始，永遠不嫌晚。

　　　　　　　本文作者為文尼・文森佐（Vinnie Vincenzo）

　　正如文尼的親身經驗，只要照著精簡靜心的七個步驟做，可以快速讓你進入超悅大腦。當你有簡單又有效率的方法可以達成目標時，真的還要選擇困難的路走嗎？我相信只要給人們一個簡單的選項，會讓更多人願意去嘗試冥想。我和其他傳統冥想者曾經揮汗經歷過數千個小時的錯誤嘗試，現在你不用再走冤枉路。

圖 4.19　伊色冷靈修中心的精簡靜心僻靜營

科學如何測量冥想狀態？

　　科學記者丹尼爾・高曼（Daniel Goleman）和神經科學家理查・戴維森在合著的《平靜的心，專注的大腦》（*Altered Traits*）一書中指出，冥想是「各種自我觀照法的統稱，就像運動指的是各種類型的體育活動一樣。不論是運動或冥想，最終結果都相當程度地取決於你實際上做了什麼」。每週到健身房練習三次舉重，你雕塑出來的身體會和游泳非常不同。

　　即使是舉重，方法不同，成果也有相當程度的差別。最近的研究指出，緩慢地舉重會更快鍛鍊肌肉，休息週期很重要，而且你不需要花超過三十分鐘舉重就足以有效健身。這與每天花好幾個小時泡在健身房練舉重的舊模式，形成鮮明的對比。

同樣的提醒也適用於針對冥想的科學研究。有些科學家把所有類型的冥想都混為一談，但是功能性磁振造影研究卻顯示，不同的冥想方法會對大腦產生不同的影響。注意想法、矯正散漫的思緒，都需要靠心智的努力，而這些都屬於前額葉皮質的活動。慈心禪修則不需要這種程度的心智控制，因此會創造更正向的情緒，以及更深層次的身體放鬆。

為了找到理想的冥想「劑量」，有必要確定你的冥想是「何時」開始的。冥想不是從你坐下來、閉上眼睛的那一刻開始算起，某些人坐了十分鐘，閉上眼睛的幾秒鐘後，就能夠進入超悅大腦。他們所花的這十分鐘，每一秒都非常值得。

相反的，有些冥想者可能坐了九十分鐘，但怎樣也無法進入超悅大腦的狀態。結果是，他們只是閉上眼睛、靜靜地坐上九十分鐘，如此而已。當然，不管結果如何，冥想本身就是很好的身心練習，只不過他們付出的時間更多，成效卻沒有前面靜心十分鐘的效果好。

那麼，如何知道你什麼時候進入了冥想狀態呢？

科學能夠回答這個問題。

圖 4.20　研究人員茉蒂絲・潘寧頓使用「心鏡」的腦電圖設備來測量研習營學員。

　　我在喬‧迪斯本札（Joe Dispenza）博士的研習營做過一項大規模的研究。我們請一支神經科學家團隊為一一七個學員測量研習營前後的大腦功能，也測量了特定冥想練習從開始到結束的變化。我們用來當作進入理想狀態的標準，稱為「進入冥想的時間」，並將之定義為「足以維持穩定 α 波狀態至少十五秒的能力」。學員一旦能夠做到這一點，我們就認為對方確實進入了冥想狀態。

持續的 α（Alpha）波，真正進入冥想的判斷指標

　　你一閉上眼睛，立即會創造更多的 α 波；而當你開始專注於冥想，還會創造更多 α 波。不過，你進入 α 波的深度會隨著你的進出週期而變化。閉上眼睛坐九十分鐘，而無法進入冥想狀態的人，煩亂不安的大腦是被預設模式網絡（DMN）所控制。DMN 會不斷地引入讓人擔憂的念頭，將 α 波排擠出來，因此冥想者無法把 α 波維持到十五秒。根據前述定義，有這種情況的人其實沒有進入冥想狀態，即便他或她已經投入了相當多的時間。

　　儘管一般會認為閉上眼睛、長時間靜坐的人，就是專注的冥想者；但事實要更複雜一些。使用腦電圖儀器進行測量的科學家發現，上述這樣的人停留在持續性 α 波的時間可能並不長或甚至沒有，而某些「速戰速決」的冥想者則可能深入 α 波，並從這種停留狀態的每分每秒中獲得裨益。

γ（Gamma）波，心流狀態下的典型腦波

　　如果你能維持 α 波一段時間，其他的腦波也會跟著改變。例如，高頻 β 波（最典型的壓力波）變少、振幅變小；而 θ 波和 δ 波這一類的低

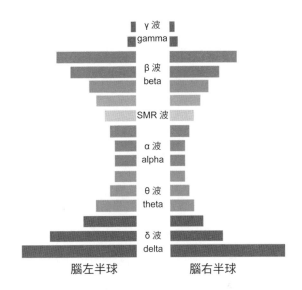

γ 波
gamma

β 波
beta

SMR 波

α 波
alpha

θ 波
theta

δ 波
delta

腦左半球　　　　　腦右半球

圖 4.21　γ 波是螢幕最上方的紅色區塊（請見書末全彩圖）

頻腦波則會變多，且振幅加大。

　　隨著這些慢速腦波增加，大腦會產生 γ 波這種速度最快的腦波。γ 波是處於**心流**狀態的典型腦波，也代表**來自許多不同腦區的訊息開始同步**。這通常會出現在非常有創造力的人身上，也在普通人靈光乍現的時刻出現。在神祕的天人合一狀態下，同樣會觀察到這種腦波。在研究高階瑜伽士時，戴維森發現他們的大腦 γ 波活動是平常人的二十五倍。

　　此外，與 γ 波相關的還有愛和慈悲、知覺組織增加、聯想學習、突觸效率、療癒、注意力及超然的狂喜等。神經造影研究顯示，γ 波會促成大腦四個腦葉的不同頻率同步，並產生**全腦諧振**（whole-brain coherence）的狀態。

　　此時，獲得的好處說不完，全都是高效大腦的特徵。儘管針對西藏僧侶的研究顯示，只有資深的禪修者才會出現大量的 γ 波，但針對精簡靜心的研究卻顯示，一般的初學者也會出現這種令人驚喜的現象。

　　神經回饋專家茱蒂絲·潘寧頓曾經以八名學員為研究對象，她寫

道：「精簡靜心創造了非常高水準的γ波同步……在精簡靜心中，所有
參與者都產生了介於45到65赫茲的高振幅γ波，從而造成高位值的γ波
同步模式，其中一些還是整個心鏡數據庫統計範圍的前幾名。」

　　這些人中也包括冥想新手，其中一人在一萬多份的心鏡掃描數據庫
中獲得了比其他人更高的分數。

冥想時間長短不重要，品質才重要

　　一則故事提到，有個僧侶生平冥想的總時數多達一萬個小時，我們
很容易被這樣的數字打動。事實上，比起冥想總時數，更重要的應該是
冥想**品質**。如果有人能像戴維森及紐柏格所研究的西藏僧侶一樣，也獲
得專家的指導與訓練，沉浸在古老的傳承中，生活在寺院裡長期遁世僻
靜，那麼一萬個小時的冥想總時數就有意義。相反的，對於沒有這種信
仰框架的西方人而言，這個數字就不具多少意義。不是投入越多時間，
就代表你越擅長。

圖 4.22　西藏僧侶接受的傳統訓練，能夠產生更高階的大腦狀態。

一腳踩油門，一腳踩煞車

我的好友史帝夫·契爾斯（Steve Cheales）在布魯克林出生及長大，他跟父親薩穆爾關係很親密，每次我去拜訪史帝夫時，薩穆爾通常也在家，所以我跟父子兩人都很熟。薩穆爾年事已高，頭髮花白，總是駝著背，有著紐約客的精明以及灰暗的世界觀。

史帝夫沒有車子，薩穆爾則有一輛大型的別克雲雀老車。如果我們三人一起出門，都是薩穆爾開車載我們。因為我的腳太長，所以都坐在前座。

坐在薩穆爾開的車子，總讓人神經緊張。因為他習慣踩油門，把我們突然拋回位子上；接著又踩煞車，把我們往前拋。然後再加速，再踩煞車……一趟路開下來，時不時就來一次急行急煞。搭薩穆爾的車子，感覺自己就像是一顆在錫罐內嘎嘎作響的高爾夫球。

薩穆爾之所以能在開車與停車之間快速轉換，是因為他開車時一腳踩著油門，一腳踩著煞車。我曾經觀察過他，發現他的右腳會踩著油門，讓車子加速；接著左腳會踩下煞車急停。右腳、左腳、右腳、左腳。他一無表情地看著前面，完全沒意識到自己有這個開車習慣。

薩穆爾十八歲時就學會了開車，車齡已有四十多年，但他仍然是一個差勁的駕駛，多年的開車時間並沒有讓他的技巧變得更好。情況正好相反，日積月累下來的神經可塑性反而強化了他的行為，把它們深深烙印在他的基底核上。

　　只要投入某個活動的時間夠多，就能讓你變得擅長——這就是著名的一萬個小時定律。科學記者麥爾坎・葛拉威爾（Malcolm Gladwell）在《異數：超凡與平凡的界線在哪裡？》（*Outliers: The Story of Success*）一書中，探討了長時間的重複如何讓技巧變得更專精。無論你是廚師、吉他手、數學家、房地產經紀人或外科醫師，經驗都很重要。累積一萬個小時需要大量時間投入；想想看，要連續十年每週花二十個小時，實在不可小覷。

　　然而，如果像薩穆爾那樣，**以差勁方式做同一件事很長時間**根本不會讓你變好，反而只會強化壞習慣。這就是為什麼運動員要請教練來改善自己的競技狀態，因為他們不只是重複某個技巧，而是要正確重複，以訓練自己的身體讓正確姿勢成為反射動作。

別搞破壞，我需要安靜

　　赫曼躡手躡腳地在他和吉兒同居的公寓裡走動。吉兒正在冥想，赫曼不想打擾到她。赫曼搬進來跟吉兒同居才六個月，吉兒是冥想愛好者，而赫曼即使自己不冥想，卻是個相當平和的人，貼心地留給吉兒所需要的空間。

　　不過那個早晨，赫曼搞砸了，他發出了太多細微的聲響。吉兒睜開眼睛憤怒地瞪著他，對他吼道：「別搞破壞，我需要安靜！」

　　吉兒每天早上都會閉眼靜坐冥想，但她的內心並不平靜。沸騰的情緒往往就在爆發邊緣，隨時都可能波及身邊的人。她對外在世界的反應模式，就是穴居人大腦的狀態，雖然從旁觀者看來，她是個堅持不懈的冥想愛好者。她沒有做好主體客體切換，沒有停止認

同局域性的小我，也沒有與超悅大腦交融。

她尷尬的處境，正是許多長期冥想者的寫照。在本書的同儕審閱過程中，一位同儕就對這個書名深表懷疑。他說：「道森，我二十三歲時在靜修所住了一年，那時我們每天都在靜心冥想。然而，我還是過得慘兮兮，哪裡有快樂可言，何況你說的還是狂喜狀態的『超悅』。」

除非你處在「覺醒之心」的狀態，擁有神祕主義者典型的腦波模式，否則即便你閉上眼睛靜坐多年，最大的成就也不過是啟動自己的預設模式網絡而已。

這就是效率不彰的冥想者所處的困境。你做了成千上萬次，每一次都要花好幾個小時，結果卻只是在強化讓人一腳踩油門、一腳踩煞車的神經路徑。就像聘請教練一樣，累積冥想總時數的重點，在於採用一種可以預期讓你進入持續 α 波狀態的冥想類型。

這就是為什麼精簡靜心會要求你觀想雙眼之間有個巨大的空間。這種簡單的觀想，能夠立即讓人進入 α 波狀態。如果使用錄音檔來練習精簡靜心，你會清楚聽到「空間」的指令一再出現。這可確保你在靜坐冥想的過程中，都處在持續的 α 波中。

跳出常軌的生命願景僻靜營

定期僻靜可以催化大腦的改變，如果能夠密集靜修，收效更大。

從我三十歲參加第一次長時間的僻靜後，生活與事業都有顯著改變。例如，透過一系列的共時性事件，出版業的新工作自動出現在我面

前；我結了婚，有了兩個出色的孩子；我受到啟發，並寫了自己的第一本書；我從紐約的水泥叢林移居到加州北部的紅衫林中。

僻靜可以讓人從無休止的、自我毀滅的或毫無意義的追求跳離出來。離開熟悉的常軌，抹去日常生活的種種暗示，這樣的行動會帶給你全新的視角。離開所有會讓你想著相同的念頭、相信同樣的信念、創造同樣作品的環境，因為一成不變的景象與聲音，會讓你依照舊模式再創造出一個「新瓶裝舊酒」的你。然而，僻靜讓你有機會抽離熟悉的事物與環境，於是就能打開轉變的可能性。

反思所創造的改變賦予了我力量，於是我開始每年參加新年僻靜。當有人要求跟我一起僻靜時，我開始為團體規畫這樣的體驗。每年我們都會前往一些風光秀麗的地方，例如塞多納、夏威夷、哥斯大黎加或聖地牙哥，在當地停留七天。

前三天用來放下過去。我們每天都會練習精簡靜心，剛開始，學員大概需要四分鐘來誘發超悅大腦，但是到了第三天，通常只要九十秒就

圖 4.23　生命願景僻靜營的學員

能到達那個狀態。接著，我們打開自己的覺知來接收指引，並詢問：「宇宙對我這個人的最高願景可能是什麼？」等到我們在超悅大腦狀態下共度七天之後，每個人都要針對接下來的這一年寫下一份自我激勵的書面願景。

我六十歲那一年的僻靜非常特別。我想像著宇宙在問：「接下來這一年，你真正想要的是什麼？」我清單的第一名就是能更快速地進入超悅大腦，最好是一閉上眼睛就能立即進入冥想狀態，而不是乾坐著二十到四十分鐘，雖然一般人通常需要這麼長的時間才能進入「狀態」。

接下來幾個月，我「進入冥想」的時間（即獲得穩定 α 波的狀態）開始縮短了。從二十分鐘下降到十五分鐘、十二分鐘，情況好時甚至可以低於五分鐘。安德魯・紐柏格在檢測經驗豐富的冥想者時，發現他們幾乎一閉上眼睛就能馬上進入狀態。

理查・戴維森研究的西藏僧侶更厲害，他發現，當僧侶們「在實驗前」一接收到指令，腦波就會自動進入到冥想狀態；也就是說，他們只是「預期到」不久就要冥想，大腦就能開始出現變化。這些人一生中僻靜禪修的總時數比一般人要多很多，自然表現會優於獨自冥想的個人。

你或許不能馬上達到這種程度，但經過練習，你「進入冥想」所需的時間以及獲得穩定 α 波所需的時間，都會從將近一小時縮短為少於十分鐘。在精簡靜心僻靜營中認真做好自我訓練的學員，通常能在一分鐘內就進入超悅大腦的狀態。

從數據來看精簡靜心的強大力量

我曾翻閱過許多神經科學文獻，想找出真正發揮作用的因素。結果發現，持續練習、僻靜、強度及密集程度，都與大腦的活躍度增強有關。

為了找出精簡靜心改變大腦狀態的速度有多快，我曾在一次為期一

天的短期僻靜營中研究二〇八名學員。我親自對他們講解這個練習的每個部分，以及精簡靜心會造成的生理變化。然後，我們在上午和下午分別進行了一場集體冥想。我還預留了現場問答時間，最後大家圍成一圈來結束活動。

我的同事們對學員能在短短六小時內發生這麼大的改變，都感到十分驚訝。這些學員的焦慮程度降低了 23%，疼痛降低了 19%，快樂程度則增加了 9%。我們在六個月後對他們進行後續調查時發現，在這段期間，他們的焦慮與憂鬱程度都還維持著當初調降時的水準，而且還變得更快樂了。對只有六個小時的團體練習來說，這是巨大的回報了。任何時候，只要有機會能**與他人一起練習**，都請用力抓緊。

翻閱冥想研究報告的一大挑戰是，形形色色的冥想方法太多了。精簡靜心是以生理提示來觸發冥想狀態，與其他冥想所用的方式不同。

冥想的七種類型

坐落於德國萊比錫的馬克斯・普朗克學會（Max Planck Institute）夙享盛譽，他們在一項研究中把冥想分為三類。第一類專注於「呼吸」；第二類強調「觀察自己的念頭」；第三類是喚起慈悲心。將冥想區分為以上三大類常見的冥想形式，研究人員就可以據此分析每一類的典型大腦模式。結果發現，它們全都不一樣，我們會在第六章進一步說明。

除了上述的三種冥想類別之外，在此我想再加入四個不同的類型：一是使用**肢體動作**；二是使用語言、聲音或其他**聽覺提示**；三是運用**觀想技巧**；最後一類是**模仿**或來自他人的啟發。

蘇非迴旋舞、太極拳及佛教的行禪都涉及到肢體動作；這類有意識的、意圖明確的動作，可以提升自我覺知的程度。其他運用身體覺知的冥想法，還包括瑜伽睡眠（Yoga Nidra）、身體掃描放鬆冥想，以及漸

圖 4.24　蘇非迴旋舞

進式肌肉放鬆。

　　語言或聲音的提示，包括吟唱、複誦梵咒或念誦祈禱文。其他能誘發冥想狀態的聽覺提示，還包括鑼聲、頌歌、複誦神的名字、嗡（Om）聲及西藏頌缽。

　　使用觀想技巧來誘發冥想狀態的人，可以想像一段通過身體脈輪的旅程，或是集中注意力去觀想某位聖者的形象。他們還可觀想一個十分寧靜、平和的場景，例如大自然中的某個地點，或像壇城、曼陀羅一類的神聖圖案。

　　透過獲得啟發的手段來幫助冥想的方法，可能包括閱讀神聖的文本。靈性大師筆下的文字可能會引導你到達開悟狀態，例如《人的宗教：人類偉大的智慧傳統》一書作者、著名神學家休斯頓‧史密士，每天都會從最愛的靈性導師中選一位的著作來讀，然後再開始冥想。至於揣摩並倣效資深修行者的心境，這種做法就像是提供冥想者一個抵達開悟境界的模板。

圖 4.25　西藏壇城（參見書末全彩圖）

　　有些呼吸冥想法包括一套複雜的呼吸指令，例如先閉上一側鼻孔，然後換另一側；或先快速呼吸一段時間，再換成緩慢的呼吸；或是單純數息或注意自己的呼吸。精簡靜心的做法，則是放慢呼吸到吸氣六秒、吐氣六秒，以此來誘發心腦諧振的同步狀態。

慈悲為王

　　馬克斯·普朗克學會在一項重點研究中，比較了兩組不同體驗的人：一組是存在著「同理心」的人，另一組是練習「慈心禪」的人。研究發現，只需八小時的練習，就能啟動截然不同的大腦部位。另兩項研究則指出，經過類似的訓練期後，初學者也會出現和資深冥想者「高度類似」的大腦模式。

　　研究顯示，相較於其他類型的冥想，慈心禪與慈悲心會創造出更多

有益的大腦變化，我們將會在第八章探討這個現象的深刻意義。

　　還有一項研究，把非冥想的人、正念冥想的人及慈心禪的人分組比較，結果發現三者之間出現了明顯差異。研究人員測量的是各組受試者的端粒（染色體末端的帽狀結構），一般認為端粒是老化及長壽的可靠生物指標，因為它們每年會縮短 1% 左右。

　　慈心禪冥想組的成員，他們的端粒沒有隨著時間流逝而出現明顯縮短；正念冥想組的表現，則介於慈心禪組與非冥想組之間。相反的，針對腎上腺素的研究則表明，這種壓力荷爾蒙會「大幅縮減壽命」。總結來說：穴居人大腦會致命，而超悅大腦則會帶來療癒。

　　我曾與精神科醫師丹尼爾·席格（Daniel Siegel）有過一次對話，時間就在他的新書《覺醒：存在的科學與實踐》（*Aware: The Science and Practice of Presence*）出版後不久。當時我們兩人都被這些研究發現所說服，因而重新修正了我們對冥想的說明，加重慈悲心的作用。佛教傳統已經發現以下這三個概念階段很有幫助（在本章最後的「深化練習」，可以找到吟唱版）：

　　首先，「願我充滿慈悲心。」
　　接著，「願你充滿慈悲心。」
　　第三，「願所有人充滿慈悲心。」

　　第一步，專注在自己身上，使經驗變得相關且具體。第二步，將愛括展到你認識的人身上；再從那裡，將自己的慈悲擴大到無限的宇宙。這三個步驟，可以促使大腦功能出現一些巨大的變化。

我的愛多到繞過宇宙一圈再回來

我太太克莉絲汀正在為六歲的娜塔莉及三歲的綺拉兩個小孫女讀床邊故事，她選的繪本是山姆‧麥克布雷尼（Sam McBratney）的《猜猜我有多愛你》（*Guess How Much I Love You*）。

在這繪本裡，小兔子想告訴大兔子自己有多愛牠。小兔子張開雙手，不過還不夠。牠把手伸展得更開，但是仍然不夠。

最後，就在小兔子快睡著之前，牠終於找到了可以用來表達愛的度量衡。牠告訴大兔子：「我愛你，從這裡一路到月亮。」

克莉絲汀抱抱躺在床上的女孩們，娜塔莉對她說：「奶奶我愛妳，從這裡一路到月亮！」克莉絲汀回答她說：「我也愛妳，從這裡一路到月亮！」

三歲的小綺拉接著說：「我愛妳們和所有人，從這裡一路到宇宙又返回來！」

小綺拉從未知曉任何與慈心禪有關的研究，也完全不懂把慈悲心擴展到整個宇宙有多強大的力量。但是，只有三歲的她，卻已經把她對愛的經驗推展到時間與空間的最遠邊界。

不管是運氣或是透過練習，每個人都能回到三歲時跟整個宇宙連結的初始體驗。

需要多久才能感受到冥想的好處？

不是只有冥想三萬個小時的西藏僧侶，才能體驗到冥想的好處。早期研究顯示，只要八週的正念冥想就能產生效果；後來研究更顯示，即

使是四週也會產生影響。

　　北卡羅萊納大學的研究人員曾經進行過一項令人震驚的研究，結果顯示：僅僅四天的冥想就能提高認知彈性、創造力、記憶力及注意力。首席研究員表示，這些「深刻的改善」令人「大感驚訝」，而且這些成果「與更多冥想訓練所記錄到的結果不相上下」。

圖 4.26　幼兒也可以擁有豐富的精神生命，即使他們無法用豐富的詞彙來描述。

　　一項針對冥想初學者的研究發現，在為期十週的練習過程中，他們會變得越來越輕鬆，也越來越樂在其中。無論他們是修慈心禪，或者使用觀想、數息等輔助手段，都是如此。

　　數月，然後是數年，不間斷的冥想會徹底重塑大腦結構。即便外表看起來還是跟以前一樣，但是頭骨內的線路卻完全不同了，關於這點我們將在第六章進一步討論。第五章中，我們會說明這些經驗是如何讓大腦充滿了快樂荷爾蒙。你的壓力指數會下降、復原力變得更強（詳見第七章）。從第一次冥想到一萬個小時的冥想總時數，大腦會在這個過程中持續進化。

　　高曼和戴維森將冥想練習的時間長度，分成三個不同層次。**初學者**會很快體驗到好處。冥想新手只要在八週內完成三十個小時的練習，否

仁核與預設模式網絡（DMN）的調節就會出現。慈心禪會創造出更大的變化；兩週內只要完成七個小時的冥想，大腦的正向情緒與同理心迴路會出現更強的連結。即使只有七分鐘的慈心禪冥想，都能增加正向情緒及社會連結。

高曼和戴維森將長期冥想者（long-term meditators）定義為冥想總時數在一千小時到一萬小時之間的人。這意味著持續不間斷的日常冥想，或許還參加僻靜或冥想課程。這些冥想者能夠維持注意力，DMN典型的走神現象會減少，大腦負責情緒調節的迴路會得到強化，而皮質醇等壓力荷爾蒙也會減少。

冥想行家（adepts）指的是冥想總時數超過一萬小時的人。對這群1%的人來說，冥想毫不費力。他們對注意力的控制已達完美，心腦以共振方式連結。他們的大腦功能與結構持續進化，冥想時的大腦狀態已經能延續及擴展到日常生活，甚至連大腦最為人詬病的DMN網絡也進入了冥想模式。

共時性、預知能力及靈魂出竅

冥想行家經常會體驗到異常的意識狀態。針對一千一百二十名冥想者的調查發現，冥想持續時間和五十種「異常經驗」清單中的四十三種，存在著具有統計學意義的相關性。

這些異常現象包括共時性、遙視、心電感應、靈魂出竅經驗、念力和預知能力等。這些經驗在《科學證實你想的會成真》一書中有更完整的描述，更讓我感興趣的是，如此多元的「超心理」現象及如此高的出現頻率竟然都與超悅大腦的非局域體驗有關。

冥想的理想時間是多久？

　　醫學界有個術語叫「最小有效劑量」（minimum effective dose，簡稱 MED），你可以想想那個通過時間考驗的常見用藥建議：頭痛時吃兩顆阿斯匹靈。如果你吃半顆，可能不足以讓疼痛消失，因為兩顆阿斯匹靈是最小的有效劑量。

　　如果兩顆阿斯匹靈能讓頭痛在三十分鐘內消失，那麼二十顆阿斯匹靈能否在三分鐘內趕走頭痛？答案是：不會。既然最小有效劑量就能發揮功效，超過這個用量就沒有意義了，甚至還會有風險。

　　同樣的，對冥想而言，重點也是找出最適合自己的最小有效劑量。所以，你每次冥想的最理想時間是多長呢？

圖 4.27　藥物有最小有效劑量，冥想也一樣。

　　這方面的科學證據尚不明確，但多數研究都建議**至少二十五分鐘**。安德魯・紐柏格發現，要關閉與外在世界聯繫的頂葉並進入深度冥想的狀態，需要四十到六十分鐘，這個時長是從坐下冥想開始算起，一直到感覺與冥想對象合而為一為止。紐柏格發現，即使高階的冥想者也無法讓自己的心智安靜六十秒，而初學者根本撐不到十秒。

　　哈佛大學的一個研究小組檢視了二十七分鐘引導式正念冥想連續進行八週的效應，他們發現和情緒調節、學習、記憶、換位思考及自我感相關的腦區都有灰質增加的現象。

　　不過，只要短短幾分鐘的冥想，可觀察到的變化就會出現。在剛開始正念冥想的八分鐘後，注意力會得到改善。如果你是初學者，可以從十分鐘開始小試身手；如果你經驗豐富，可以持續冥想三十至四十五分鐘。如果你擁有一段不受打擾的空閒時間，那麼九十分鐘的超悅大腦非常美味。以我來說，多數時候我會預留一天在一早醒來時先做六十分鐘的冥想，再開始一天的正常作息。

選擇適合自己的冥想強度

　　冥想的「強度」也會對成果造成影響。以西藏僧侶來說，長時間密集僻靜禪修的人，會出現全方位的大腦變化。雖然每天堅持做日常練習非常好，但如果能在僻靜時進行更長時間的密集冥想，就更加理想了。

　　紐柏格發現，強化冥想體驗的成效之一，就是頂葉會關閉，緊接著放飛自我的情形會在不到十分鐘內喊停，而不是通常需要的四十分鐘以上。在他所研究的一個案例中，這種情況僅僅六分鐘內就出現了。

　　對初學者來說，我的建議是從短時間的冥想開始練習。我寧願你能不間斷地每天花十分鐘冥想，也不要看到你一下子就信誓旦旦地挑戰六十分鐘的強度。循序漸進，你才更可能堅持下去。

　　我在 Insight Timer（全球最大的冥想應用程式）提供許多免費的冥想課程，你可以透過本章最後提供的連結找到它們，其中多數的時長不超過十五分鐘。我給你的建議是，持續做短時間的冥想而不是斷斷續續的長時間冥想。讀完第五章的內容後，你就會明白其中的生化原因。

維持超悅大腦

　　一旦在冥想時攀登上超悅大腦的境界，應該如何維持下去？我翻找能解答這個問題的許多科學文獻，卻一無所獲。所以，我把這個問題帶到冥想中。

　　等到 γ 波開始在我腦中閃爍時，我得到了答案：「盡可能縮短你的分神時間。」一察覺到你的心智在漫遊，要立即將它帶回到超悅大腦中。本章最後的深化練習中，有一個練習會教你應該怎麼做。

　　或許你只能在超悅大腦中停留一分鐘，然後心智就走神漫遊了五分鐘。如果你能早點逮住自己，就能把走神時間降低到四分鐘以下。日復一日的練習後，你還可以減到三分鐘，甚至更少。我將這個過程稱之為「練習的螺旋」（Spiral of Practice），因為影響會隨著練習而像漩渦一樣不斷往外擴大。

　　走神時，要立即回到專注狀態。盡可能減少停留在 DMN 的時間，因為一個有效的冥想，需要你把大多數時間盡量保持在 α 波的狀態下。

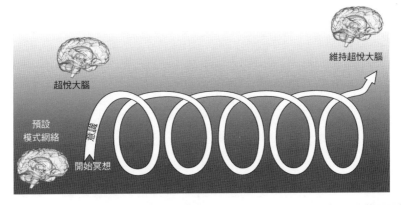

圖 4.28　練習的螺旋。冥想時，需要一段時間才能進入超悅大腦的狀態。接著預設模式網絡啟動，思緒開始漫遊，你會因為分神而離開超悅大腦。意識到這一點，你會想把自己拉回來，重新進入超悅大腦。一旦這個循環重複得夠多次，你就能與超悅大腦完整融合。

　　如上所述，冥想的時間要短，但要持續不間斷地養成習慣，而且練習次數要頻繁。如果你能感受到狂喜的生理感受，就表示你已經接通上線了。盡你所能地去感受它們。這不是跑馬拉松，更像是一次又一次的激烈短跑。

　　這樣一來，你將會更快速地進入超悅大腦，讓冥想的每分每秒都發揮功效，並讓第五章介紹的那些令人愉悅的神經傳導物質紛湧而出。

你跌落的位置就是下次冥想的起點

　　安德魯·維迪奇（Andrew Vidich）博士是我四十多年的朋友，他從十七歲就開始冥想，是我所認識的人中最能激勵人心的靈性導師之一。他寫過兩本書，《愛是祕密》（*Love Is a Secret*）談的是追尋者與神聖合而為一的心理歷程；另一本書《層疊之光》（*Light upon Light*）則描述了從魯米到二十世紀神祕主義者聖·基帕爾·辛格（Sant Kirpal Singh）等靈性大師的生平與話語。

　　每次我去紐約，都會跟安德魯見面，花很長時間探討彼此的靈性經驗。

　　在 Blank Slate 咖啡館啜飲著一杯好咖啡時，我問他：「安德魯，你怎麼能那麼快就進入最深的冥想狀態？」

　　他的回答讓我大吃一驚：「重點不是你在冥想時做了什麼，而是你在不冥想的其他二十三小時做了什麼。」

　　我問他：「怎麼說？」

　　「當你冥想時，你是處在一個高頻振動的靈性層次。如果你這一天的其他時間都能維持或接近這個振動層次，那麼你下一次冥想

時，就會很接近你原始的狀態。不過，如果你的振動層次下降了非常多，你就得辛苦地再往上攀爬才能回到那個高峰狀態。

　　「這就像爬梯子，你跌得越低，第二天當你閉上眼睛冥想時，開始往上爬的起點就越低。如果你能整天都維持在較高的梯子位置，那麼下一次冥想時，就能快速進入高峰狀態。這就是關鍵。」

圖 4.29　冥想後，振動層次會開始往下跌，這就像從梯子頂端往下跌一樣。你跌到哪個位置，下次冥想時那就是你的起點。

　　在《平靜的心，專注的大腦》一書中，作者高曼與戴維森強調，禪修真正的用意是「以一種持續的方式每天改變自己……重點不在於過程中達到的高潮，而在於你變成什麼樣的人」。他們用一句令人難忘的話

來總結安德魯關於梯子的概念：「每一次『冥想後』都是下一次冥想的『冥想前』」。

每一次揚升狀態過後，你的行為方式就是下次冥想的起點。因此冥想後，盡可能維持在最高的靈性狀態下來生活，在下次冥想時，你的意識就能把梯子的高處當成起點。

解開 1% 人的祕密

多虧了科學，我們現在可以描述 1% 那群人的腦波特徵，目前已經確定，不管是哪種靈性傳統或宗教，所有神祕經驗都普遍存在著「覺醒之心」。

我們已經知道持續的 α 波有多重要，也發現慈心禪等發散慈悲心的冥想要比其他冥想創造出更大幅度的大腦變化，同時也清楚僻靜可以產生更好的成效，而強化這些經驗會更快速地帶領我們進入超悅大腦。

因此，以往只有一小群資深冥想者才可以到達的境界，如今科學已經提供我們可靠的路線圖。現在我們也可以向其他 99% 的人展示如何體驗超悅大腦。科學揭開了全世界最快樂的人為何如此快樂的祕密，而他們堪稱是開悟界的億萬富翁。如此珍貴的知識價值多少？

錢固然重要，但快樂才是一切。人們想要錢的唯一理由，是他們相信錢可以買到快樂。

你願意為一輩子的超悅大腦付出什麼代價？學會 1% 開悟者的祕訣又價值多少？

與股神巴菲特共進午餐

億萬富翁華倫·巴菲特（Warren Buffett）有「奧馬哈先知」（Sage of Omaha）的稱號，是二十世紀最著名的投資家。一九六二年，他開始以每股 7.50 美元的價格購買波克夏·海瑟威（Berkshire Hathaway）的股票，當時這是一家瀕臨破產的紡織公司。

到了一九六五年，他入主了這家公司，在改頭換面經營之下，成為了價值數千億美元的控股公司。今日，波克夏每股的價值已超過三十萬美元。

安東尼·羅賓寫《征服金錢遊戲：達成經濟自主的七個簡單步驟》（Money: Master the Game—7 Simple Steps to Financial Freedom）時，曾經訪問了全球所有的頂尖投資者，而唯一拒絕受訪的人就是華倫·巴菲特。

你願意為華倫·巴菲特的一次面對面訪談付出多少錢？好問問他如何最大化你的財富？

這個金額是可以量化的。格萊德基金會（Glide Foundation）是一家總部設在舊金山的非營利慈善機構，為了幫助舊金山的窮人及無家可歸者，每年都會在 eBay 拍賣網站舉行慈善義賣，拍賣商品是與巴菲特吃一頓午餐。二〇一九年的拍賣金額創下最高紀錄：人們願意花 4,567,888 美元的天價跟華倫·巴菲特吃一頓午餐。

回頭來看二〇〇七年，這頓午餐的費用是物超所值的 650,100 美元。那年贏得拍賣的兩位男士分別是投資者蓋伊·斯皮爾（Guy Spier）和莫尼斯·帕波萊（Mohnish Pabrai），而兩人也分享了他們在這場終生難忘的午餐中學到的東西。

　　首先，他們表示這個經驗「棒呆了」，「花的每分錢都很值得」。帕波萊還補充說道：「我們願意出更高的價格。」

　　他們把從巴菲特那裡學到的東西，以三堂珍貴的商業課題總結：

- 以誠信態度對待每件事。
- 要能坦然地說「不」。
- 做自己喜歡的事。

　　關於誠信，巴菲特問斯皮爾和帕波萊：「你願意做世界上最好的情人，卻被每個人認為是最差勁的情人，還是願意做世界上最差勁的情人，卻被每個人認為是最好的情人？如果你知道如何正確回答這個問題，你就擁有了正確的內在標竿。」

　　斯皮爾說：「巴菲特教我們要以正確動機來行事──因為這是做正確的事，而不是因為別人會怎麼想。」

　　巴菲特認為，成功人士懂得對多數機會說「不」。斯皮爾注意到：「儘管他是個善良的人，但是絕對不會因為對別人說『不』而感到不自在。當我意識到這一點時，就決定要訓練自己坦然說『不』的能力。」

　　至於做自己喜歡的事，巴菲特表示：「這表示當你走向這個世界時，在不需要錢的情況下也願意去做的事。」

　　十年後，斯皮爾才恍然大悟，他所學到的其實「不是如何具體投資，而是生活」。

　　那天午餐結束後，巴菲特慷慨地給了服務生一筆豐厚的小費。

在過去，這個代價會很高。你必須進入寺院，爬上遙遠的山峰，放棄所有世俗的快樂，然後花數千個小時虔誠投入。丹尼爾・高曼寫道：「冥想……幾世紀以來……都是出家僧尼所獨有。」你必須放棄這個世界、坐在大師的腳邊、遵循嚴格的苦行、學習神祕儀軌，以及經歷複雜的靈性啟蒙。想學會 1% 的人所知道的祕訣，需要許多年。

圖 4.30　蓋伊・斯皮爾夫婦與巴菲特的慈善餐會，這一餐價值 650,100 美元。

再也無須如此了，科學已經將這種快樂大眾化。有了 HRV 監測儀、磁振造影及腦電圖等現代設備，這些祕密已被公開，任何人都能取得。你每天都能跟靈性版本的巴菲特共進午餐。

在過去，神祕經驗始終罩著一層厚厚的面紗，是一種幾乎無法描述或理解的主觀狀態。不過現在，我們已經能以頻率和振幅來測量了。我們知道超悅大腦的電磁特徵，所以每個人都能透過訓練來達到這個狀態。平凡人也能享受不平凡的境界。

不僅如此，練習效果還能延續下來，每時每刻都在幫你調節生活。戴維森發現，即使在睡眠中，冥想高手的大腦也會沐浴在大量的 γ 波中。紐柏格也說，靈性啟蒙會「徹底顛覆你平常回應世界的方式」，讓你以

全新的眼光來看待一切。茱蒂絲・潘寧頓也發現，即便是學習精簡靜心的新手，也能「在睜開眼睛後，將這樣的意識帶到日常生活中」。

　　有了新大腦，就能在自己周遭創造新環境，將喜樂、創造力、心流帶進日常生活中。我們會擺脫舊心智、陳腐的習慣、自我破壞的行為以及童年受到的制約。以往只有 1% 的人才知道的祕密，如今不僅能給我們一個快樂的大腦，更是打造快樂生活的基礎。

深化練習

本週你可以做這些事，把這一章的資訊融入生活中：

- **壓力光譜**：想像壓力是一道光譜，一端是紅色，另一端是綠色。此刻，你在光譜的哪個位置？今天把你的手錶或鬧鐘設定每小時響一次，然後記錄當下的你在光譜的哪個位置。

- **二元性練習**：本週冥想時，注意自己是否真正進入超悅大腦的狀態。因為只有兩種可能性：不是在超悅大腦的狀態之內，就是在超悅大腦的狀態之外，因此我稱之為二元性練習。「凡是不在狀態內的，都是在狀態外」，每次都要把狀態外的你帶回來，即便你當下的感覺很好，都要立即揪著自己回到超悅大腦的狀態內。

- **強化練習**：本週冥想時，注意身體是否有任何愉悅感，然後強化這些感受。你可能感覺內心瀰漫著愛，或是眼睛後面有點麻癢，請讓這些感受再加強一倍。好好體會這些感覺，然後再次加倍。這樣反覆練習後，你會發現自己能夠「調動」這些感覺來製造出更強烈的幸福感。

延伸資源

本章的延伸資源包括：

- 道森引導式冥想：強化冥想經驗
- 下一梯次的生命願景僻靜營
- 《覺醒：存在的科學與實踐》作者丹尼爾・席格的訪談錄音
- 與茱麗亞、泰勒一起吟唱《慈心頌》
- 覺醒之心的機構
- Insight Timer App 的免費道森冥想課程
- 丹尼爾・高曼為資深冥想者出現的加長型 γ 波所做的說明

延伸資源請上網連結 BlissBrainBook.com/4。

第 5 章

大腦製造的
狂喜分子

The Bliss Molecule

當冥想進入超悅大腦的狀態時，會觸發許多快樂化學
物質的分泌與釋出，至今科學家已經辨認出其中七
種，包括多巴胺、血清素、大麻素、正腎上腺素、β
腦內啡、催產素及一氧化氮。這七種快樂神經化學物
質，會帶來各種不同的愉悅感，對健康也有很多助益。

大腦很神奇，可以做質量與能量轉換

　　大腦在許多層面運作，其中之一是電磁。我們可以用測量能量的儀器來監控大腦的電磁活動，例如腦電圖儀或磁振造影設備。大腦活動的另一個層面是化學。歷史上最著名的一道公式，是愛因斯坦的質能守恆公式：$E = mc^2$。等號一邊的E代表「能量」，而另一邊的m則是「物質」。

　　如同物理學的大多數等式，愛因斯坦的這道等式不管正向或反向推導都成立。物質可以變成能量，能量也可以變成物質。燃燒煤炭（物質），可以創造出電力（能量）；把水（物質）加熱（能量），水就從液態變成氣態。現在的物理學家也設計出許多實驗，將光子（能量）轉變成電子（物質）。

　　腦波（能量）產生的波動，會促使神經傳導物質與荷爾蒙（物質）等分子生成或消失。一旦進入超悅大腦的狀態，腦波會發生戲劇性的變化，此時壓力的代表性腦波「β波」幾乎消失殆盡，而α波、θ波及δ波等腦波則會增加；此外，第四章提到的γ波也會出現，我們將在第六章對這個「天才腦波」的特徵有更多了解。

　　冥想會改變大腦的能量模式，從而改變大腦用來在神經元之間傳達訊號的化學物質。超悅大腦會大量製造**誘發快樂的神經傳導物質與荷爾蒙**，讓大腦沉浸在狂喜的化學物質中。

　　我們都聽過雌激素和催產素等荷爾蒙，也聽過血清素和多巴胺一類的神經傳導物質，而且知道這些都是力量強大的分子，會影響我們的情緒。不過，很少人（甚至包括神經科學家在內）了解**它們在冥想時如何協同運作**，讓冥想者的心理及情緒狀態大幅改變。

　　超悅大腦不僅僅是一種電磁狀態，也是一種化學狀態，與荷爾蒙及神經傳導物質所獨特調配的「雞尾酒」有關。這種混合物的力量是如此強大，可將大腦推送到沒有其他方式能夠到達的狂喜高潮。

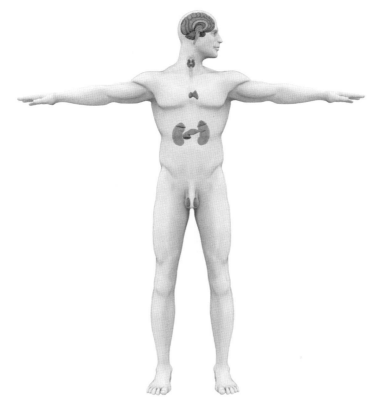

圖 5.1　內分泌腺體

　　在這一章，我們要來辨認這種雞尾酒的個別成分，並說明你應該如何做一名稱職的調酒師。你要學的是如何調配出這樣的配方，在你想要時，可以在自己的大腦中快速調配出這種創造狂喜的獨特化學物質。

　　注意，雞尾酒派對要開始了！

情緒分子的擴散能力

　　神經傳導物質與荷爾蒙都是化學信使，不過神經傳導物質是「在神經系統之內」交流，而荷爾蒙則是與「整個身體」竊竊私語。

荷爾蒙是由內分泌腺所分泌的，而內分泌腺是一種「無管腺體」（ductless glands），也就是不具有特定的導管來運送所分泌的荷爾蒙，而是直接由血液或淋巴液運送到身體各處來傳遞訊息。這些荷爾蒙原本的生化設計，就是能迅速擴散到全身細胞。想像一下，拿一根裝有黑色墨汁的吸管，然後把一滴墨汁滴進一杯水中，很快的，墨汁會在水中擴散開來。同樣的，荷爾蒙也能在幾秒內就與全身的細胞溝通。

圖 5.2　墨汁在幾秒內就能完全擴散開來

荷爾蒙可以作用在遠離腺體的細胞。想像一下，你的老闆突然對你大吼大叫，讓你壓力陡然上升。位於腎臟上方的腎上腺會立即製造皮質醇和腎上腺素，不到五秒鐘，你的心跳就會加快、呼吸變淺，這是因為壓力荷爾蒙可以作用在遠處的器官。

但神經傳導物質不一樣，它們原本的生化設計沒有打算要穿越這麼長的距離，它們只會在突觸之間或是神經元間隙之間的微小距離移動。

神經傳導物質的作用非常快，只需要幾毫秒；而荷爾蒙的影響可以

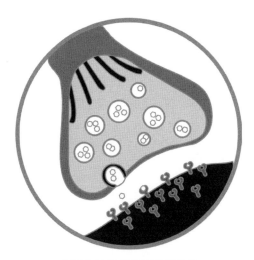

圖 5.3　突觸內的神經傳導物質分子

從幾秒鐘延長到數天。神經傳導物質、荷爾蒙，再加上免疫系統的成分，會一起調節戰或逃反應。

　　一般人最常聽到的神經傳導物質是血清素、多巴胺、正腎上腺素、乙醯膽鹼（acetylcholine）、麩胺酸（glutamate）及 γ- 氨基丁酸（GABA）。每一種神經傳導物質都會在目標神經元上找到相匹配的受體，就像把鑰

圖 5.4　分子與受體之間的對應關係，就像鑰匙與鎖頭。

匙插進鎖頭一樣。

　　有些神經傳導物質是興奮性的，會**增加**目標神經元的活性。有些神經傳導物質是抑制性的，意味著它們會**減少**目標神經元的活性。麩胺酸是主要的興奮性神經傳導物質，而 GABA 則是主要的抑制性神經傳導物質，俗稱「大腦本身的煩寧（Valium）*」。

　　儘管神經傳導物質的效果非常顯著，分子結構卻非常簡單。人體存在著非常多種神經傳導物質，而且只需要幾個步驟就能製造出來，這使得它們在任何時候都能作用於神經系統，並在幾秒內就能合成完畢。

血清素，一種被誤用的神經傳導物質

　　一九五二年，二十五歲的生物化學家貝蒂‧托瓦洛格（Betty Twarog）在哈佛實驗室內有驚人的發現，她還不知道這將改變醫學的發展方向並成為「抗憂鬱革命的轉捩點」。

　　托瓦洛格正在努力解決巴夫洛夫（Ivan Pavlov，著名的制約實驗「流口水的狗」就是他做的）在一九〇四年諾貝爾獎得獎演講中提出的幾個科學謎題，當時他推測是什麼原因造成消化道收縮。

　　托瓦洛格發現答案是血清素這個神經傳導物質，而當時科學界相信，人體內只有兩種神經傳導物質：乙醯膽鹼和腎上腺素。

　　亞培藥廠剛好合成了一種稱為「5- 羥基色胺」（5-hydroxy-tryptamine）的分子，為了找出它的用處，藥廠將樣本寄給了許多科學家，其中也包括托瓦洛格的導師約翰‧威爾許（John Welsh）。

---

* 編按：煩寧是商品名，學名為二氮平（Diazepam），是常見的抗焦慮藥物，可消除精神焦慮、緊張及失眠。

血清素正是身體自然生成的 5- 羥基色胺，早前就在人體的其他部位發現過。一九三五年，它在人類腸道被辨認出來，一九四八年則是在血液中被發現。血清素的名字 serotonin，是由拉丁文的 serum（水狀液體）及 tonic（藥物）加上後綴的化學字尾 in 組合而成。

出於直覺，托瓦洛格在人類大腦中尋找血清素。這與當時的科學思維背道而馳，因為那個時候科學家的普遍共識是人類和其他哺乳動物不同，而且大腦的運作完全獨立於身體之外。托瓦洛格沒有退縮，她將這些食古不化的觀點稱為「全然的心智愚昧」。

她發現血清素在人類身上發揮了神經傳導物質的功能，三年後她又在猴子、老鼠及狗的大腦中辨認出血清素。

男性主導的科學界感到與有榮焉 ?! 才怪！

托瓦洛格將她第一篇研究論文投到《細胞生理學》（*Journal of Cell Physiology*）期刊，而這份聲譽卓著的刊物不僅沒有將論文送交同儕審查，甚至還不承認收到過這篇論文。某次研討會，威爾許碰巧遇到該刊物的編輯，對方還直言不諱地告訴托瓦洛格的導師說，他不可能會請那些德高望重的審查者看一篇「沒沒無聞的女孩」所寫的論文。

一九五四年，不用受到這些外在限制的「男性」生物化學家韋恩．沃利（D. Wayne Woolley）發表了一篇論文，說明致幻劑 LSD 與血清素之間的化學相似性。他推論，大腦會以類似方式處理人造與自然生成的這兩種分子。

在這篇論文以及由其他男性科學家提出的某些論文發表之後，托瓦洛格的研究終於得以公開發表，也獲得了應有的認可。

然而，這也帶來了意想不到的後果，導致人們普遍認為，憂鬱

症和焦慮症等心理問題都是因為大腦中的化學物質失去平衡所致，因此只需要補充缺失的成分就能治療這些問題。

　　抗憂鬱藥物又稱為「選擇性血清素再吸收抑制劑」（selective serotonin reuptake inhibitors，簡稱 SSRIs）。Google 字典告訴我們，這個名稱是「一類透過增加大腦血清素濃度來發揮作用的抗憂鬱藥物」。受到前述化學物質失衡概念的影響，再加上百憂解這種強化血清素的藥物在市場上大獲成功，一個龐大的製藥產業就此誕生了。

　　在富裕國家，抗精神性藥物與抗憂鬱藥物的銷量，自一九八五年以來便成長了近五十倍，開處方藥的解決方法已經擴展到兒童與老年人身上。從二〇〇〇年代初期以來，服用三種以上精神藥物的年長美國人，人數已經增加了一倍。這個產業每年為製藥商創造了超過一百四十億美元的營收。

　　對大多數患者而言，研究顯示使用這類藥物益處不大，但副作用卻不少，包括性功能失調、冷漠、失眠、狂躁和自殺傾向等。

　　研究從未證實化學失衡理論或是其相應的概念，也就是說外源性精神藥物能否促進心理健康仍然存疑。《精神醫學時報》（*Psychiatric Times*）的主編隆納・佩斯（Ronald Pies）醫師宣稱：「『化學物質失衡』的傳說，應該被扔進無知與惡意嘲諷的垃圾桶了。」

　　心理治療師蓋瑞・葛林伯格（Gary Greenberg）是《製造憂鬱症：一個現代疾病的祕密歷史》（*Manufacturing Depression: The Secret History of a Modern Disease*）一書的作者，他更進一步指出，心理學這個專業患了「物理嫉妒」（physics envy）*的毛病，「在沒有實際科學依據」下，只採用《精神疾病診斷與統計手冊》（*Diagnostic and Statistical*

Manual of Mental Disorders）將精神障礙定調為疾病。

　　研究**確實**指出，血清素、多巴胺和 γ- 氨基丁酸（GABA）等神經傳導物質與情緒有關，但這種關係不是像正比或反比那樣簡單，不是濃度越高越好、越少越差，也不是反過來。更能夠影響情緒與幸福感的，是這些神經傳導物質的「比例」，這就是為什麼我會用化學物質雞尾酒來比喻。

　　此外，數十年來對女性的偏見也一直在阻礙科學的發展。

　　二〇二〇年的全球疫情，只是由冠狀病毒毒株引發的其中一種傳染病而已。這類病毒有數百種，其中七種已知會傳染人類。二〇〇二年，SARS（嚴重急性呼吸道症候群）冠狀病毒上了新聞頭條，二〇一二年則是 MERS（中東呼吸症候群冠狀病毒感染症）。

　　第一個發現冠狀病毒的，就是一個女性病毒學家。一九六四年，任職於倫敦聖湯瑪斯醫院（St Thomas' Hospital）的瓊・阿爾梅達（June Almeida），在電子顯微鏡下辨認出來第一種人類冠狀病毒。然而，即便她在電子顯微鏡領域風頭正健、表現不俗，她投稿的醫學期刊還是拒絕刊登她的論文，「因為審查委員說她提供的病毒圖，只是照片拍壞的感冒病毒粒子」。就像貝蒂・托瓦洛格一樣，瓊・阿爾梅達的這個發現，重要性最後還是得到了認可。

　　儘管神經傳導物質與荷爾蒙的衍生方式並不相同，但有些分子卻能同時扮演兩種角色，正腎上腺素（norepinephrine，或稱去甲腎上腺素）就是其中一個例子。腎上腺能夠將正腎上腺素釋出到血液中當作荷爾蒙，而神經系統則能將它釋出到突觸中，作為神經傳導物質。

---

* 編按：物理嫉妒是指很多專業領域都希望能像物理學一樣，最後能簡單地使用數字及模型來得到合理解釋，就像牛頓定律那樣，只要套用公式就能得到標準結果或反應。

荷爾蒙比例與老化的關係

許多荷爾蒙的名字是大家耳熟能詳的，比如睪固酮是什麼、有什麼作用、從男性身體的什麼地方分泌出來，一般人多少都知道一點。女性身上也有睪固酮，只不過是由腎上腺和卵巢所分泌。

由腎上腺分泌的其他荷爾蒙，還包括皮質醇、腎上腺素、DHEA 及正腎上腺素。DHEA 是身體最常見的荷爾蒙，和細胞再生及通訊有關。它的全名是讓人舌頭打結的「脫氫異雄固酮」（dehydroepiandrosterone），你需要有博士學位才能念得出來它的原文，所以我們會繼續使用 DHEA 這個縮寫簡稱。

在我的演講中，我經常把 DHEA 稱為「青春荷爾蒙」，因為它與許多有益的抗衰老功效有關，包括增加肌肉量、改善骨質密度、減少皮膚皺紋等。相反的，DHEA 缺乏則與癌症、糖尿病、心臟病、肥胖及其他疾病有關。

DHEA 的分子結構和皮質醇非常類似，儘管它們在人體內會造成完全相反的反應。就像神經傳導物質一樣，**比例**往往比身體分泌的**絕對數量**更重要。透過降低壓力的簡單練習可以改變荷爾蒙比例，例如 EFT 敲打與冥想。你的抗衰老療程可以全權交給自己，關鍵就在於你的意識。

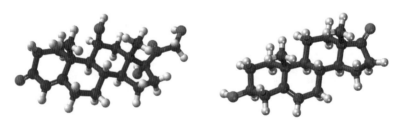

圖 5.5　皮質醇和脫氫異雄固酮（DHEA）的分子結構非常類似

鴉片與流浪狗

德國藥劑師澤爾蒂爾納（Friedrich Wilhelm Adam Sertürner）生於一七八三年，在六個小孩中排行第四。雙親過世後，他在德國小鎮帕特伯恩（Paderborn）擔任藥劑師助手。

一八〇〇年代初期，他對鴉片的藥用功效產生了興趣；鴉片是當時醫師廣泛使用的止痛藥及安眠藥。

澤爾蒂爾納非常好奇罌粟中到底有哪些活性成分，於是他用流浪狗和自己的身體做實驗，最終從罌粟的樹脂中分離出一種生物鹼分子。他將這種化合物以希臘神話的夢神名字 Morpheus 命名為「嗎啡」（morphine）。一八〇三年，他公開發表自己的發現，並在一八一七年提出更完整的描述。

隨著皮下注射器針頭在一八五三年問世，嗎啡有了這個相當有效的媒介後，就開始直接輸送到人類的循環系統中。

不過，醫師很快就意識到嗎啡的成癮性。一九一四年，美國國會通過了《哈里森麻醉品法》（Harrison Narcotics Act）來規範成癮性物質的生產與供銷，這個法案是後來一九七一年「管制物質法」（Controlled Substances Act）的前身。

外源性與內源性化學物質

這種由體內化學物質構成的雞尾酒，時時刻刻都在我們身體裡合成。例如，腦內啡是一個有鎮痛效果的神經傳導物質，當大腦製造出更多的腦內啡，就會阻斷疼痛的感覺。

許多藥物都是「模擬人體天然化學物質的作用」而研發出來的，嗎啡就是其中之一。嗎啡可以讓疼痛感覺變遲鈍，模擬的是大腦天然分泌的腦內啡分子。

腦內啡是內源性或內生性的（endogenous），意思是指由人體所生產的；而嗎啡則是外源性或外生性的（exogenous）。事實上，這些醫學術語只是內在或外在一種更有學問的說法而已。像止痛藥一類的神經化學物質，我們可以從自己的大腦和身體取得，也可以從藥廠所生產的藥物取得。

鴉片類藥物、酒精、嗎啡及處方藥等外源性分子之所以有效，是因為它們與身體所製造的內源性分子有相同的受體位置。

每種分子就像一把鑰匙，可以插入相對應的鎖頭。它們或許與內源性分子不是一模一樣，但是足夠接近到能夠與受體搭配，從而啟動相同的生理反應。

四氫大麻酚（tetrahydrocannabinol，簡稱 THC）是大麻中的活性成分，正是以這種方式發揮作用。在這一章中，會說明 THC 如何模仿大麻素的運作方式，而大麻素正是大腦的內源性神經傳導物質，被稱為極樂分子或幸福分子。

大腦不僅能合成自己專屬的 THC，還能運用意識來生成可以改變心情的分子，作用就像古柯鹼、MDMA（俗稱搖頭丸）、嗎啡、死藤水（ayahuasca）、裸蓋菇鹼（psilocybin，俗稱神奇蘑菇）和酒精一樣。

這些神奇的神經傳導物質可以一次都獲得！本章所介紹的驚人研究，將會告訴你如何獲得真正的快樂。

酒精是全世界最流行的合法毒品，它會觸發 GABA 這種抑制性神經傳導物質的釋放，同時還會抑制麩胺酸這種興奮性神經傳導物質的作用。這樣的組合很快就會創造出一種快感，也就是喝酒後會產生的「飄飄然」感覺。

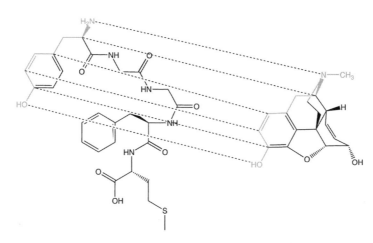

圖 5.6　嗎啡（圖右）之所以有效，是因為其分子結構類似內源性鴉片類分子（圖左），讓它能夠與相同的受體鎖頭契合。

其他會刺激神經傳導物質 GABA 釋放的藥物，包括肌肉鬆弛劑和苯二氮平類藥物（benzodiazepines）。前者最暢銷的藥品是「卡利索普杜」（carisoprodol），以吸引人的商品名「舒肌痛」（Soma）上市。

商品名贊安諾（Xanax）和二氮平／煩寧（Valium），則是最暢銷的苯二氮平類藥物。

酒精也會增加血清素，大量飲用時還會增加 β 腦內啡（beta-endorphin），這是最強效的止痛劑之一。

幾杯下肚後，喝醉酒的人會老實說道：「我感覺不到痛。」海洛因及鴉片類處方藥的受體，與 β 腦內啡等內源性腦內啡一樣。古柯鹼會觸發多巴胺的神經傳導物質系統，而尼古丁則是經由乙醯膽鹼這個神經傳導物質來發揮作用。

所以，全部這些外源性分子之所以能讓我們感覺良好，正是因為它們模擬了帶來美好感受的那些內源性分子的行為。

通往七重天堂的兩條道路

　　科斯特羅醫師問道：「你為什麼來這裡？」她的棕色眼睛在手術帽下閃耀著智慧的光芒。

　　「為了給予並領受愛！為了時時刻刻以開闊的心與開放的心智來和宇宙連結！」我真誠地回答。

　　她看起來嚇了一跳。那是塔布斯大火發生後幾週，我正在做術前準備，要治療我在火災後因為肌肉拉傷而引發的腹股溝疝氣。我很幸運找到了一個很棒的外科醫師——史都華醫師，他剛剛不厭其煩地為我複習修復手術的細節；而科斯特羅是麻醉醫師。我猜她問我的問題，是為了確保醫院為每個患者提供了正確的治療方法。如果你來醫院是做白內障手術，卻錯誤地接受了膝關節置換手術，那問題就大了。因此，她才會問我是為了什麼來醫院。

　　當她從驚訝中緩過神來，正要開口駁斥我的輕浮時，我搶在她前面說道：「我來這裡是為了做右側腹股溝疝氣修復手術。妳能告訴我，要用什麼麻醉劑嗎？」

　　她回答說：「這會讓你的感覺非常非常好。」她一邊說一邊調整點滴。

　　確實如此。沒幾分鐘，我就在幸福的汪洋中昏迷過去了。五個小時後，我成功完成手術，出院回了家。

　　我沒想到的是，手術後我的感覺還是那麼好。直到那天傍晚，我還漂浮在幸福的海洋上，一直到上床睡覺。第二天一早我醒過來時，還感覺到異常快樂。不過，克莉絲汀開始擔心了。我完全感覺不到傷口的疼痛，真的太好了。但是老實說，進入七重天堂的感

覺，還是不太正常。

第三天，藥效終於消失了，疼痛開始來襲。我回到地球了。

　　現在，我終於明白人們為何會對鴉片類藥物成癮了。那種飛到天堂的幸福感，只要吞下一顆藥丸就能擁有。這是我有生以來第一次，因為外源因素而進入超悅大腦的狀態。當然，這肯定比投入一萬個小時練習冥想要更輕鬆簡單。

　　手術過後，我的冥想也受到了影響。第三天的冥想，我是在傷口的疼痛中開始的，但是隨著腦內啡湧入大腦，疼痛消失了。我一天好幾次都處在超悅大腦的狀態，因此不需要服用醫院開立的止痛藥。我還做了EFT 敲打，肯定痊癒會如閃電般快速發生。

　　一週後，史都華醫師在檢查手術部位時，確實感到非常驚訝。不痛、超級快速的復原，大腦製造的藥物就是這麼強大！

大腦製造的七種快樂神經化學物質

　　第四章指出，在我們冥想時，腦波（神經活動的指標）會出現明顯的變化。壓力誘發的 β 波，振幅會下降；而有療癒效果的 θ 波會增加，促進連結的 δ 波也會增加。γ 波是頻率最高的腦波，它會「凌駕在」大量的 δ 波上面，於是我們會開始大量製造 γ 波這種「天才腦波」。冥想會訓練大腦，在 β 波和 γ 波這些意識與超意識頻率之間，以及在 θ 波與 δ 波這些潛意識及無意識頻率之間，搭建起一座「α 波之橋」。

　　就像充滿壓力的 β 波與壓力荷爾蒙皮質醇的增加有關，同樣的，其他腦波也關係到荷爾蒙與神經傳導物質的變化；而超悅大腦的狀態，則

會觸發狂喜化學物質的分泌與釋出，至今科學家已經辨認出至少七種這
一類的化學物質。

多巴胺：讓你產生動機的神經傳導物質

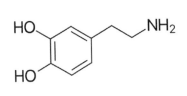

圖 5.7　多巴胺：讓你產生動機的分子

接下來，我們將逐一檢視這七種化學物質。個別來看，它們都會讓
我們感覺良好。不過，在冥想的心流狀態下，會產生的是由這些化學物
質所調製的「雞尾酒」，這樣的綜合口味能夠將大腦傳送到如入化境的
極樂之地。

大腦釋出多巴胺，是「獎勵系統」的一部分，這種情形就像學童答
對問題而得到一支棒棒糖一樣。正確答案＝棒棒糖，錯誤答案＝沒有棒
棒糖。多巴胺連結的腦波是 θ 波。

大腦有兩個部位和多巴胺獎勵系統有密切關係：腦幹附近的中腦背
蓋部（tegmentum）及依核。我們曾在第三章討論過依核，它和獎勵與
動機有關，有些科學家認為它是邊緣系統這個情緒及學習中心的一部分。

快感會觸發中腦背蓋部的神經元，讓它釋出多巴胺。這樣的快感可
能有多種不同形式，包括內在或外在、情緒性或生理性。例如，性愛的
強大快感就會刺激多巴胺的分泌，即便只是性幻想，也會活化多巴胺獎
勵系統。同樣的，光是**預期**會得到其他類型的愉悅感，例如實際的金錢

獎勵，也會活化多巴胺路徑。

　　酒精、海洛因及古柯鹼等能夠改變心智狀態的物質，都會刺激依核分泌多巴胺。成癮者即使只是**想像**嗑藥的快感，都會讓多巴胺開始作用。在快感和獎勵光譜的另一端，慢性疼痛或慢性壓力則會消耗多巴胺的濃度。

　　史丹佛大學生物學與神經學教授羅伯‧薩波斯基（Robert M. Sapolsky）是《行為：暴力、競爭、利他，人類行為背後的生物學》（*Behave: The Biology of Humans at Our Best and Worst*）這本出色作品的作者，他描述多巴胺的特殊性質：「多巴胺不僅與預期獲得獎勵有關，它還會推動目標導向的行為來獲得獎勵……換句話說，多巴胺所帶來的快樂不是獲得獎勵，而是追逐獎勵的過程。」

血清素：自我感覺良好的神經傳導物質

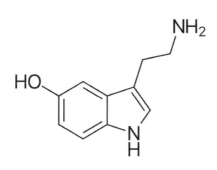

圖 5.8　血清素：讓你產生滿足感的分子

　　大部分的血清素都產生自腦幹中一個稱為「縫核」（raphe nucleus）的部位。血清素製造出來後，就會被送到依核、中腦背蓋部、杏仁核及前額葉皮質，並在這些部位與多巴胺合作，強化目標導向的行為。用多巴胺來激勵自己，達成某個目標，你就會獲得大量能夠帶來自我感覺良好的化學物質，也就是血清素。

　　高濃度的血清素與身心的幸福感有關。相反的，血清素濃度低則會產生不同程度的身心症狀，例如想法和行為更偏激、易怒、沮喪、衝動，甚至情緒會糟糕到自殺這種地步。目前已發現血清素與腦波中的α波有關，而且也被認為可以調節α波與θ波、δ波這兩個最低頻率腦波之間的比例。在這裡，我們再次看到重要的是**比例**而不是**絕對數量**。

　　早在貝蒂・托瓦洛格於一九五二年發現血清素之前，人們就在尋找著血清素帶來的愉悅感。血清素的化學結構與裸蓋菇鹼類似，而後者是誘發快感與幻覺的迷幻類化合物。裸蓋菇鹼存在於兩百多種蘑菇之中，因此有神奇蘑菇或迷幻蘑菇的俗稱。

神奇蘑菇的穿越時空之旅

　　數千年來，人類一直在使用蘑菇來獲得快感，模擬著血清素這個神經傳導物質的作用。

圖 5.9　馬雅人的蘑菇雕像

　　最早的證據可以上溯至九千年前，那個時期非洲北部的岩石壁畫中就出現了蘑菇，並被視為一種「聖藥」。在鄰近的西班牙，史前考古遺址塞爾瓦‧帕斯夸拉（Selva Pascuala）的岩石壁畫上也出現了一整排蘑菇。

　　在遙遠的南美洲，馬雅人和阿茲特克人很可能都使用了迷幻蘑菇。阿茲特克語的 teonanácat 這個字可以翻譯為「眾神之肉」，被認為是指神聖儀式中使用的迷幻蘑菇。在墨西哥境內發現的一尊一千八百年歷史的雕像，看起來酷似裸蓋菇屬（Psilocybe）的蘑菇。

　　蘑菇也出現在其他文化的藝術作品中，大約西元前四六〇年的一座古希臘大理石墳墓的裝飾上，描繪了兩個垂著頭的女人，她們擺出親密的姿勢，兩人手中都拿著類似蘑菇的植物。

　　直到一九五〇年代晚期，西方世界才發現了裸蓋菇鹼。銀行家及業餘真菌學家高登‧華生（Gordon Wasson）前往墨西哥旅行時，

圖 5.10　古希臘大理石墳墓裝飾，位於現今塞薩利區（Thessaly）南部的法爾薩拉市（Pharsalos）。

和妻子瓦倫蒂娜認識了馬薩特克族（Mazatec）的女巫醫瑪麗亞・薩比娜（María Sabina），她跟這對夫妻分享神聖蘑菇的祕密與經驗。華生後來把這段經歷寫成了一篇報導〈尋找神奇蘑菇〉，並被《生活》（*Life*）雜誌所採用。

　　一九五七年的這篇文章引起了轟動，華生寫道：「蘑菇能讓你看見的，比瀕死者的凡人眼睛所看到的更清晰；那是超越此生視野的景象，在時間中穿梭，進入其他的存在層次，甚至（套用印第安人的話）能見識到神。」

　　當這種血清素的替代物湧進你的大腦時，一波波的狂潮可能會將你一路沖上天堂。難怪從石器時代的非洲人到現代的靈遊者*（trippers），都非常珍視這種強效興奮劑。

　　正腎上腺素對大腦的作用之一就是**增強注意力**。正如先前提過的，正腎上腺素既是神經傳導物質，也是一種荷爾蒙。當我們感受到壓力並啟動戰或逃反應時，大腦就會製造大量的正腎上腺素，進而觸發焦慮。

　　不過，正腎上腺素持續且適度的分泌也可以產生有益的結果，也就是提升注意力或甚至是飄飄然的欣快感，而冥想已經證實可以讓大腦釋出更多的正腎上腺素。劑量適中的正腎上腺素也與 β 波減少有關。

正腎上腺素：讓人清醒的神經傳導物質

　　注意這裡出現了一個弔詭之處。正腎上腺素既然跟焦慮、注意力有關，那麼要怎樣做，才能有足夠的份量來維持清醒，但又不會多到引發

---

* 譯註：指使用啟靈物質獲得靈性經驗的人。

圖 5.11　正腎上腺素：讓你清醒的分子

壓力呢？

　　關鍵就是臣服。

　　《盜火》一書的共同作者史蒂芬‧科特勒說過，像正腎上腺素這種與壓力相關的神經化學物質，其實會讓大腦為進入心流狀態做好準備。一開始，冥想者會因為猴子般的心而備感挫折。但是，假如他能夠臣服，儘管預設模式網絡仍會在一旁喋喋不休地自言自語，他還是能夠進入心流的下一個狀態，也就是專注。現在的他已經駭入自己的生理系統，把分心的負面經驗拿來當作進入心流狀態的跳板。

　　雖然正腎上腺素的分子結構與它的近親「腎上腺素」很類似，但腎上腺素會作用在身體的不同部位，而正腎上腺素只作用於動脈。如果大腦中同時出現多巴胺及正腎上腺素這兩種神經傳導物質，會強化注意力，而當注意力變敏銳時，感知能力也會跟著增強。

　　保持警覺是大腦注意力迴路的一個關鍵功能，這會讓你專注於冥想的對象，並且反制走神分心，同時還能防止你昏昏欲睡。在冥想中昏昏欲睡，可以說是冥想者的通病。這是因為少了提高警覺性的正腎上腺素來提供平衡，像血清素和褪黑激素這一類令人身心愉悅的神經傳導物質（褪黑激素是由血清素合成而來），就會讓你放鬆地進入睡眠狀態。同樣的，關鍵是比例而不是絕對數量。

催產素：擁抱荷爾蒙

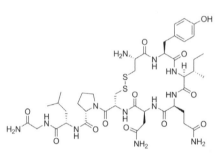

圖 5.12　催產素：喜歡親密擁抱的分子

　　下視丘是大腦邊緣系統的一部分，催產素就是由下視丘產生。一旦被活化，下視丘的神經元就會刺激腦下垂體將催產素釋出到血液中。所以，即使催產素是在大腦中製造，也會對身體產生影響，這也讓它成為人體的荷爾蒙之一。催產素是一組稱為神經肽（neuropeptide）的小蛋白質分子之一，而和神經肽關係密切的是抗利尿激素或升壓素（vaso-pressin）。所有的哺乳動物都會生產這些不同種類的神經肽。

　　催產素有助於維繫情感紐帶，母愛及渴望親密關係都是催產素在發揮作用，也讓女性身體為分娩與哺乳做好準備。身體接觸及情緒上的親密感都會促使催產素分泌，催產素還會促進群體成員之間的慷慨、寬大及信任。

　　催產素這種荷爾蒙與長且緩慢的 δ 波有關。有研究人員將受試者連接到腦電圖設備並發現，觸摸會刺激 δ 波大量產生，而且皮膚的某些部位會更加敏感，其中效果最大的是輕拍臉頰（就像我們在 EFT 敲打所做的那樣），這會讓 δ 波增加八倍之多。

　　剛進入熱戀期的情侶會產生大量的催產素，因此他們會經常碰觸彼

圖 5.13　剛進入熱戀期的情侶會製造大量的催產素

此及做愛。催產素的濃度也與男性勃起能力有關，可以說，這是一種很容易讓人上癮的荷爾蒙。

　　社交也會讓催產素大量分泌。我的妻子克莉絲汀每週二都會與她的「藝術家族」一起畫畫，透過壓克力顏料、畫布、茶飲及催產素緊密連結在一起。一群嘰嘰喳喳的青少女是一間名副其實的催產素工廠，而不管是聚在酒吧裡玩桌球的地獄天使機車幫、教會的讀經班，或甚至是「超不像動物標本」（Badly Stuffed Animals）的臉書社團（有一萬多名成員），這一類能夠創造歸屬感的活動都會促進催產素的合成。

性高潮的大腦

　　透過功能性磁振造影及正子掃描等現代技術，可以看到性高潮時，大腦究竟發生了什麼。

這勾勒出了一幅豐富的圖像，顯示大腦哪些部位是活躍的、哪些部位是關閉的，以及在每個過程中出現了哪些荷爾蒙。以下就是研究人員的發現：

- 做愛時，你的思維腦會離線。具體來說，側眼窩額葉皮質（lateral orbitofrontal cortex）——大腦中調節決策、推理及價值判斷的部位——會關閉，並帶走恐懼和焦慮。
- 性高潮時，活躍的腦區包括下視丘（催產素的製造者）、視丘（整合觸覺、動作及性欲）及黑質（多巴胺的製造者）。
- 多巴胺、催產素及泌乳素會伴隨著性高潮釋出。催產素能激發親密感，而泌乳素能讓人們在性高潮後感受到滿足，也能調節產後婦女的泌乳量。
- 在做愛過程中，男性和女性的大腦都會受到催產素的影響，不過女性會在性高潮後繼續釋出催產素。這可能就是女性在做愛後喜歡擁抱的原因。
- 性高潮之後，大腦會分泌血清素來促進放鬆。由於血清素是掌管睡眠的神經傳導物質「褪黑激素」的近親，這或許可以解釋為什麼很多男人會在做愛後睡著。
- 大腦被性高潮刺激的方式，跟你聽喜歡的音樂、吸毒、喝酒或賭博時大腦被活化的方式大同小異，都會啟動同樣的獎勵路徑。
- 性高潮會增加大腦的血流量，有助於大腦保持健康。
- 由於神經可塑性，讓大腦能夠在性器官之外創造達到性高潮的全新路徑。例如，腰部以下癱瘓的人，可以透過刺激身體的其他部位（比如手臂皮膚）來體驗性高潮。

　　觸摸會促進催產素的分泌，這不只能讓人感覺良好，還能默默地為身體帶來全面性的療癒效果。麩胺酸是一種興奮性的神經傳導物質，而催產素能讓它失去活性，從而讓你感覺更平靜，情緒更平衡。催產素還會刺激一氧化氮釋出到血管中，改善血液循環。

　　為了測試催產素對身體的影響，一組研究人員為三十四對夫婦進行心理與生理檢測，把他們隨機分成實驗組與對照組，對照組被要求每天記錄心情和身體的親密行為。

　　實驗組則被要求學習一種稱為「聆聽之觸」（listening touch）的技巧，透過觸摸伴侶的頸部、肩膀和手來調節伴侶的情緒。練習聆聽之觸時，夫婦兩人必須背對背或面對面，彼此交替為對方做「聆聽之觸」。實驗組在家練習了四週，每週三次，每次三十分鐘，接著回到實驗室做第二次測試。

　　研究人員發現，如同原先預期的，觸摸會促進催產素分泌，而且隨著這種荷爾蒙流經丈夫的血管後，還會觸發一氧化氮釋出，從而降低血壓，這種有益的效果可以持續一整天。

　　催產素甚至可以創造跨物種的情感連結。一項研究指出，當人狗互動時，這兩個不同物種都會分泌催產素；而且當他們充滿感情地彼此注視時，濃度還會升高，就跟陷入愛河的人類情侶一樣。凝視越久，催產素就釋出越多，從而觸發更長久的凝視。

β 腦內啡：天然的止痛藥

　　腦下垂體會產生一種稱為 β 腦內啡的神經肽及強力止痛藥。腦內啡會與大腦內的鴉片受體結合，減輕或阻斷我們對疼痛的感知；人工生產的嗎啡及可待因（codeine）也是以相同的方式發揮作用。與腦內啡有關的腦波是 α 波與 θ 波。

　　研究發現，如果直接將 β 腦內啡注射到大腦，其止痛效果比嗎啡強

圖 5.14　β 腦內啡：幫你止痛的分子

十七倍。另一項研究結果則顯示，靜脈注射 β 腦內啡，其止痛效果是原來的三倍。由此可知，β 腦內啡是非常強效的止痛劑，而生產這種止痛劑的那個聰明藥廠就是你的神經元有限公司。

大麻素：快樂與幸福分子

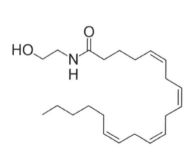

圖 5.15　大麻素：你的極樂分子

　　大麻素是公認的快樂化學物質，也被稱為「大腦的大麻」、極樂分子或幸福分子。研究已經證明，大麻素參與了愉悅和動機的神經生成。在下文中，會更深入介紹大麻素與內源性大麻素系統。

與大麻素密切相關的腦波是高振幅 θ 波及突然爆發的 γ 波（參見第四章）。在資深冥想者身上，γ 波會持續很長一段時間，我們將在第六章進一步說明。

一氧化氮：氧氣炸彈

圖 5.16　一氧化氮：你的能量分子

一氧化氮既是自由基也是氣體，是身體從食物中攝取的植物硝酸鹽及維生素 C 等抗氧化物所製造出來的；千萬不要與俗稱「笑氣」的一氧化二氮搞混了。

在談到影響大腦的許多物質時，一氧化氮的重要性在於它能夠提高大腦的神經可塑性。這是因為它會強化進入體運動皮質（somatomotor cortex）的氧氣流量，而體運動皮質這個大腦部位對學習與記憶非常重要。

儘管大多數的自由基都對健康有害，但是正常濃度的一氧化氮不會。一氧化氮的許多好處中，包括促進正常血壓、防止心臟病發作、強化免疫功能、抗菌及抑制發炎、維持體液平衡，以及預防糖尿病。與一氧化氮有關的腦波是 α 波。

腦波與神經傳導物質的關係

你不用刻意去記住這些分子的細節，只需要了解大腦的能量變化與這一類「情緒分子」（包括荷爾蒙及神經傳導物質）的物質有關。物質－能量轉換的這個過程非常複雜，而且我寫這本書的用意也不是要在生物化學上做出哪些決定性的聲明；事實上，這本書要提供的是一般性的經驗法則及入門指南，而不是像教科書一樣的鉅細靡遺。

圖 5.17 的表格簡單羅列了大腦中以腦波形式出現的能量流動，以及伴隨出現的各種不同化學物質。

腦波	神經傳導物質
γ 波（Gamma）	大麻素
β 波（Beta）	皮質醇、正腎上腺素
α 波（Alpha）	一氧化氮、腦內啡、血清素
θ 波（Theta）	多巴胺
δ 波（Delta）	催產素

圖 5.17　腦波與相關的神經傳導物質

天然的最好，身體也有違禁品

大麻素是一種精神作用性化合物，既能提供醫療益處，也能帶來快感。植物來源的大麻類物質，例如四氫大麻酚（THC）這種活性物質，就是在大麻植株中發現的植物性大麻素。但很少人知道，我們的身體也會自然生成大麻素，這些精神活性物質特別稱為「內源性大麻素」（endocannabinoids），以便與植物來源的近親區別。

就像神經傳導物質一樣，我們的大腦中也有大麻素的專用受體，你

可以再回想一下鎖頭和鑰匙的比喻。內源性大麻素及其受體構成了所謂的內源性大麻素系統，這個系統與食欲、疼痛、發炎、睡眠、壓力、情緒、記憶、動機及獎勵有關。

　　大麻素的受體有兩種類型，分別為 CB1 及 CB2。CB1 主要位於大腦中，在基底核、小腦及海馬迴特別密集。這些腦區涉及到肢體控制、姿勢與平衡，以及學習與記憶。CB2 受體主要存在於扁桃腺和脾臟等免疫系統的組織。

　　大麻素是主要的內源性大麻類物質，會與 CB1 及 CB2 受體結合。雖然四氫大麻酚是不容易分解的強韌分子，但大麻素不是，這就是為什麼內源性的快感會很快消散，而外源性快感會持續很久。

　　人體自行生產的內源性大麻素，如果濃度過低可能會導致重度抑鬱、廣泛性焦慮症、創傷後壓力症候群、多發性硬化症、注意力不足過動症、帕金森氏症、纖維肌痛以及睡眠障礙等。

　　活化自己的內源性大麻素系統對健康有許多好處，包括：

- 壓力管理
- 減輕焦慮
- 增加樂觀情緒
- 改善注意力
- 降低過動情況
- 皮質醇濃度降低
- 加厚神經細胞周圍的髓磷脂絕緣體
- 降低杏仁核活性（杏仁核掌管恐懼與焦慮等負面情緒）

- 改善睡眠
- 降低衝動
- 改善心情
- 降低發炎
- 緩解頭痛
- 促進神經元生成

　　強化內源性大麻素系統的方法，包括多吃蔬菜和水果，蔬果中的類黃酮可以減緩大麻素的分解；而特別有效的內源性大麻素增強劑，則有

橄欖油（能上調 CB1 受體的表現）、綠茶（活化大麻素受體）、益生菌（刺激內源性大麻素系統）、黑巧克力（含有大麻素），以及富含 omega-3 脂肪酸的食物（能上調 CB1 及 CB2 受體的表現）。

內源性大麻素系統也會因為你的個人行為而被強化，包括降低壓力（能上調 CB1 受體的表現）、運動（活化內源性大麻素系統）以及深度冥想（提高大麻素濃度）。

除了冥想，提高大麻素濃度還有一個最有趣的方法：觸摸。情感連結及身體的親密接觸都會促使催產素分泌，在一系列引人入勝的實驗中，加州大學爾灣分校的魏東（Don Wei，音譯）和同事證實，催產素會刺激大麻素釋出。此外，社交行為還會活化催產素並發出訊號給大麻素，這真是一筆划算的交易，兩種令人愉悅的神經化學物質買一送一！

發現大腦的狂喜分子

捷克分析化學家魯米爾‧黑尼斯（Lumír Hanuš）博士，先後在故鄉及美國的國家衛生研究院針對大麻療效做過多年研究，一九九〇年代初期，他接獲來自以色列一個研究團隊的邀請，最後改變了神經科學的發展。

拉斐爾‧梅喬勒姆（Raphael Mechoulam）教授是全世界研究大麻類物質的頂尖專家，他邀請黑尼斯加入以色列希伯來大學的研究團隊，一起針對大麻這種植物進行前所未有的開創性研究。在此之前，梅喬勒姆已經從大麻植株中分離出四氫大麻酚，這是大麻中一種會誘發快感的活性成分。

黑尼斯原本計畫只在耶路撒冷停留一年，但後來卻永遠留在了

那裡。研究團隊成員還包括來自美國的分子藥理學專家威廉·德瓦內（William Devane），他是大腦內部大麻素受體的發現者。

黑尼斯還以為他的任務就是繼續研究大麻這種植物的醫療作用，但梅喬勒姆教授告訴他，他的新目標是找出大腦中能與大麻素受體結合的配體（ligand）或分子。

黑尼斯回想道：「他告訴我這件事時，我幾乎腿軟到站不住。我對自己說：『這簡直是大海撈針，完全不可能。』不過，研究還是開始了，緊鑼密鼓地做了整整一年。」梅喬勒姆還提出了一個關鍵問題：為什麼從大麻植株萃取出來的分子會對人類有影響？畢竟，動植物早在數百萬年前就已經分道揚鑣了。

合乎邏輯的答案是，人體內必定有一種非常類似的分子，而且一定也有相對應的配體可以解讀這種分子。

就在一年停留期快到的一九九二年三月二十四日，黑尼斯和德瓦內在茫茫大海裡找到了那根針：首度在人類大腦裡找到內源性大麻類物質。德瓦內稱它為大麻素（anandamide），源自梵文的 ananda，意思是「喜悅」或「狂喜」。

要得到對的答案，你必須問對問題。雖然一開始，黑尼斯認為要找到單一分子就像大海撈針一樣，但梅喬勒姆提出的問題非常精準，因此只用了一年就找到了。

大麻素的發現是腦科學的一個里程碑，這表示「大腦可以製造出與精神藥物幾乎完全相同的分子」。無論是內源性分子或是外源性藥物，兩者都是透過「同一個分子傳輸系統」來發生作用。

隨後，大麻素受體也在大腦以外的身體部位被發現。這些發現還表

明，藥物之所以能發揮作用，正是因為它們與內源性分子十分相似；更**證明神祕主義者所描述的揚升情緒並不僅僅是主觀的幻想**；而是奠基於客觀的分子相互作用，是可以測量得到並量化的。

來一杯超悅身心的神奇配方

研究顯示，七種快樂神經化學物質，每一種都與冥想有關。針對研究文獻所做的回顧及綜述發現，冥想者的血清素、GABA、抗利尿激素及褪黑激素都增加了，其中多巴胺的濃度還上升了 56%。

此外，與壓力有關的皮質醇降低了，而正腎上腺素也減少到能讓人集中注意力卻不產生焦慮的濃度。同時，大腦分泌 β 腦內啡的節奏改變了，而催產素的增加則促使依核合成大麻素。

許多研究都顯示，冥想會促進一氧化氮的生產，為冥想者提供有益健康的好處，包括促進血液循環及神經可塑性。一氧化氮的釋出與大麻素息息相關，因此冥想與其他紓壓活動或許能一起刺激這兩者的合成。

大麻素可以改善認知功能、動機、學習及記憶，而掌管這些相關功能的大腦部位也會因為大麻素而觸發神經元生長。快樂的大腦更有利於學習，冥想會透過增強的神經可塑性來將良好感覺的體驗刻印到大腦硬體。大麻素還能減輕焦慮和抑鬱，促進與他人的親密和連結。

科學文獻指出，冥想可以增加催產素的分泌。正如我們先前提到的，催產素會觸發一氧化氮及大麻素的分泌，如此一來，冥想者就多了三種令人愉悅的大腦化學物質。

這七種快樂神經化學物質，會帶來各種不同的愉悅感，透過一些活動的刺激可以讓它們釋出。但這些活動只會讓你得到其中一種或兩種神經化學物質，想要一次「七種全拿」非常不容易。

比如說，渴望多巴胺來得到滿足的成癮者，在吞下藥丸後，大量的

圖 5.18　要讓最令人愉悅的所有神經化學物質能夠一次湧進大腦的唯一方式，就是在深度冥想時出現狂喜的心流狀態（參見書末全彩照片）。

多巴胺會淹沒基底核；但與此同時，通常由正腎上腺素提供的警醒性卻會變得遲鈍。滑翔翼玩家從瑞士的少女峰往下跳時，全身都能感受到腎上腺素帶來的快感，卻少了血清素這種「幸福荷爾蒙」帶來的安定、平靜及滿足感。

　　母親擁抱著蹣跚學步的孩子時，會分泌大量的催產素，卻無法同時獲得多巴胺的激勵作用。舉重選手在進行高強度間歇訓練時，會因為極端運動而體驗到「一氧化氮爆量」的愉悅感，但是這樣的配方少了大量湧現、足以產生洞見的大麻素。鐵人三項選手比賽時會獲得「跑者的快感」，在 β 腦內啡湧現時忘記自己痠痛的膝蓋，但是卻沒能得到催產素帶來的連結感。

　　只有一種活動能夠刺激大腦一次就生產這七種神經化學物質，那就是進入狂喜的心流狀態，而最短的途徑就是由 α 波推動的深度冥想。當你將這所有七種化學物質調製成快樂雞尾酒，結果就是沉醉在難以言喻的欣快感中。

　　試著將這七種神奇藥物的前幾個字母組合起來：Serotonin（血清素）、

Oxytocin（催產素）、Norepinephrine（正腎上腺素）、Dopamine（多巴胺）、Anandamide（大麻素）、Nitric oxide（一氧化氮）及 Beta-endorphin（β 腦內啡）。於是，我把這種特調雞尾酒命名為 SONDAN-oBe。正是這種神奇配方，在我們的身體內以適當的比例調配，讓我們的大腦沐浴在狂喜的化學物質中。

一天一劑嗨到爆

　　冥想時，我可以感覺到這種雞尾酒中的每種藥物什麼時候開始發揮作用。首先，我會用 EFT 敲打來消除所有負面的想法、情緒和能量。

　　這會讓皮質醇濃度降低，同時抑制代表壓力的高頻 β 波。現在，我的大腦裡有了這樣的一個分子基礎，讓我能在上面打造專注的深度冥想經驗。

　　接下來，我閉上眼睛、集中注意力。隨著預期我會獲得的獎勵（由美味的荷爾蒙與神經傳導物質所調配的雞尾酒），多巴胺開始作用。我腦中的多巴胺獎勵系統啟動了，關於如何冥想的「身體智慧」——儲存在基底核（這個大腦部位會記得經常從事的行為）——上線了。這是雞尾酒的第一種成分。

　　我的思緒開始漫遊——電子郵件收信匣、早上的首場會議、昨晚看的電影真好笑、錯過截稿日期——我走神了。可惡，我離心流狀態越來越遠，皮質醇開始上升，而我冥想還不到五分鐘。在正腎上腺素的協助下，多巴胺將我再次帶回到專注狀態。我有了動機，想要超悅大腦的那種狀態，而不是沒完沒了的「小我個人秀」。於是，我重新安住於心，然後皮質醇下降，哈！我終於回來了。正腎上腺素誘發了我的注意力。這是雞尾酒的第二種成分。

　　接著，我的身體這裡那裡開始不舒服起來：右膝蓋抽痛、下背部疼

痛、空肚子咕嚕咕嚕叫。我有意識地把亂跑的心帶回去，由於成功回到同步狀態，神經元分泌了 β 腦內啡，而這可以阻斷疼痛及不適的感覺。所有的不舒服都消退了，覺得這樣待在身體裡的感覺非常美好。這是雞尾酒的第三種成分。

我一一校準指引我的每一股力量：聖母瑪利亞、觀音、療癒、堅毅、美及智慧。我想像自己在有數千名聖者的場地裡冥想。我在超悅大腦中拋掉了自己，這時帶來滿足感的血清素開始作用。這是雞尾酒的第四種成分。

我感覺和宇宙合而為一。催產素開始在身體流動，我與所有生命、萬事萬物連結在一起。這是雞尾酒的第五種成分。

最後，一氧化氮和大麻素開始釋出。這是雞尾酒的第六和第七種成

圖 5.19　狂喜的神祕體驗在歷史上相當常見。一六〇一年，文藝復興時期的畫家喬凡尼・巴里歐內（Giovanni Baglione）所畫的油畫〈聖方濟的狂喜〉（*The Ecstasy of St. Francis*，請見書末全彩圖）。

分。我乘著喜悅的雲飄離了自己的身體。

　　我看到星星、看到光，還聽到天籟般的音樂，因為血清素的類裸蓋菇鹼性質在我大腦中引發幻覺。現在，我已經在自己的大腦中調配出集合七種成分的 SONDANoBe 狂喜雞尾酒。

　　隨著更多大麻素湧入神經突觸，我全身開始因為狂喜而顫抖。十九世紀貴格會（Quakers，原意為震顫者）的神祕主義者確實名副其實，沒有妄言。當 SONDANoBe 雞尾酒席捲過我的身體和大腦時，我感受到了超悅大腦如性高潮一樣的狂喜。我可以在這樣的狀態停留二十到三十分鐘，有時還可長達一個小時。

　　在結束冥想前，我回到了自己的身體，睜開眼睛。SONDANoBe 已經改變了我的大腦，也改變了我的感知。這個世界看起來不一樣了，變得更精巧細緻，似乎充滿了無窮無盡的奇蹟。周圍的空氣煥發著生機，所有顏色都閃耀著強烈的光澤。這嶄新的一天就像來自宇宙的禮物。我興奮極了，就像一個打開玩具盒的孩子。

　　我內心充滿了感恩，感謝呼吸的空氣，感謝擁有人類身體的奇蹟，感謝自己能走能跑、能開懷大笑、戲耍玩鬧。我感謝生活的這個神奇星球，感謝能知曉與宇宙合一的奧祕，也感謝能跟我所珍視的社群連結。

　　怎麼會有人如此幸運呢？這樣大的恩典，遠遠超出了我的心及心智的承受能力。我流下了感動的淚水，沉浸在泌乳素所帶來的生理滿足感，一波又一波。

　　現在我已經獲得了一天份的 SONDANoBe，狂喜分子還在身體裡盤桓不去，帶著這種美好的感覺，我已準備好面對接下來的一天了。

　　在超悅大腦中，那些快樂分子不是獨自在大腦和身體裡舞動，而是在和諧的節律中一起舞動著。

流下喜悅的淚水

　　我只能說，哇！雖然過去一年我經常冥想，但從來沒有過這種體驗，這是我第一次跟隨精簡靜心的錄音檔做冥想。每一天我大約有 99% 的時間都在焦慮、挫折、恐懼和憤怒中度過，親職和生活讓我耗盡了心力。對於自己能否在冥想中有任何類型的開悟，我深表懷疑，甚至一直在腦海中聽到：「妳只是在浪費時間，妳進不去內在的空間，妳已經嘗試過幾百萬次了。」

　　但是，這一次不一樣。當那束愛的光芒從我內心發射而出時，我立刻笑了起來，還邊笑邊流下了喜悅的淚水。這真的很不可思議，我每天都要做精簡靜心。能夠親自感受到這樣的愛和喜悅，簡直是我夢寐以求。再次感謝你！

　　　　　　　　　　　　本文作者為東妮・湯柏森（Toni Tombleson）

　　東妮看了《科學證實你想的會成真》後深受啟發，將她的故事寄來給我，這讓我非常開心。當茱莉安（她的故事見下文）在一次現場研習營結束後來找我談話時，我也很高興。許多人像她們一樣，都曾經認為自己無法養成規律的冥想習慣。

　　如果讓事情變得簡單易行，還能感受到身體確實有了變化，就像精簡靜心這樣，人們就會發現自己也能進入超悅大腦的狀態。他們可以察覺到愉悅的化學物質湧現、擁有良好的感覺，也了解自己有能力每天重新創造那樣的狀態。現在他們明白，靠自己的大腦和身體所合成的化學物質就能獲得快感。

　　你不需要任何外源性物質，無論何時，你都能用 SONDANoBe 來

獲得快感，還不會有宿醉的痛苦。

SONDANoBe 會令人上癮，你不用靠鐘錶或行事曆來提醒自己，不需要許下嚴肅的新年新希望或發誓，也不用找一個「問責合作夥伴」（accountability partner）*來督促自己。

你最想要的，就是每天重新體驗那種愉悅感。你就像海洛因成癮者一樣上癮了，不過讓你上癮的行為只會帶給你好處。

九十天份的大麻素

我已經連續九十天在 Insight Timer APP 使用你教的精簡靜心。然後，一切都不一樣了。

在此之前，只要我想進入冥想，都會連連受挫，一閉上眼睛，所有在處理的問題都會在腦中浮現。我也試過梵咒、慈心禪，以及觀察自己的想法。最後一個很簡單，問題是我的思緒又多又紛亂，從一個念頭跳到另一個念頭，多半是我生活中出現的問題。跟這些思緒比起來，猴子般的心根本不算什麼。我看書、上心靈課程，還是無法養成冥想習慣。

第一次嘗試精簡靜心時，它就發揮了作用。我聽著引導冥想的錄音，不到五分鐘就進入了冥想狀態，而且感覺好極了！

所以我決定接下來九十天，每天都要練習精簡靜心，一天都不錯過。每天早晨我聽著你的聲音冥想，有時晚上會再聽一次；沒有中斷過。

我不敢相信自己能夠變成這樣的人。我在面對病人時壓力變小

---

* 編按：指幫助及提醒他人來協助對方履行承諾或朝著某種目標努力的人。

了，對先生及孩子們更有耐心，腸胃的老毛病也緩解了，甚至被困在車陣裡也覺得沒什麼（以往，這會讓我感到恐慌）。

　　我有點後悔自己浪費了這麼多年去嘗試其他方法，真希望剛上大學時那個焦慮的我能夠知道這個冥想法。幸好，現在我已經知道且學會了，而且會一直持續下去，永遠如此。

本文作者為茉莉安・羅賓斯－巴斯（Juliane Robins-Bass）

帶著特調的快樂配方上路

　　這些例子都很有說服力，說明超悅大腦的感覺很好——真的很好。不過，它跟日常生活有什麼關係呢？某次專題演講時，有位懷疑論者曾經質疑過我：「聽起來，他們都很自私，只想躲進虛無縹緲的烏托邦來逃離狗咬狗的殘酷現實。對他們自己固然不錯，但一個狂喜的人對社會能有什麼貢獻？」

　　研究顯示，貢獻非常多。超悅大腦會大幅提高生產力、創造力，以及解決問題的能力。

　　超悅大腦不僅是讓冥想者享有一個小時的極樂之境，其效應還會擴散到日常生活的其他二十三個小時，正如我們在第四章所說的。透過功能性磁振造影，研究人員發現，沉浸在 SONDANoBe 快樂雞尾酒中，可以調整大腦接下來一整天的運作方式。冥想者不只是在**冥想時**更平和、更專注、更有創造力，**回到日常生活後**同樣也有高出平常水準的創造力和生產力，而且更足智多謀。

　　毫不費力的 α 波深度冥想，會創造出「心流」狀態或處於一個出神入化的境界。在這種如入化境的狀態下，前額葉皮質會離線，分子之舞

上場，創造力因此大幅提升。

　　在哥倫比亞大學的生物工程實驗室中，研究人員使用腦電圖為受試者提供反饋，幫助他們完成困難的任務：在虛擬實境中駕駛飛機。結果研究人員發現，情緒會影響表現。心情平靜時，背外側前額葉皮質會讓邊緣系統沉寂下來，讓我們的表現比焦慮不安時更好。

　　生物醫學工程教授保羅・薩加達（Paul Sajda）在評論學生刊登在《美國國家科學院院刊》（*Proceedings of the National Academy of Sciences*）的研究報告時指出：「無論你是棒球打擊手、股票交易員或戰鬥機飛行員，問題都在於：你如何進入化境？這樣的問題一直引人入勝……我們可以利用大腦活動產生的反饋來改變警醒狀態，藉此改善在困難任務中的表現，比如擊出全壘打，或平安降落在航空母艦上。」

　　麥肯錫國際顧問公司曾進行一項為期十年的研究，實驗對象都是有高績效表現的部門主管，研究人員要測試的是他們解決棘手策略問題的能力。處於心流狀態下，受試者成功完成任務的能力增加了500%。這可是**五倍**啊！你可以透過冥想或高效率的活動來進入心流狀態，「心流

圖 5.20　處在心流狀態會大幅改善表現

基因體計畫」的共同創辦人史蒂芬·科特勒說：「就神經生物學來說，這兩者是完全相同的狀態。」

　　另一項由美國國防高等研究計畫署（Defense Advanced Research Projects Agency）所進行的研究，則使用神經反饋來誘發軍人的心流狀態，結果發現，這些軍人解決複雜問題並掌握全新技能的能力飆升了490%。雪梨大學所做的一項測試也發現，處於心流狀態的學生，解決理念性問題的能力是其他學生的八倍。

　　這意味著，你的喜悅之舞會在你做完晨間冥想後持續很長時間。SONDANoBe 可以為你的一天注入幸福感，並且更有能力為任何挑戰找到有創意的解決方法。哈佛大學教授泰瑞莎·艾默伯（Teresa Amabile）博士發現，處於心流狀態的人更有創造力，而且不僅是在心流狀態期間，即便在脫離心流狀態後依然如此，效應最長可持續二十四小時。

　　就像在第三章提到的，處理困難問題需要同時持有多種不同觀點（其中有些觀點甚至相互排斥），而且不會僵化地執著於其中之一。當我們在冥想中與自己的局域心保持距離，就能闢出一個認知空間。處於心流狀態的人，有能力考慮許多選項。

　　科特勒指出，這種狀態「把我們用來過濾輸入訊息的濾網一腳踢開」，並且鬆開了我們對單一實相的認同感。這會極大地擴展心智對可能性的認知，打開我們的創造力及生產力。冥想能夠重塑出一個高績效的大腦，而且就像我們將在第八章發現的，這能解決許多棘手的問題。

　　深呼吸，想一想你的人生。想像一下，你解決棘手問題的能力提高了500%，學習新技能的能力提高了490%，而且解決理念性任務的能力也增強了八倍。這樣的你，是一個擁有心靈超能力的大師！擁有這樣的超能力，你的健康、工作、愛情生活及財務狀況，會是怎樣的？應該比現在好上很多吧。光是這些數字就已經有充分的理由，讓你養成每日冥想的習慣。

不是藥，效果更勝藥

「精神藥物」指的是那些會改變精神及心理狀態的藥物。我們已經看到，它們之所以能夠發揮作用，是因為與身體內源性的快樂分子有相同的受體位置。

精神藥物有好幾類，每一類都會刺激特定類型的受體位置。迷幻藥LSD、裸蓋菇鹼、致幻劑二甲基色胺（dimethyltryptamine，簡稱DMT）都會活化血清素及正腎上腺素的受體；而萃取自大麻植株的大麻類物質，則是能與大麻素的受體結合。

死藤水這種迷幻藥，就像LSD與裸蓋菇鹼，也會活化血清素受體。不過，死藤水是由兩種不同的植物混合而成。綠色九節木（Psychotria viridis）這種灌木的葉片含有二甲基色胺，而南美卡皮木（Banisteriopsis caapi）這種熱帶藤蔓則是因為含有單胺氧化酵素抑制酶（monoamine oxidase inhibitors，簡稱MAOIs）而被人使用，可以防止二甲基色胺在胃裡分解，好讓二甲基色胺能被血液吸收後送至大腦而產生幻覺。

單胺氧化酵素是一種會分解正腎上腺素、血清素及多巴胺的酵素，而MAOI這類抗憂鬱症處方藥則可以防止分解發生，就像為了活化血清素，而在死藤水中加入MAOI一樣。

就生理層面來說，無論使用的是致幻藥物、冥想或其他改變精神狀態的東西，通往狂喜、極樂的神經路徑都是一樣的。《意識心理狀態的宇宙學》（*The Cosmology of Conscious Mental States*）作者克里斯・金恩（Chris King）表示：「針對冥想和宗教活動的研究顯示，這一類的出神狀態都與自然出現或用藥物誘發的狀態同屬生理學範疇。」

呼麻的哈姆雷特

　　莎士比亞在寫那些永垂不朽的劇作及十四行詩時，是否吸食了大麻？

　　自從《南非科學期刊》（*South African Journal of Science*）上的一篇研究報告提出這個可能性之後，關於這個問題的辯論就一直沒有停過。南非金山大學（University of the Witwatersrand）的人類學家法蘭西斯·薩克萊（Francis Thackeray）和同事運用一種稱為「氣相層析質譜法」的法醫學技術，分析了來自十七世紀的埃文河畔斯特拉特福（Stratford-upon-Avon）* 小鎮的二十四個菸斗樣本，其中一些還是取自莎士比亞故居的花園。

　　研究人員在八個樣本中找到了大麻，在至少一個樣本中發現了尼古丁，還在兩個樣本中找到了祕魯古柯鹼。薩克萊教授發現，「其

圖 5.21　威廉·莎士比亞的創作狀態非常「嗨」

---

* 編按：這個英國小鎮是莎士比亞的故鄉。

中四個含有大麻的菸斗是取自莎士比亞故居的花園」。

　　薩克萊認為，在莎士比亞的作品中或許可以找出他吸食大麻的線索。例如，十四行詩的第七十六首寫著「以著名草藥遂行創造」（invention in a noted weed），這可能暗示著莎士比亞在創作時使用了「草藥」（大麻）來增加靈感。

　　在薩克萊發表他的進一步研究之後，《時代》雜誌也刊登了一篇文章為這場爭論煽風點火，標題是〈科學家在莎翁花園找到的菸斗驗出了微量大麻〉。

致幻藥物的風險

　　既然使用死藤水、烏羽玉仙人掌、大麻、LSD、搖頭丸、鴉片類止痛藥「奧施康定」及其他精神藥物，就能進入超悅大腦的狂喜狀態，為什麼不乾脆在每次想嗨時，就直接使用藥草或藥錠呢？

　　不用數學高手，也能知道為了同一目標，冥想及使用藥物哪個更簡便、省力，並自問：「嗯，一萬個小時的冥想和一顆藥丸。為什麼不吃藥丸就好？」

　　答案只有三個字：副作用。

　　化學藥物誘發的快樂是要付出代價的，而且代價可能很高，應該說非常非常高。這個代價是如此之高，以至於你在讀過使用藥物的科學報導後會心有餘悸，而在使用前再三思考。

　　一項研究發現，只吸了幾管大麻菸的青少年，大腦就會出現變化。我說的不是抽了幾年或幾十年的成年人，而只是吸了「兩管」。

　　嘉布瑞拉·戈比（Gabriella Gobbi）是加拿大蒙特婁麥基爾大學健

康中心（McGill University Health Center）的教授及精神科醫師，她所帶領的團隊發現，吸食大麻的青少年罹患憂鬱症的風險增加了近 40%，成年後的自殺傾向則增加了 50%。

戈比醫師說：「考慮到有大量的青少年吸食大麻，因此整體人口所面對的風險變得非常大。大約有 7% 的憂鬱症可能和青少年時期吸食大麻有關，這代表的是超過四十萬個案例。」

揭示這些驚人數字的研究報告，並不是針對青少年吸食大麻的單一研究，而是對十一項研究所做的整合分析及檢視，受試者合計有 23,317 名青少年，後續還追蹤到他們成年。

此外，戈比的團隊只檢視那些有提供受試者在吸食大麻前是否有憂鬱症等相關資訊的研究。戈比醫師表示：「這些青少年在吸食大麻前沒有憂鬱症，所以他們吸食大麻不是為了自我治療。」也就是說，大麻的使用**先於**憂鬱症。

戈比醫師的這個研究還有幾個具體發現：

- 十八歲以下的青少年因吸食大麻而患抑鬱症的風險是不吸食者的 1.4 倍。
- 出現自殺念頭的風險增加 1.5 倍。
- 吸食大麻的青少年自殺可能性增加 3.46 倍。

長期吸食大麻的成年人，大腦會出現退化情況。受影響的大腦部位，包括海馬迴（學習與記憶）、腦島（慈悲心）及前額葉皮質（執行功能）。

研究人員指出：「經常吸食大麻，與內側顳葉皮質、顳極、腦島、海馬旁迴及眼窩額葉皮質等部位的灰質減少有關；這些大腦部位有相當多的大麻素 CB1 受體，功能上則與動機、情緒及感情處理有關。此外，

這些變化也與吸食大麻的頻率有關⋯⋯開始吸食大麻的年齡也會影響這些變化的程度。」

大量研究顯示，吸食大麻會增加焦慮和憂鬱，也會導致健康惡化。大腦的關鍵部位究竟會萎縮得多嚴重，取決於多早開始使用大麻及使用頻率。這是相當高昂的代價。

那麼，搖頭丸（亞甲雙氧甲基安非他命，簡稱 MDMA）的狀況又如何呢？可以視為通往超悅大腦的捷徑嗎？二十五年來針對搖頭丸所做的研究顯示，搖頭丸有嚴重的副作用，會損害認知功能、睡眠、記憶、人際關係能力、解決問題的能力，以及心理健康。它能讓皮質醇增加八倍，皮質醇是老化的主要荷爾蒙。對搖頭丸研究的整合分析提出了以下的結論：「搖頭丸／MDMA 的破壞性效應比起人們幾年前所認為的更加廣泛，而新的神經心理生理缺陷還在不斷出現。」

此外，精神處方藥物的副作用也不太妙，從性功能失調、躁狂到痴呆都有可能發生。

所以，我才會提出「為什麼不使用藥物？」這個問題。

我必須問：「為什麼要使用藥物？」我們的身體原本就有能力合成

圖 5.22　許多處方藥有大量的副作用

這些帶來狂喜的化學物質，而且它的濃度恰到好處、比例正確，不會造成傷害，也沒有任何副作用。如果我們能夠每天穩定地、輕易地、安全地、符合需求地進入超悅大腦的狀態，為什麼還要尋求外源性的狂喜分子呢？

一位美洲原住民的女性藥草師曾告訴我，在她的「纏髮部落」（Twisted Hair clan，屬於切羅基部落聯盟〔Cherokee nation〕的七個部落之一），關於精神活性藥草或藥用植物的教導是代代相傳的。她說：「如果你使用植物藥物，就會獲得〔開悟〕經驗。但除非你學會創造內在的體驗，否則就不可能成長。」

藥物能讓你接觸到大自然最深刻的真理，能成為你個人進化的強大盟友；但是依賴這些藥物來達到你最看重的意識狀態，卻可能是個誘人的陷阱。

成癮的控制威力

早在我認識克莉絲汀並結婚之前，我一個人獨居，但喜歡將房間租給有趣的室友。

布蘭登是跟我一起住了最久的房客，隨著一年年過去，我越來越敬佩他。他是合一教會（Unity Church）的牧師，也是本地戒酒無名會分會的負責人。直到十五年前，他都還是一個酒鬼，然後他撞壞了車子並在一次悲慘的酒醉肇事中背部嚴重受傷。他繼續在各方面跌入谷底，直到他在戒酒無名會成功戒酒。

我跟他一起參加過幾次的戒酒無名會，聽到的故事都讓我震驚不已。我還在那裡認識了一位戒酒會的「常客」，他叫葛瑞格，以下是他的故事。

無視停止訊號

我從十幾歲就開始在工地工作。下工後,我們經常一夥人一起混,喝喝啤酒,後來也開始在午休時喝酒。

一開始,喝酒並沒有影響到我。然後我認識了瑪格麗特,婚後生了薩米和凱斯兩個孩子。雖然我們夫妻經常吵架,但日子還是過得下去。

孩子們上小學時,我不只在午休時喝酒,下班後也會去酒館喝。接著,開始在上工前也喝上了,我經常在去工地的路上買一整箱的百威啤酒。

有一天,我的朋友約伯,他跟我一樣喝得爛醉,操作桌鋸時切斷了一根手指頭。他喝得醉茫茫,根本看不清楚東西。

這個意外並沒有讓我停下來。多數時候我吸大麻,週末則吸古柯鹼,每天早上還要灌一整箱的百威啤酒。

瑪格麗特說如果我再不戒酒,她就要離開我。雖然我賺了不少錢,但我們的財務狀況很差,我花錢花得很凶,古柯鹼特別貴。

由於付不出貸款,我們失去了房子,一家四口住進了一個髒亂拖車公園的拖車裡。我的信用卡全刷爆了,只能宣告破產。

瑪格麗特終於受不了了,帶著孩子搬出去。她申請離婚時,法官說,除非我戒毒戒酒,否則不能去看孩子。那真的很痛苦,因為我很愛孩子。

但我停不下來,於是法官對我下了禁制令,我再也不能去看兩個孩子了。我痛苦得想死,而唯一能幫我忘掉這一切的,就是喝酒、吸毒。

老闆告訴我，如果我再喝得醉醺醺去上班，他就要開除我。他們送我去勒戒，但是沒有用。我都不敢相信，他們居然能忍到現在。

我流落在街頭，沒有工作、沒有老婆、沒有孩子、沒有房子。只要手上有點錢，我就會去買毒品。我的體重只剩下四十五公斤，因為我沒有吃東西。

有一天，幾個人把我痛揍了一頓，只是為了搶我口袋裡的一點大麻。在醫院裡，隔壁病床的傢伙跟我提到了戒酒無名會。後來他還帶我參加聚會，成為我的輔導員。我戒了酒。

現在我已經戒酒七年六個月又一天了。一日是酒鬼，一輩子都要戒酒。不過，我已經展開了新生活，在一間移動房屋公司擔任銷售經理，在法院的監督下，還能去探看孩子們，現在正在跟一個好女人約會。回頭看看以前那個混蛋，我真不敢相信是同一個人。感謝上帝。

聽完葛瑞格的故事後，我非常驚訝，因為在他走向沉淪的路上出現了許多警示訊號。每一個訊號越來越大聲地叫著：「停下來。」和老婆吵架、同事切斷手指的血腥意外、越來越嚴重的酗酒——想想看，一箱啤酒有多少瓶？能喝的人，一次喝半打已是非常可觀的了。

老婆威脅要離開他、更厲害的毒品、財務困難、破產、住進拖車公園、老婆帶著孩子離開、禁制令、強制勒戒、被開除、成為街友、遭到毆打。這些訊號，葛瑞格選擇視而不見。成癮的控制力量就是這麼強大。在我去戒酒無名會聽到葛瑞格及其他成癮者的故事之前，成癮對我來說只是個概念。我不知道毒品對個人行為會有那麼大的力量，也不知道成癮者寧可失去一切也停不下來。

對健康快樂上癮，活得更精彩

想想葛瑞格的成癮有多嚴重，那種往下沉淪的力量遠遠超過他對妻子與孩子的愛，超過他對金錢的需求，也超過他對工作、安全、家人、庇護所、健康的需求。因為毒癮與酒癮，他壓上了所有的人生。這就是化學物質所具有的強大吸引力。

我們的 SONDANoBe 雞尾酒，由七種神奇的內源性化學物質所調配而成，同樣擁有如此強大的力量，差別就在於它們會將你往好的方向拉。一旦你嘗過這種萬靈藥，並習慣每天來一劑，它就會像街頭的毒品或醫師的處方藥一樣深具成癮性。遠離奧施康定，你不再需要它。

一早醒來，你想到的第一件事就是超悅大腦。來「一劑」由大麻素、催產素、正腎上腺素、一氧化氮、血清素、多巴胺及 β 腦內啡調成的 SONDANoBe，是你每天一早的優先選擇。

從你睜開眼睛的那一刻，你將由內而外地擁有良好的感覺。你渴望今日份的一劑 SONDANoBe。你穿上衣服，先泡好一杯茶或咖啡。然後，很快地進入那個神奇的狀態。以你最喜歡的姿勢坐好，閉上眼睛，小心翼翼地跨過經驗的門檻，進入奧祕之中。你墜入了宇宙的中心，你就在那裡，等著如瀑布般的 SONDANoBe 湧進你的大腦。你上鉤了，然後被拉進了那道光之中。

當你抽離冥想出來，你變得更慈悲、情緒更平衡、身心更協調、更有效率、更善良、更有創造力、更健康，也更有生產力。這個效應會擴散到你的周圍及社群，站在這個圓圈中心的是感覺很棒的你。

這個世界有很多個葛瑞格，他們會去找海洛因、大麻或酒精來麻醉自己，讓自己感覺良好。那是因為他們沒能意識到，還有更好的藥物，SONDANoBe 才是他們真正渴望的。但他們卻捨本逐末，追逐著外源性的化學物質來滿足自己的需求。他們不了解，他們所追尋的東西就在自

己的大腦之內。這些外源性化學物質能讓全世界的葛瑞格們感覺良好的唯一理由，就是它們都是大腦化學物質的複製品。

　　超悅大腦是一種配方，堪稱全世界最好的一款雞尾酒，也是全世界最好的一種興奮劑，同樣也會讓人上癮。體驗過一次 SONDANoBe 的大腦，再也無法回到它舊有的狀態。透過重塑神經組織，SONDANoBe 會鞏固這樣的練習，讓至高的喜悅成為大腦硬體的一部分。

　　街頭毒品會讓重要的腦區受損及萎縮，而 SONDANoBe 的作用恰恰相反。它會讓你的大腦成長，調節情緒、整合靈感、刺激創造力、學會新技巧、療癒身體、延長壽命、改善記憶及增進快樂的那些大腦部位會因此擴展。下一章將會說明，當大腦沐浴在狂喜的化學物質時，會如何改變自己的根本結構，這是因為心靈軟體逐漸變成了大腦硬體。

深化練習

本週你可以做這些事，把這一章的資訊融入生活中：

- **留意 SONDANoBe**：冥想時，注意大腦裡的情緒感受，注意每一種神經化學物質開始發揮作用的感覺。例如，當你感覺到溫暖的連結時，就可知道這是催產素在發揮作用；感覺到警醒時，就是正腎上腺素正在釋出。這個練習，可以幫助你了解每種神經化學物質對冥想的作用。

- **注意力練習**：冥想者常見的一個問題就是睡著，如果你的冥想有效，這種情況就不常發生。在這一週，當你專注冥想時，注意頭部的感覺。你可能會感覺頭顱內的某個位置有點麻癢或刺痛，或者感覺脊椎挺直。出現這些警醒的症狀，說明你的正腎上腺素正在發揮作用。加強這些感覺，看看你能把它們強化到哪種程度。如果你堅持練習，它們會變得更強。

- **聆聽之觸**：找個夥伴一起練習，用鬧鐘或計時器設定十五分鐘的練習時間。兩個人背靠背坐下，閉上眼睛。一人先觸摸對方的頸部、肩膀及雙手，注意對方的心情。鬧鐘響起後，角色互換，同樣設定十五分鐘的練習時間。你還可以試試面對面的做法，不過要在背對背練習過幾次後才開始進行。根據研究，每週這樣做三次會讓催產素大幅增加，男性還有降血壓的效果。

- **和其他物種連結**：如果你有養狗，就可以立即做這個練習。如果你沒養寵物，可以找認識的人借條狗來練習。首先，溫柔地注視著狗狗的眼睛，同時用心去感受。從你的心呼氣吸氣，隨時注意身體的感覺，衡量這個練習可以自然地維持多長的時間。不要跟貓咪做這個練習，因為對貓科動物的大腦而言，正眼對看是一種挑釁。貓奴們，對不起了。

延伸資源

本章的延伸資源包括：

- 道森引導式冥想：和宇宙合一
- 茱麗亞與泰勒「愛鼓舞著我」（Love Is Lifting Me Higher）的吟唱
- 心流狀態與創造力
- 大麻與搖頭丸的副作用
- 與狗狗對視及催產素

延伸資源請上網連結 BlissBrainBook.com/5。

第6章

用心靈軟體
改變大腦硬體

Changing the Hardware of Brain
with the Software of Mind

研究發現，冥想會導致海馬迴的灰質密度提高。當你透
過調節情緒來活化海馬迴時，就是在為快樂與學習建構
硬體結構。只要不斷練習，安穩地護持住內在狀態，就
可以重塑大腦，把狀態變成一種人格特質。實驗證明，
只要八週，就足以啟動大腦開始改變。

　　科學對有機體的研究分為兩大基本類別：解剖學與生理學。解剖學描述的是**構造**，而生理學描述的是**功能**。

　　例如，你的消化道是從口腔開始，接著是食道，然後延伸到胃及後續器官。這是解剖學，會為每個組成部分命名並描述其構造。

　　不過，如果你是以矽為基礎的外星生物，靠宇宙輻射為生，就對人類消化道不會有任何概念。你看著消化道解剖學的 X 光片，雖然清楚地看到每個部位的構造，卻完全不知道這個系統的功能及用途是什麼。這就像你我看著馬雅古文明的日曆石，可以觀察到它的每個細節，卻不知道它如何使用。

　　這時就輪到生理學上場了：它會告訴我們系統如何運作。口腔會咀嚼並分解食物；食道將食物輸送到胃；胃裡有消化液可將食物分解成營養物質，然後由大小腸吸收。當你了解某個系統的生理學，解剖學看到的構造就說得通了。你必須既了解型態（解剖學）又理解功能（生理學），才能看到生物系統的全貌。

鍛鍊你的喜悅肌肉

　　從有歷史紀錄以來，人類就已經知道生理功能可以**創造**出身體的組織結構。古代斯巴達人會讓戰士經歷嚴苛的系統化生理發展歷程，來培養他們強健的肌肉並強化其作戰能力，這包括舉大石、投擲石塊、角力以及攀繩等訓練。他們了解，越是賣力地鍛鍊肌肉（生理學），肌肉就會生長出來（解剖學）。

　　同樣的道理也適用於其他類型的訓練。例如，經歷過嚴苛飛行訓練的戰鬥機駕駛員，反應時間會縮短。第一次無法唱出高音 C 的歌劇演員，練習後就能每次準確唱出這個音高。

　　鍛鍊身體系統會造成生理結構的變化，這個原則在許多學科一直都

圖 6.1　數千年來，人們都很清楚生理功能（運動）可以變成解剖結構（壯碩的肌肉）。

沒有爭議，但是一套用到神經細胞（神經元），卻被許多科學家否定了。

　　早在一九三○年代，先進的思想家就已提出神經可塑性的概念，在一九六○年代更以實驗方式來呈現，但這個概念在神經科學領域仍然遭到懷疑和否定。

神經元的變化令人嘆為觀止

　　一九六四年，神經科學家瑪麗安·戴蒙（Marian Diamond, 1926 ～ 2017）公開發表的一項研究，永遠改變了神經科學領域。她的研究首次以實驗證明大腦的神經可塑性，她清楚指出，大腦會因為經驗而成長。這些發現與當時的科學思維截然不同，當時的神經科學家普遍認為大腦的變化只有一個方向：隨著年齡而退化。

在這個開創性的實驗中，戴蒙博士和同事大衛·克雷奇（David Krech）、馬克·羅森茨維（Mark Rosenzweig）把老鼠放在一個豐富的環境裡，籠子裡有同伴和玩具，而對照組的老鼠則住在環境單調貧瘠的籠子裡。

結果呢？

環境豐富的老鼠，牠們的大腦皮質比環境單調的老鼠厚了 6%。戴蒙博士表示：「這是人們第一次見到動物的大腦因為不同的早期生活經歷而出現結構性改變。」

一九六五年，她在美國解剖學學會的年會上發表自己的研究成果。她還記得自己當時很害怕，因為在她身處的大房間裡，女人非常少。她報告完畢後，「後面有位男士站起來大聲說：『這位年輕女士，大腦無法改變！』……我只是回答說：『先生，我很抱歉，但是我們的初步實驗及後續的複製實驗都證實這確實會發生。』」

戴蒙博士指出：「經過兩個世代的研究人員，『豐富化典範』（enrichment paradigm）才得到驗證。」

一九八五年，戴蒙博士又再次證實，即便是年紀老大的哺乳動物，牠們的大腦同樣能成長。在刺激性的環境（生理學）中生活了六個月，老年大鼠（約等同於七十五歲的老人）的皮質就變厚了（解剖學）。戴蒙指出：「這意味著，你對自己的大腦組織有某種程度的操控權。」

戴蒙列出了對健康大腦很重要的五個因素：

1. 飲食　　　2. 運動

3. 挑戰　　　4. 新事物

5. 愛

　　她經常說，「用進廢退」一詞不僅適用於肌肉，也適用於大腦。戴蒙自己也身體力行，直到九十歲過世前幾年，還在持續地做研究和教學。

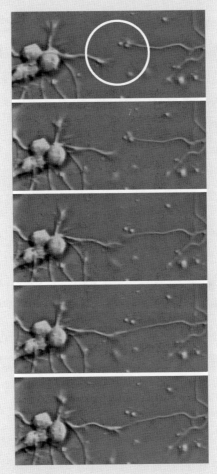

圖 6.2　在掃描式電子顯微鏡的鏡頭下，可以看出兩個神經元的連結速度有多快。從上到下的四張圖分別為：剛開始進行刺激；七秒後；八秒後；十一秒後；十二秒後。

從實驗室到臨床應用，平均需要十七年

科學家通常給人的印象是一個無私、客觀的觀察者，會不帶絲毫感情地研究實驗所得的數據。

但事實上，科學卻是個集潮流、趨勢、流行、內鬥、陣營對立、嫉妒及頑固信念於一身的領域。傳統科學通常會以貶抑態度來看待新發現，例如在面對能量療法的證據時，一位懷疑論者就宣稱：「即使是真的，我也不會相信！」創新要面對的，是令人望而生畏的一波波逆風。

反對新療法，會產生令人遺憾的副作用。我和一群傑出的同事曾經分析美國政府關於創新醫療照護的報告，結果發現，醫學突破平均需要十七年才能從實驗室落實到患者身上。

更令人吃驚的是，新療法中只有 20% 能跨越過這種「轉譯障礙」（translational gap）*；換句話說，剩下的 80% 就這樣永遠消失了。結果就是，當我們尋求治療時，「可以取得的療法是十七年前的，而且只有五分之一」。

如果我們被迫使用十七年前的手機，而且其中有 80% 的功能都失效了，那麼我們一定會很生氣。不過，身為社會的一分子，在我們照顧珍貴且無法替換的身體時，卻覺得這種醫療體制是完全合理的。

神經科學的體制派卯盡全力對抗神經可塑性的觀念，但是最終證據多到勢不可當，無從再否認，從此科學觀點的重心才開始改變。

瑪麗安・戴蒙在老鼠實驗中，只提供了兩種生活環境：豐富或貧瘠。但僅僅這樣，就改變了老鼠的大腦狀態。假如你的身體、情緒、心理和靈性都處於一個良好的環境，你的大腦是一種狀態；反之，如果你的周

---

* 編按：轉譯是指將科學研究的證據用來改善實際的專業執行或流程，但把應用醫學研究成果用到臨床服務時，過程中經常會遭遇各種困難與挑戰，所以稱之為轉譯障礙。

遭充滿了危險、不確定和敵意，你的大腦會是另一種完全不同的狀態。

　　大腦狀態，連同心理、情緒及靈性狀態，有各種不同的型態。當大腦啟動了開悟迴路，你就會處在快樂、積極的狀態；如果是預設模式網絡占了上風，你就會處在充滿壓力的負面狀態。

缺乏資源的狀態，讓你一籌莫展

　　四十多年來，認知心理學家麥可・霍爾（Michael Hall）一直被人類的潛能所深深吸引。他研究過最先進的方法，並針對這個主題寫過三十多本著作，繪製出人們改變的幾個階段。

　　不愉快的經歷通常會推動我們改變，這些經歷可能涉及心理、情緒或靈性狀態。這些消極狀態的例子，包括絕望、停滯、憤怒或怨恨。霍爾把這些負面的情緒狀態稱為「缺乏資源」的狀態（unresourceful states），在這種狀態下，理性與智慧都沒有了。

　　我們可以培養資源豐富的狀態，例如喜樂、賦能、精進及滿足等。為了描述一個人由資源缺乏的狀態到資源豐富的狀態，霍爾使用了「狀態進展」（state progression）一詞。

　　霍爾的「狀態進展」模型有以下幾個階段：

- 識別資源缺乏的狀態
- 識別所需要的狀態
- 針對種種維持資源缺乏狀態的失能行為模式進行反制約
- 啟動改變以走向想要的狀態
- 體驗到目標狀態

- 重複去體驗想要的狀態
- 設定新行為來強化想要的狀態

　　這就是有意識地引導你的注意力，而不是默認大腦的負面偏見。長時間維持的注意力，會推動狀態進展並觸發神經可塑性。如果你反覆地把注意力放在正向的信念和想法上，讓心智及焦點一再地回到正面的事物上，你就可以把注意力用在正向的神經可塑性。

　　有了足夠多的練習後，要維持長時間的專注狀態不成問題，於是就能做到霍爾所稱的「穩定的正向狀態」（positive state stability），也就是我們的心智能夠穩定地處於這個新狀態中。從此，大腦的預設模式不再聚焦於負面的事物。大腦的負面偏見不再劫持我們的注意力，把它導向正在發生的負面事情，無論是發生在我們身上，或發生在這個世界上。我們已經走過狀態進展的各個階段，來到了穩定的正向狀態。

從大腦狀態到人格特質

　　科學記者丹尼爾‧高曼與神經科學家理查‧戴維森是大學時代的好友，兩人一起寫了一本天才之作《平靜的心，專注的大腦》，檢視大量關於冥想對大腦影響的功能性磁振造影研究。

　　為什麼他們在書中使用「特質」（traits）一詞，而不是單純使用「狀態」（states）呢？

　　在第三章，我們探討過哪些腦區會因為冥想而被活化。有過這些腦區被活化經驗的冥想者，都會體驗到某種「狀態」，那是一種類似狂喜

的「狀態」、興高采烈的「狀態」或是驚喜的「狀態」。或者，如果受到預設模式網絡的干擾，就會是憤怒、恐懼、噁心或絕望的「狀態」。

狀態是短暫的，會來來去去。

相反的，特質是內建於結構上的大腦迴路，會控制人的行為。心理學家能評估的特質，包括責任心、外向、善良、自信或慈悲。

特質是一個人的個性，是會回歸的常態。我們都認識具有悲觀、自私或缺乏耐心等不同特質的人，跟他們在一起不是那麼有趣。

我們也認識其他具備耐心、體貼和同理心等特質的人，我們跟這些人相處的經驗非常不一樣。一旦我們知道某人具備某種特質，就可以確定他們必會表現出這種特質出來。

高曼與戴維森合著的那本書，原文就叫 Altered Traits（意思是「已改變的特質」），指的就是冥想可以改變我們的人格特質。當我們體驗過正向的心理「狀態」，就會走到「穩定的正向狀態」目標，然後「養成一種持久的個人特質，例如無私、平和、有愛心、慈悲等高度正向、已經改變的特質」。

冥想可以活化開悟迴路（參見第三章），它會觸發意識狀態的改變。一旦達到穩定的正向狀態，神經可塑性就會開始運作，刺激神經路徑的生長，以便創造出新的「特質」。

安德魯・紐柏格是《開悟如何改變你的大腦》一書的共同作者，他觀察到，有過靈性啟蒙經驗的大腦，「不再是同一個大腦……在關鍵腦區將會發生微妙且持久的改變」。

我們在第四章提到的那群 1% 的人身上，「改變狀態的生理功能」將會變成「改變特質的解剖結構」，由短暫的**狀態**發展為一種永久的**特質**。創造快樂的腦區，其神經路徑會變得更大、更快，與此同時，那些會產生痛苦的神經路徑則會萎縮、傳送速度變慢。

圖 6.3 焦慮狀態。看完報紙後感到焦慮的女子。

圖 6.4 焦慮特質。她對所有一切都感到焦慮。

腳踏車和習慣：行為與大腦的連結

剛開始學習新技能時，你必須集中注意力。想想你第一次學騎腳踏車的情景，你會有意識地專注於平衡，這會點亮大腦前額葉皮質的執行部位，也就是新皮質的最高功能。大腦上部正在努力工作，以便提供執行技能所需要的注意力。

　　你也會害怕摔倒，而當你加快速度後，則會感到興奮。這些情緒都會活化大腦的獎勵迴路來強化學習。不過，當你的技術變熟練後，騎車時就不再需要那麼多的注意力了。最後，你可以隨便牽來一輛腳踏車，在沒有任何意識的情況下就能保持平衡地騎起來。即使多年之後，你仍然保有這項技能。

　　這是因為，當我們反覆練習某個行為時，「大腦底部」會長出神經網絡，像基底核一類的構造會接手執行熟悉的任務。這些新的神經元會讓任務變成一種反射性的操作，在低於意識覺知的層次執行。由下而上的自動化，取代了密集的、專注的、由上而下的控制。

　　任何一種持續練習的行為（包括冥想），都會發生同樣的學習及自動化過程。一開始學習冥想時，需要由上而下的前額葉皮質來控制放飛自我及注意力。接著，這樣的正向狀態會啟動大腦的獎勵迴路。

　　多巴胺會開始作用，強化大腦正在體驗的愉悅情緒，這樣一來，它們就會由前額葉皮質的上層（這裡還需要意志力）轉移到基底核（到這裡已成為自動反應）。這種記憶「再鞏固」（reconsolidation）會強化

圖 6.5　學騎腳踏車時一開始會有些難度，不過隨著相關技能在大腦基底核的神經路徑增多，騎腳踏車就會變成不假思索的反射行為。

穩定的正向狀態，從而形成一種正向特質。

　　一支神經科學家團隊指出，「藉由適當的訓練和努力，人們可以系統性地改變與多種心理、生理狀態相關的神經迴路，坦白來說，這些原本的神經迴路都是不正常的」。我們可以接手處理失能的大腦結構，重塑為一個充滿快樂與創造力的新大腦。正如本書結語那一章所說的，超悅大腦將會成為我們的新常態。

先有雞還是先有蛋？

　　莎拉・拉札爾（Sara Lazar）博士是哈佛大學醫學院的心理學教授，也是首先探討冥想與大腦變化關係的研究人員之一。她的研究結果令人震驚。

　　一開始是正在攻讀分子生物學博士學位的拉札爾，準備參加波士頓馬拉松。後來她因跑步受傷而去看了物理治療師，對方告訴她需要做更多的伸展運動，所以她去上了瑜伽課。

　　「瑜伽老師說了瑜伽的各種好處，包括增加慈悲心、心胸更開放等等。我當時心想：『好了啦，我只是來這裡做伸展的。』」拉札爾回憶道。「但是我開始注意到自己真的變得更平靜了，也更能處理艱難的處境。」

　　出於好奇，她查閱了一些文獻，發現不少研究都在說冥想的好處。她被這些研究深深吸引了，從此改變了自己的研究重點。

　　她關於冥想的第一份研究報告發表於二〇〇五年，探討的是以下這個假設：冥想或許與大腦結構的實際變化有關。她的實驗對象是二十名資深冥想者，平均每天冥想四十分鐘；而對照組是十五位

非冥想者。

研究發現，資深冥想者在與感官處理相關的腦島及前額葉皮質區都有灰質增加的現象。拉札爾表示，這是合乎邏輯的，因為冥想時，注意力都集中在感覺上而不是思考。

依據呼吸頻率來判斷，冥想程度最深入的人，大腦灰質增加最明顯。拉札爾表示：「這一點非常有力地指出，大腦結構的差異是冥想造成的，而不是因為大腦厚度不同才讓他們去學習冥想。」

該研究的作者群總結道：「這些數據首次為與冥想及體驗相關的大腦皮質可塑性，提供了結構性證據。」

拉札爾的第二項研究發表於二〇一一年，徹底回答了「先有雞還是先有蛋」的問題——是先有冥想才有腦容量增加，還是腦容量增加才會想要冥想。實驗分為兩組，一組是十七個非冥想者組成的對照組，另一組的十六個人要參加八週正念減壓課程：包括每週一次的課程以及每天進行三十到四十分鐘的正念冥想練習。

結果發現，冥想組的腦容量在以下四個部位增加了：後扣帶迴皮質（處理分神和放飛自我）、海馬迴（情緒和學習）、右顳頂交界區（同理心和慈悲）、橋腦（神經傳導物質的生產者）；而杏仁核部位（負責戰或逃反應）的體積則縮小了。

以上這些現象，都是在短短八週的正念練習後發生的！

莎拉‧拉札爾到現在已經冥想二十多年了，她表示：「冥想對我的人生有非常深遠的影響，讓我變得安定、壓力減少、更清晰地思考、更良好的人際互動，以及有更多的同理心和慈悲心。」

圖繪成長的大腦部位

　　冥想會改變哪些大腦部位？過去幾年，功能性磁振造影的解析度一直在提高，就像筆記型電腦的解析度一樣，影像變得更清晰、色彩更豐富。這使得科學家能夠逐步建立一幅越來越精細的圖像，用以描繪出 1%那群人（參見第四章）的大腦中有哪些部位成長了，又有哪些部位萎縮變小了。

　　研究顯示以下這些腦區是隨著冥想改變的關鍵部位：

- 杏仁核、海馬迴、視丘以及中腦的其他結構，這些部位是壓力、放鬆、記憶和學習的核心。
- 前扣帶迴皮質：參與控制注意力的焦點。
- 尾核：這個部位參與記憶的儲存和處理，在大腦如何學習中扮演必要角色，會利用過往經驗的回饋來影響當前的行動。
- 負責調節大腦活動的扣帶皮質部位。
- 腦島：讓我們意識到自己內在情緒狀態及身體感覺的大腦皮質。
- 內側前額葉皮質：影響記憶與決策方面的情緒反應。
- 眼窩額葉皮質：涉及理性思維、衝動控制、認知推理和人格的大腦部位。
- 後扣帶迴皮質：這是預設模式網絡的兩個節點之一，其運作關係到記憶檢索以及為感知賦予意義。
- 前額葉皮質中軸部位：與高度的注意力有關。
- 體運動區：處理疼痛及碰觸，以及身體在空間中的方位引導。
- 紋狀體，以及與情緒控制和渴望有關的邊緣系統及前額葉部位。

　　我們將逐一探討這些大腦部位，了解它們的功能，可以知道它們為

什麼有助於冥想練習。等你看完了這一章，就會了解超悅大腦所活化的每一個大腦部位，了解它們如何整合成「四個不同的網絡」，以及這些網絡如何「協調運作」來產生高水準的心流狀態。

與冥想相關的大腦變化，是相對較新的研究趨勢。在這個科學發現的早期階段，還沒有整理出一份冥想對大腦影響的完整清單，因此隨著高解析度的儀器和新技術發展出來，這幅大腦圖像還會不斷變化。

此外，我寫這本書的初衷並不是當教科書使用，也不是要重新界定當前科學的界線。這是寫給一般讀者的入門書，因此會將繁複的生物學交互作用予以簡化，為大腦中正在發生的事提供一個大綱式的理解。不過，這樣深入淺出的介紹已經足以提供我們一幅迷人的圖像，勾勒出冥想時活躍的那些腦區，並說明它們是如何隨著冥想而發生變化。

這樣的變化發生得非常快。有一項研究是以一群修習「柯爾騰・克里亞」（Kirtan Kriya）吟唱冥想的年長者為對象，檢視他們的腦部掃描

圖 6.6　柯爾騰・克里亞（Kirtan Kriya）的吟唱冥想會使用特殊的手勢

發現，他們的額葉變厚，而且視丘（調節情緒的結構，參見第三章）的活動表明左右腦半球是以對稱方式在運作。此外，這些人的注意力及記憶都改善了。

他們練習多久才能獲得這麼多的回報？答案是：每天冥想十二分鐘，持續八週。

腦容量大不大很重要

愛因斯坦在一九五五年辭世，享年七十六歲。紐澤西州普林斯頓醫院的病理學家湯瑪斯‧哈維（Thomas Harvey）在為愛因斯坦進行屍檢時，摘除了他的大腦，拍照並偷偷保存起來。隨後發生了一系列的奇怪事件，包括據說的大腦遭竊，但那是另一個故事了。

直到哈維醫師的遺族在二〇一〇年將這些照片捐贈給華盛頓特區的美國國家衛生與醫學博物館（National Museum of Health and Medicine）之前，其中許多照片社會大眾或研究人員都沒有見過。

二〇一四年發表的一項研究，分析了剛剛面世的這些照片，判斷愛因斯坦的前額葉皮質非比尋常，而且大腦的其他部位也比同齡男性或年輕男性更大。

研究人員——包括佛羅里達州立大學的人類學家迪恩‧法克（Dean Falk）及上海華東師範大學的物理學家們——發現，比起十五名健康的年長男性及五十二名年輕男子的對照組，愛因斯坦的胼胝體大得特別明顯。

正如我們在第三章所見的，胼胝體連結著大腦的左右兩半球，讓它們能夠協調溝通。法克和其他人的早期研究顯示，愛因斯坦的

頂葉比平常人大了 15%。而在增大的胼胝體中還包括稱為脾胝體
（splenium）的部位，負責連接枕葉、頂葉及顳葉，以及在這些腦
葉與前額葉皮質之間建立連結。

法克博士和她的研究人員總結道：「這些發現顯示，比起對照
組，在愛因斯坦身上，兩個腦半球之間的連結更強。我們的研究結
果表明，愛因斯坦的智力天賦不僅與大腦特定部位的皮質褶皺與細
胞結構有關，也涉及到大腦半球之間更為協調的溝通。」

與冥想有關的四個關鍵網絡

把受到冥想影響的腦區羅列出來是相當有趣的事，但更有趣的，是
它們如何協同運作。不同的大腦部位會在「活動網絡」（networks of
activity）內協同運作，我們可從一個有用的切入點去觀察它們，那就是
每個網絡的**功能**。

受到冥想影響而發生變化的，主要有四個神經網絡。高曼和戴維森
以個別功能區分為：情緒調節、注意力、放飛自我控制及同理心。這些
神經網絡若是結合在一起，就會形成紐柏格所說的「開悟迴路」。

我們將會分別探討每一個網絡，並釐清不同腦區在相關網絡的功能
中扮演了什麼角色。

情緒調節網絡

首先是情緒調節網絡。我認為這是最主要的，因為我相信除非有能
力調節自己的情緒，否則就無法享有快樂的生活。假如我們的意識輕易

受到憤怒、憎恨、內疚、恐懼和羞愧等負面情緒所挾持，就無法長時間保持超悅大腦的狀態到足以觸發神經可塑性。我們對焦慮不安的事件會如何反應，就是由情緒調節網絡控制。

調節情緒是冥想者的第一要務。情緒一生起，就會讓我們分心。愛與恐懼對生存非常有益，因為它們在演化上的角色就是保護我們的安全。愛讓我們與同類連結，在數量上取得優勢；而恐懼讓我們提防潛在的威脅。不過，對尋求內在平靜的冥想者而言，情緒等於干擾及分心。

在第二章佛陀與耶穌的故事中，可以看到想要被愛與害怕失去的情緒，非常容易受到誘惑。只有在他們能夠穩定自己的情緒、拒絕任何誘餌時，才能有所突破而得到開悟。

情緒對意識的惡意併購

還記得你曾信誓旦旦地說要理性行事，卻沒有做到嗎？或許是另一半的習慣讓你很不爽，或許是隊友的態度，或是孩子的行為？你的反應是吼叫與叱罵。又或者你雖然心裡想這樣做，卻沒有表現出來。

於是你決定下次要保持冷靜，進行理性討論。不過隨著對話的情緒升溫，你發現自己又在大吼大叫。儘管你的意圖是好的，但高漲的情緒還是淹沒了你。

在沒有訓練的情況下，一旦負面情緒生起，理性思維能力就會被遮蔽。神經科學家約瑟夫・勒杜（Joseph LeDoux）稱之為「情緒對意識的惡意併購」，也就是說，讓人恐懼且排斥的經驗或吸引人的渴望經驗所產生的情緒會挾持我們的意識。我們需要一再反覆地調節自己的情緒，才能逐漸建立穩定的正向狀態。

在穩定的正向狀態中，如果周遭的人——無論是同事、配偶、孩子、父母、政客、部落客、新聞主播或公司發言人——說了或做了一些會觸發負面情緒的事時，我們會保持中立。

同樣的道理，也適用於從我們本身意識生起的消極想法。穩定的正向狀態讓我們感到快樂，儘管心智還在喋喋不休。

情緒被引爆會發生得令人措手不及。勒杜發現，從聽到觸發情緒的字眼，到大腦邊緣系統（處理情緒的部位）產生反應，不用一秒鐘。一旦我們被強烈的情緒淹沒，理性思維、合理判斷、記憶和客觀評估都會消失不見。

不過，只要我們能夠保持穩定的正向狀態，就能對負面影響做好防護，包括來自本身意識及外在世界的負面影響。只要長時間維持在正向狀態下，這樣的狀態就會發展為個人特質。

圖 6.7　一旦情緒調節網絡建立起來，情緒就不會再因為周遭事件而被引爆。

大腦的記憶中心：海馬迴

情緒的自我調節不是只涉及到情緒面，例如憤怒、羞愧、內疚及憎恨等情緒化感受，也與實質的生理運作有關，這是由一束束神經元共同啟動、連結，有時還會與其他遙遠的大腦部位溝通的結果。情緒自我調

節能力差的行為是一種外在證據，說明了邊緣系統深處的神經路徑被激活了。

在憂鬱的人身上，海馬迴會隨著時間日漸萎縮。患有慢性創傷後壓力症候群的人，高濃度的皮質醇會在海馬迴產生鈣沉積。你的骨骼與牙齒需要大量的鈣，當然不希望身體需要的鈣質跑到大腦把記憶與學習中心骨質化。

相反的，能夠有效調節情緒的人有更大的海馬迴，齒狀迴（海馬迴的一部分，協調大腦不同部位的情緒）等次結構的神經組織也更大。快樂的人會練習必要的情緒調節，把注意力從隨機的想法和生活問題轉移開來，假以時日，就會將這種情緒狀態轉變為個人特質。

他們的記憶力也會跟著改善。哈佛大學的一項研究發現，冥想會導致海馬迴的灰質密度提高。當你透過調節情緒來活化海馬迴時，就是在為快樂與學習建構硬體結構。

上下訊息的中繼站：視丘

巨大的神經束會經由脊髓把訊息往上送到大腦，這條傳導路徑的終點就是視丘。在第三章中，我將視丘比喻為中繼站，因為所有由感官傳達上來的訊息都會轉送到前額葉皮質。

冥想時，視丘會變得很活躍，因為冥想者會抑制可能把他們從超悅大腦拉出來的感官輸入。安德魯・紐柏格發現，兩葉視丘的其中一葉經常比另一葉更活躍。

對這種現象的一種可能解釋，是冥想者的覺知已超過了自己的身體，連結上了宇宙的非局域心。視丘可以告訴我們什麼是現實而什麼不是，這是冥想者深入更大的實相並受到影響的結果。

對資深冥想者來說，在他們睜開眼睛後，這種不對稱感還會持續。借用紐柏格的話，當冥想者經歷過天人合一後，宇宙將會「被感覺是真

實的。但這不是一個『對稱』的實相。相反的，它會以不對稱的方式被人所感知，也就是說，現實與一般人的認知大相逕庭」。

非局域性的無限宇宙，可能比局域性的感官現實更加真實，而且正如紐柏格所觀察到的：「一個人越是頻繁地進行冥想與自我反思，這些現實中心（例如視丘）的改變就越大。」

情緒調節網絡可能是大腦中變化最快的一個網絡。在《科學證實你想的會成真》書中，我曾提過葛拉翰·菲利普（Graham Phillips）的故事。這位澳洲的電視記者決定踏上為期八週的正念之旅，以下就是在他的大腦中所發生的事。

以八週時間重塑大腦

葛拉翰·菲利普博士是澳洲的天體物理學家及電視記者。他對靜心冥想這類讓人心情愉悅的技巧心存懷疑，因此決定要針對靜心冥想進行試驗。他是這麼說的：「我沒有認真想過冥想能為我帶來什麼效果，只不過我聽到的相關研究越多，就越想看看它是否真的有任何功效。所以我將要用兩個月時間，自己親自試試……對我而言，要嚴肅看待冥想就需要有某些實際的證據來證明它正在讓我的大腦變得越來越好。」

在開始試驗前，蒙納許大學（Monash University）生物心理學教授尼爾·貝利（Neil Bailey）博士及臨床心理學家理查·錢伯斯（Richard Chambers）博士所帶領的團隊先為他做了一系列檢測，來評估他的記憶力、反應時間及專注力。他們也利用核磁共振造影來測量他大腦的每個部位，尤其是主掌記憶與學習、運動控制與情

緒管理的部位。

　　練習正念冥想僅僅兩週後，菲利普感覺壓力變小了，也更能處理工作和生活的挑戰。他表示自己「注意到壓力，但不會身陷其中」。八週後，他回到蒙納許大學再次接受貝利與錢伯斯團隊的同一系列檢測。他們發現他在特定任務的行為表現得更好，大腦在能量運用上也更有效率，儘管他的腦部活動降低了。整體而言，檢測的結果是神經活動減弱、工作表現更佳，而且能量耗損更少。他的記憶測驗也有所改善。

　　對意外事件的反應時間，則是加快了將近半秒鐘。菲利普想像這一點的好處倒是不少，比如開車經過繁忙街口時，如果有行人突然出現在你的車前，這半秒鐘可能就是生與死的差別。

　　研究人員對他的齒狀迴特別感興趣，這是海馬迴中負責調節情緒的組織，可以控制不聽話的預設模式網絡。他們還發現齒狀迴的神經細胞總體積**增加**了驚人的 22.8%。

　　菲利普大腦的變化，指出他調節情緒的能力大為增加。心理學測驗也顯示，菲利普的認知能力也增加了幾個級數。

　　不再懷疑了嗎？在靜心冥想實驗接近尾聲時，菲利普說：「嘿，我對自己那個更年輕、更厚重的大腦印象深刻，當然這也讓我更快樂了。」

以下是在情緒調節網絡中會變大的大腦部位：

- 腹內側前額葉皮質
- 視丘

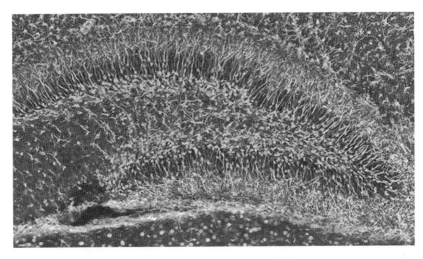

圖 6.8　C 字形齒狀迴的神經幹細胞（請見書末全彩圖）

- 右顳頂交界區
- 海馬迴
- 海馬迴的下腳，這是海馬迴主要的輸出部位
- 前扣帶迴皮質與中扣帶迴皮質
- 眼窩額葉皮質
- 楔前葉
- 腹內側眼窩額葉皮質

　　最後的這個結構可以控制杏仁核、紋狀體及下視丘。根據香港大學的造影實驗室團隊表示，腹內側眼窩額葉皮質會「產生一種更有彈性的評估，以抗衡杏仁核及紋狀體的自動反應，因此在由上而下的情緒調節以及對負面情緒狀態的重新評估中扮演重要角色」。

大腦的情緒中樞：杏仁核

　　在 1% 的這群人中，他們大腦的某些部位會萎縮，杏仁核就是其一。

杏仁核是大腦的「火災警報器」，在資深冥想者身上，因為不常使用就開始萎縮了。

前額葉皮質與杏仁核之間的控制迴路會變大。這一點很重要，因為這個連結越強，你的情緒越不容易動不動就起反應。這些迴路與情緒反應之間的關係是如此強大，以至於它們的大小確實能「預測」一個人情緒反應的程度。即使在沒有情緒波動的情況下，資深冥想者的杏仁核也會沉寂 50%。

在壓力很大的人身上，則會出現相反的效應。杏仁核變大了，而控制情緒的前額葉皮質區以及杏仁核之間的連結則會衰退，造成壓力訊號持續增強。

這個控制迴路讓我特別感興趣的一點是：**訊息流動是雙向的**。在飽受壓力的人身上，這個迴路會將訊號從杏仁核傳送到前額葉皮質，挾持大腦的決策中心並癱瘓執行功能。

不過，資深冥想者會反過來挾持這些挾持者。他們會以「相反方式」運用同樣的控制迴路：前額葉皮質會反向傳送訊號，抑制杏仁核並關閉壓力反應。

基底核也可以調節杏仁核，尤其是紋狀體。它會啟動前額葉皮質區，來消除杏仁核對恐懼的制約反應。一旦這些位於大腦深處的結構被活化，控制情緒就變得容易多了。

幾個世紀以來，1% 的這群人已經認識到情緒調節的必要性。聖阿巴・多羅瑟斯（St. Abba Dorotheus）是六世紀一家巴勒斯坦修道院的院長，他曾經跟追隨者說：「你們所做的事，無論大小，都只是問題的八分之一；而剩下的八分之七，則是為了保持自己的狀態不受干擾。」達賴喇嘛則說：「冥想者真正的標誌在於，他們透過釋放負面情緒來訓練自己的心。」

由此可見，情緒調節網絡一方面會**增大**那些有助於調節情緒的大腦

部位，另一方面又會**縮小**那些對調節情緒沒有用的大腦部位。對成功的冥想與快樂生活來說，這都是不可或缺的基礎。

注意力網絡

　　我將注意力網絡排在第二位，是因為如果我們學會控制自己不聽話的情緒，接下來就能集中注意力。一旦不再受到情緒干擾，專注程度就會提高，此時與注意力網絡有關的大腦部位就會開始成長。這些大腦部位包括：

- 腦島
- 體運動區
- 前額葉皮質中軸部位
- 後扣帶迴皮質
- 楔前葉
- 前扣帶、中扣帶及眼窩額葉皮質
- 前扣帶迴皮質
- 角腦迴
- 橋腦
- 胼胝體

　　體運動區處理的是疼痛、**觸覺**，以及身體在空間中的方位引導。前額葉皮質中軸部位在高度專注時會被活化，可以注意到分神狀態並糾正。楔前葉則與自我調節及快樂有關。

　　構成注意力網絡的其他大腦部位，也跟調節情緒、放飛自我控制及引導注意力有關。所以整體而言，注意力網絡可以偵測到猴子般的心並

加以糾正、控制感官訊息的干擾、保持注意力集中，以及抑制以自我為中心的放飛自我。

同一副頭骨，不一樣的大腦尺寸

　　大腦既然被封閉在固定大小的頭骨內，它的尺寸要如何增大？但神奇的事還是發生了。大腦的新皮質有數百個褶皺，隨著大腦的成長，褶皺的數目會持續增加。想像一下，你將床單揉皺，當出現的褶皺越多，就越能在小空間中增加更多表面積。

　　神經科學家使用一個超專業的術語來描述這種褶皺──「腦迴化」（gyrification）。腦迴化讓容積固定的頭顱內，可以持續添加額外的大腦組織。研究顯示，冥想者的腦迴化程度比一般人要高，因此處理訊息的速度更快。

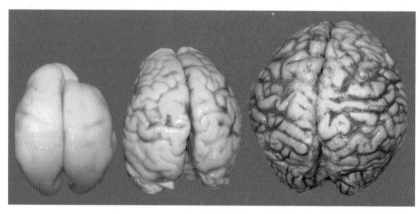

圖 6.9　在人類胚胎發育中期，大腦還沒有出現褶皺（左圖）。出生時，大腦已經有相當多的褶皺（中圖）。成年後，褶皺還是可以持續增加（右圖）。

超彈性的大腦

　　我是三個月前才開始認真冥想，從凌晨四點起床後一直冥想到六點半。在此之前，我每個禮拜大概會做幾次二十分鐘的冥想，但是我想知道自己能否達到像喬·迪斯本札和安東尼·羅賓那樣深入的狀態。

　　大約一個月前，我開始感覺到頭部出現壓迫感，位置大約在鼻梁上方五公分處。我不會覺得難受，不過感覺很明顯，有時候感覺會更強烈。我去找家庭醫師做年度身體檢查，他沒發現我有什麼問題。事實上，他說我身體狀況良好。

　　我在《科學證實你想的會成真》讀到道森的故事，心想他或許知道原因為何。所以我報名參加了他的精簡靜心課程，刻意坐在前排，好方便問他問題。

　　道森當時反問了我許多問題。然後他告訴我，那種壓迫感可能是該位置的大腦正在成長。因為我的感覺很好，所以我覺得這是有可能的。我知道，在做過長時間的倫敦金融交易員那種充滿壓力的工作後，我已經準備好開始踏上另一段不同的人生旅程。

　　　　　　　本文作者為阿克米德·哈比比（Achmed Habibi）

　　其他已經開始練習精簡靜心的人，也告訴我類似阿克米德的故事。經過幾個月的練習，他們都可以感覺到頭顱內傳來的壓力。當我詢問他們壓力來自哪個部位時，他們通常都指向差不多的地方。

　　這些部位都鄰近表面，例如右顳頂交界區及背外側前額葉皮質，冥想會在這些部位增加腦組織。隨著腦組織的成長，會擠壓頭骨來製造出

更多的褶皺，你也可能會感覺到這樣的壓力。

放飛自我控制網絡

在第二章，我們學到了一個新詞「放飛自我」（selfing），亦即預設模式網絡那種以自我為中心並偏愛苦難與負面事物的傾向。不過在我們的大腦中，也有一個放飛自我控制網絡可以抑制這種傾向。

一旦學會馴服自己的情緒、集中注意力，就會拋掉微不足道的自我沉溺並臣服於狂喜狀態。如果放飛自我的控制網絡開始介入，對放飛自我的痴迷就會減弱，因為我們會融入非局域心的統一意識之中。

賈德森‧布魯爾（Judson Brewer）是神經科學領域最具創新精神的研究者之一，他在一項經典研究中發現，冥想者的背外側前額葉皮質與後扣帶迴皮質之間存在著更強的連結。這樣的神經路徑會讓後扣帶迴皮質（預設模式網絡的兩個中心之一）沉寂下來。同樣的，放飛自我控制網絡也會加大許多大腦部位，其中包括：

- 腹內側前額葉皮質
- 額下溝（Inferior frontal sulcus）
- 額中迴與額下迴的交接處
- 前扣帶與中扣帶
- 眼窩額葉皮質

在經過三天的正念練習後，研究人員發現背外側前額葉皮質與後扣帶迴皮質之間的連結更強了。僅僅練習了七十二小時，修持者的自我調節能力就開始增強了。

不過對更有經驗、冥想時數數千個小時的冥想者而言，這些連結會

更為強大，讓他們可以更快速、更有效率地進入超悅大腦的狀態。比起初學者，他們的預設模式網絡（DMN）也沒那麼活躍。這使得 DMN 即使在非冥想狀態下也能得到更好的控制。

內側前額葉皮質與自我指涉（self-referencing）*的行為有關，對經驗豐富的冥想者來說，他們的內側前額葉皮質會保持沉寂。前扣帶迴有助於控制衝動和情緒，它會與基底核的某些部位配合，提供一個未來的視角來控制放飛自我，而不是支持當下的立即行動。

這些大腦部位更強的連結性，讓冥想者能夠開啟靜音模式，屏蔽來自放飛自我網絡的喋喋不休，讓預設模式網絡安靜下來，獲得內在平靜所需要的心理空間。這種連帶效應，可以防止初學者因為猴子般的心而脫離冥想狀態。

同理心網絡

一旦前面三個網絡建構完成，就可以擺脫那些讓冥想新手分心、喋喋不休的自我對話。我們搭起的帳篷已經放大邊界，不再只是擁抱皮膚包裹下的那個自己。我們可以把帳篷無限擴大，連結到宇宙，感受到與宇宙及萬事萬物合一。

這樣的靈性之旅，少不了同理心網絡。當同理心出現時，被活化的大腦神經迴路，跟我們在照顧孩子、朋友或親人時一模一樣。如果經常喚起慈悲心，這些迴路很快就會變得更強大。隨著帳篷邊界的一再擴展，我們納入了整個宇宙，同理心也會跟著延伸到無限。

同理心網絡，還包括能感知疼痛等身體訊號的大腦結構，這對情緒智能（情商）相當重要。冥想者會對他人的痛苦感同身受。

---

* 編按：是指將接收到的刺激與自己或自身經驗連結在一起。

一旦同理心網絡被活化,就會喚醒與快樂及喜悅相關的迴路。這些大腦部位之間的連結程度越強,冥想者就會變得越快樂、越無私。同理心網絡最重要的幾個大腦部位包括:

- 腦島
- 右顳頂交界區
- 前扣帶迴皮質
- 前運動皮質
- 依核

在充滿慈悲心的資深冥想者身上,腦島會增大。腦島會讓我們意識到自己內在的情緒狀態,提高對這些情緒訊號的關注程度。它同時也和心臟及其他內臟器官有豐富的連結,以便追蹤並整合來自身體的訊號。在具有同理心的人身上,腦島會對他人的痛苦產生強烈反應,就彷彿自

圖 6.10 同理心不只是情緒狀態,還具備神經生理學的基礎。

己也在受苦一樣。

　　從右顳頂交界區被活化來看，同理心網絡讓我們能從他人角度來看待事情。這讓我們能夠設身處地為他人著想，考慮他們的需求。

　　只有在考慮要幫助他人時，才會點亮前扣帶區的一部分。當我們只選擇對自身有益的結果時，它不會被活化。這個大腦部位也和衝動控制與決策有關；我們可以選擇雙贏，而不是被依核的私人欲望所驅動。

　　資深的修持者在面對他人痛苦時，會活化前運動皮質。這意味著大腦不光是注意到了某個人類夥伴的痛苦，還準備要採取行動。

　　在經驗豐富的冥想者身上，依核會縮小。就像我們在第三章提過的，這個部位與欲望和成癮密切相關。透過同理心的神經元連結，我們可以讓依核停止作用，也就是弱化對以自我為中心的執著。

　　平息情緒、集中注意力，就不會再受到自己的渴望與衝動所驅使，而與獎勵迴路相關的大腦迴路會開始萎縮。

　　在教導精簡靜心僻靜營的學員時，我只會在前三個網絡都被活化後才會把重心移往同理心網絡。首先，我會要求學員先關注自己，接著再關注另一個人。在此之後，我們才能將慈悲心擴展到全宇宙。

　　這是因為，想到其他人很容易讓我們分心。我愛的人，我不愛的人，是發生了什麼事才會造成我有這樣的感覺。當我們試著去同情曾經傷害過我們的人時，很可能會讓我們離開超悅大腦的狀態。所以，只有在注意力網絡發揮作用後，我才會活化同理心網絡。

改變大腦就是改變生命

　　持續實踐，可以把喜樂的狀態發展為喜樂的特質，這是送給人類的一份大禮。這意味著，我們並非注定只能活在穴居人的大腦之內，這絕對不是進化的終點。冥想就能促使大腦進化，有些腦區進化較慢，而有

些較快,這是一個了不起的發現。在第八章,我們會接著探討,這個發現對世界有什麼深刻的影響。

僅僅八週,就讓葛拉翰·菲利普的齒狀迴成長了 22.8%,而齒狀迴正是清晰行動的號角。當你能夠迅速地發展自己的情緒調節硬體(這是快樂與內在平靜的基礎),還有什麼理由讓你裹足不前。

你不用止步於今天的快樂程度,還有更極致的快樂等著你。只要不間斷練習,每個人都能一路抵達狂喜境界,而且不用太久。在針對柯爾騰·克里亞冥想的研究中,發現只需要八週、每天十二分鐘,就足以啟動大腦開始改變。

檢視自己的生活,你可能在某些方面不甚如意,可能是金錢、愛情、家庭、事業、靈性、體重或健康,而我們能做的改變可能有限。

但是,對改變自己的大腦來說,你的能力是無限的。一旦改變並重塑你的大腦,你就會帶著全新的觀點去看待一切,接著你周遭的世界也會開始改變。大腦的改變,觸發了生命的改變。

深化練習

本週你可以做這些事,把這一章的資訊融入生活中:

- **健康大腦日誌 1**:瑪麗安·戴蒙列出了健康大腦的五個要素:飲食、運動、挑戰、新事物、愛。每週一開始,將這五個要素寫在日誌上。接著,每天都在每個要素下,寫下至少一項對大腦健康有益的行動並徹底執行。以下是兩個例子:
  - 新事物:這週上班時,我要在車上聽法語錄音帶,練習字彙。
  - 運動:這週採購時,我要提前一站下車,走一段路去店裡。
- **狀態進展練習**:使用一些方法來制衡大腦的消極偏見,以及接收好訊息。例如,想一個讓你很煩的人,然後列出對方的優點。只要你

的思緒被吸引去注意他們煩人的特質時，就刻意去看一看這張清單。一旦你的心充滿了這些良好的特質，就會在對方與清單間建立起一個新的神經連結。你還可以針對其他讓你陷入資源缺乏狀態的刺激，套用這個練習。

- **健康大腦日誌 2**：通常來說，「情緒對意識的惡意併購」也是由同樣的刺激所觸發的。在日誌上寫下十件別人最讓你感到不快的事情，然後分別針對每個人去想像他們就像你描寫的那樣卑微、惡劣或噁心。現在把那一頁日誌摺起來，把這一天的日期記下來後，不再去看這一頁。過了一年或更久之後，當你回頭來看摺起來的這一頁時，注意自己當時的看法出現了怎樣的變化（這一年，你甚至不用刻意改變自己的看法）。

- **注意頭部的壓力**：冥想時，你是否開始感覺到從頭骨內傳來的陣陣壓力？明確寫下是哪個位置，然後上網查看大腦構造圖。看看你能否辨認出壓力來自哪個大腦部位，再仔細閱讀那個部位的功能。

延伸資源

本章的延伸資源包括：

- 道森引導式靜心：培養專注力
- 安德魯‧紐柏格關於尋找開悟狀態的 TEDx 演講
- 賈德森‧布魯爾關於預設模式網絡的錄影
- 莎拉‧拉札爾關於冥想如何改變大腦的 TEDx 演講
- 道森關於能量改變物質的示範錄影

延伸資源請上網連結 BlissBrainBook.com/6。

第 7 章

大腦的超級復原力

The Resilient Brain

科學告訴我們,我們有能力療癒早年生命的缺憾,不只能療癒心智軟體,也能療癒大腦硬體。一個堅韌、高復原力的成年人,可以運用大腦的某些特定部位來擺脫預設模式網絡的控制,並在大腦硬體內安裝升級版的神經路徑,從而無畏、從容地應對人生變故。

我們都聽過創傷後壓力症候群（PTSD），我也針對 PTSD 的治療做了許多研究，也跟同事一起執行過退伍軍人 PTSD 的隨機對照試驗。試驗結果發現，運用情緒釋放技巧（EFT），超過 85% 的受試者可以從病理性重現、夢魘、失眠及過度警覺等症狀中復原。其中許多人也開始嘗試冥想。

我和一群治療師、人生教練在二〇〇七年一起創辦「退伍軍人壓力計畫」。這些年來，我們陸續與兩萬多名退伍軍人、他們的家人合作，也看到了他們的生活出現了好的改變。以下的故事曾收錄在《科學證實你想的會成真》一書中，故事主人翁是一名學習精簡靜心的退伍軍人。

從生死一線的戰場到內在平靜

許多朋友都說我是個活生生的矛盾體：一個面向的我，積極追求靈性，專程前往日本禪寺學習靜心，本身是瑜伽老師，也和全世界一些最頂尖的治療師學習身心醫學。

另一個面向的我是個退伍軍人，在伊拉克戰爭期間曾以美國海軍陸戰隊醫官的身分執行過四次任務。離開部隊後，我被診斷出創傷後壓力症候群。經過一段長時間的失落、無助及無望後，我開始自我探索與療癒，決心要學習最有效的技巧來冷卻心中的怒火和身體的不適。

在這封信中，我想說的是自己曾經接觸過的一個最有效的身心療癒法，而這個方法現在已經成為我日常生活不可或缺的一部分，也是我最常與其他希望人生出現轉機的受苦者分享的，那就是道森‧丘吉的精簡靜心。這個練習只需要幾分鐘，卻能帶領我們進入

身心的幸福狀態,而這通常只有少數幾個高階靈性修持者才能做到。

對於任何一個 PTSD 退伍軍人來說,這是一個非常理想的方法,完全免費,而且以我的親身經驗來說,這個技巧遠比美國退伍軍人管理局目前使用的任何藥物或治療方法都更加有效。

我想先說點自己的故事,然後再仔細描述精簡靜心的方法和好處。我希望讀這封信的人都能為自己學習這個方法,並將它納入退伍軍人管理局提供的療法清單中。

我畢業自普林斯頓大學,在二〇〇三年入伍擔任醫護兵,同年我們入侵伊拉克並開啟了一場後來影響了一整個世代的戰爭——至少影響了我們這些曾經參與戰爭的人。我想報效國家,也希望能把伊拉克人民從海珊的暴政中解救出來。

我第一次的任務部署是在美國海軍陸戰隊偵察營(屬於特種部隊),參與了二〇〇四年十一月伊拉克的費盧傑(Fallujah)第二次戰役,這場大規模攻擊被認為是美軍繼越南順化戰役之後最激烈的一場城市戰。

曾經駐紮在這裡的美國士兵幾乎每個人都帶著終生糾纏不休的陰影,而我們都得學習如何與這些陰影共存。

對我而言,這類陰影之一就是目睹同單位戰友的死亡,他在挖掘土製炸彈(叛軍在廣場和路邊所埋設的自製簡易爆炸裝置)時不幸喪生。

戰友被炸死(同時還有好幾個人死亡和受傷)後,他的屍塊四處散落。我抵達現場時,他的隊友正在撿拾他的屍塊,醫護兵則在治療傷者。我震驚地看著他的兩名隊友來到我的悍馬車旁索取手套和垃圾袋。後來我才知道,因為沒有完整的「屍體」可以裝進屍袋,

只剩下散落各處的肌肉、骨骼和器官，這些後來都被裝進五十加侖的黑色塑膠袋裡。

我帶著敬意地仔細檢查及整理好戰友的遺體，但是那晚在我腦海中燒灼的畫面將伴隨著我餘生的每一天。從那天開始，為了自我保護，我的靈魂飄離了身體，而我也開始預期自己的生命終點可能也是一個裝滿屍塊的垃圾袋，然後被送回給我的家人。但是現在的我，還得在剩下兩年半的戰鬥部署中發揮軍人的功能。

為了能夠繼續撐下去，我除了對醫官隨手可以取得的止痛藥成癮之外，在心理上也接受了「我已經死了」這個事實。我不斷提醒自己不管發生什事都無所謂，因為我已經死了。

PTSD被描述為一種會對大腦造成實質傷害的精神疾病，而我現在意識到，儘管我們醫護人員有全世界最好的急救訓練，卻沒有任何的「心理急救」能治療這些精神創傷。此外，雖然在灰塵蔽天、垃圾遍地的伊拉克街道巡邏時，我們會穿上厚重的防彈衣來防止敵方槍手的狙擊，卻沒有「生命裝甲」幫我們抵抗對死亡的持續恐懼所造成的心理傷害。我們缺乏身心技術的知識，在最需要的時候讓神經冷靜下來，並取用內在的療癒資源。

二〇〇八年我從軍隊光榮退役，對於自己能從戰爭中活下來還無法置信。我預期自己會對卸下軍人身分而感到無比輕鬆，但事實上卻事與願違。不論我走在哪個城市，恐懼都如影隨形，強烈的程度就像我還在伊拉克一樣。

我想，我花了那麼多時間接受自己已經死了的事實，才會在返鄉後成為生活在活人中的一個活死人。在我眼中，每個人都可怕地被毀了容、中了槍、四肢殘缺不全、流著血，而且需要我的幫助。

在某些方面，我甚至過得比在伊拉克還糟糕，因為我的所有感覺都與現實環境格格不入，而且身旁不再有弟兄給我情感支持。

很長一段時間，我只能高度依賴酒精和藥物，包括榮民醫院精神科醫師善意開給我的氯硝西泮（clonazepam），這類藥物有高度的成癮性。

不過，我還懷抱著一個夢想：學習靜心並踏上靈性道路，這是我大學時代的夢想，那時我開始接觸到佛教和瑜伽等教誨。我意識到，比起藥物的短暫功效，或許它們才是身心健康和穩定情緒的解決之道。我決定要跟真正的亞洲上師學習靜心，所以我去了日本岡山縣一間名叫「曹源寺」的傳統禪寺接受訓練。

很多人一定以為在禪寺修行，自然會過得非常平靜、充滿喜樂。然而，雖然我確實有許多美好的體驗，但是實際的訓練卻很艱苦。我們在寒冷的房間裡長時間冥想，門戶洞開迎接著日本冬日的冰雪，還不准穿戴帽子、圍巾、襪子及手套。冥想期間有資深僧人在禪修室巡視，他手上拿著稱為「香板」或「警策棒」的棍子，一發現有人垮肩駝背或閉上眼睛就會敲打肩膀提醒。

禪宗訓練絕對會違反日內瓦公約，西方世界不可能找到像這樣的引導式冥想。他們只簡單地告訴我坐下來注意自己的呼吸，這是我唯一接收到的靜心指導。

記得在寺院的第三天，我覺得自己快崩潰了，我的腳很痛，而我腦袋裡的聲音在我試著進入冥想時變得無比大聲，一直干擾我。我去找了那個資深僧人，跟他說：「請告訴我應該拿我的心怎麼辦，我快瘋了。」但他只是看著我說：「不許說話。」然後就走開了。

由於只能靠自己，我不知怎的竟然找到了繼續下去的意志力，

　　然後經過幾天、幾週、幾個月，我確實體驗到深刻的快樂以及擴展的覺知。這讓我相信，作為通往開悟的道路，靜心確實如同我所期望的，給了我經典中所說的種種承諾。

　　我非常感激原田上師（Shodo Harada Roshi）的教導，他是真正的現代禪師。但在離開禪寺後，我清楚知道無法單靠自己來維持那種程度的靜心，而且我需要更快更容易的方式進一步了解自己的身心狀態，才能讓靜心修持在我的生命中發揮真正的作用。

　　上網搜尋後，我驚喜地找到道森·丘吉這個人，他已經整理出一套稱為精簡靜心的修持法，這是「靜心之中的靜心」，直指核心。

　　我第一次接觸到精簡靜心，只是登入網站後跟著步驟操作，結果兩分鐘內，我就發現自己啟動了所有的療癒資源，進入一種深沉的放鬆與幸福狀態。先前要達到這種狀態，就算不用花上幾天和幾週靜心，起碼也需要幾個小時才能做到。

　　我立刻報名道森的研習營（我非常幸運，這次的研習營是由他和同事喬·迪斯本札一起主持）。我非常期待道森親自帶領我們進行精簡靜心，而他在現場的引導也沒有讓我失望，而且更讓我相信他教的方法能讓這個世界（尤其是退伍軍人）體驗到深刻的內在療癒與健康，不用在寺院待上好幾個月，因為我們多數人都沒有這樣的時間自由。

　　透過媒體的報導，我們對創傷後壓力症候群已經耳熟能詳，但只有少數人意識到創傷後成長的現象。「創傷後成長」的理論（也是事實）指出，只要有意識地選擇不要成為受害者並踏上療癒之路，經歷過創傷的任何人都能從創傷中找到意義，並引領他們進入一個更圓滿的生命。人們常說，苦難是最偉大的恩典，因為它會帶

領我們尋求療癒，進而把我們帶到正常狀態下遠遠無法企及之處。

　　但是我們需要知道療癒的工具，那些身陷困境的人需要明確的技術和方法。

　　為了找到治療戰士心理創傷的最佳方法，退伍軍人管理局和美國政府已經花了數十億美元。但是，這類技巧通常都涉及到複雜的科技以及先進的藥物，收費一般都不便宜，而且只能透過醫學博士或哲學博士等專業人士才能施用。

　　雖然你可能沒有經歷過近距離城市戰那種瀕臨死亡的恐怖，但是從另一個角度來看，每個人每天都暴露在形式較溫和的戰鬥中，遭受現代社會各種壓力源的轟炸，時時刻刻都在啟動戰或逃反應。之所以會演化出這種反應，是為了在可怕的傷害事件中拯救我們的生命，不過現在觸發戰或逃反應的，是我們每天都要面對的長期壓力源，包括身陷車陣而即將遲到、一團亂的家庭生活，或只是以旁觀者角度從媒體閱聽到悲慘事件。這些事件都與生死攸關的戰或逃反應，不成比例。

　　道森‧丘吉的精簡靜心，以及他所教導的情緒釋放技巧（EFT，以中國能量醫學為基礎），未來都可能成為引領潮流的一種自我療癒方案，從藥物治療轉向到「患者自行施用、自我引導」的療法。這類技巧能在一小時內就教會退伍軍人，幾乎完全免費；而且能夠讓學會的退伍軍人一生都受用，當作保持身心健康的日常練習，並能在急性不適期提供迅速的緩解效果。我真誠推薦退伍軍人管理局將這個方法納入治療手段之一。

　　　　　　　　　本文作者為布萊斯‧羅葛（Bryce Rogow）

　　布萊斯的故事說明了一個不如 PTSD 名聲響亮的現象——創傷後成長。許多有過慘痛經歷的人都留下了終生的傷口，幾乎沒有復原的希望。但是對有些人而言，慘痛的經歷會敦促他們面對自己恐懼，超越過往的可怕經歷，變得更堅韌。總之，PTSD 不是無期徒刑。

什麼是創傷後成長？

　　在 PTSD 屢屢躍上頭條的同時，關於創傷後成長的新聞報導卻非常罕見。經歷過創傷事件的人之中，大約有三分之二的人不會發展為 PTSD。這個估計是基於多項對有過類似經驗的人所做的心理健康研究，而針對曾在伊拉克及阿富汗服役的美國退伍軍人所做的研究，也支持三分之二與三分之一的這個比例。

　　這兩組人之間有什麼不同？研究顯示，負面的童年事件與成年 PTSD 的發展有相關性。但是某些童年不幸的人，長大後卻變得比同儕更堅強、復原力更高。

　　逆境有時會讓人變得更強大，一生順風順水的人可能沒有機會攀到這樣的高峰。研究顯示，經歷過創傷事件、但能處理並整合這些經歷的人，比起沒有經歷這類事件的人，會變得更堅韌、更有彈性。這樣的人有更好的準備去面對未來的逆境。

　　當你暴露在壓力源中，並成功地調節大腦的戰或逃反應時，處理創傷的神經連結會增加（參見第六章）。這就是神經可塑性帶來的好處。這樣一來，負責處理從壓力中復原的那些神經路徑會變得更大，而這些更大更好的訊息傳遞路徑會讓你做好準備，更善於處理未來的壓力，在你遭遇困境和問題時能更堅強、更有韌性，復原力也更高。

　　在同事的協助之下，我進行了一項深深觸動我內心的研究。當時我們辦了一個一週僻靜營（其中包括四天的 EFT 課程及其他能量心理學

圖 7.1　參加僻靜營的退伍軍人

技巧），更有二一八名退伍軍人和他們的配偶參加，我們當場檢測了他們的 PTSD 症狀。

　　僻靜營一開始時，有高達 83% 的退伍軍人及 29% 的配偶出現 PTSD 症狀。六週後重新檢測時，這些數據卻大幅下降了：只剩 28% 的退伍軍人及 4% 的配偶還有 PTSD 症狀。珍妮是退伍軍人的配偶，在參加僻靜營之前婚姻岌岌可危，她含著淚水說道：「這麼多年後，我終於把羅比從越南帶回來了。」

　　這些檢測數據驚人，但數字背後卻站著一個又一個的布萊斯或羅比，他們終於回到家人身邊，也終於回歸到當下的生活。如今天平已經不再偏向 PTSD 那邊了，而是偏向創傷後成長。

　　對於這些退伍軍人和他們的家人來說，這麼高的治癒率代表著一扇通往全新可能性的大門。那些被苦難層層壓抑的人類潛能，如今終於得以釋放出來。

無論發生什麼，都要笑著對生活說 YES ！

　　維克多・弗蘭克（Viktor Frankl, 1905~1997）是奧地利精神科醫師與神經學家，在二次大戰的納粹大屠殺期間被關進集中營，他的故事在戰後鼓舞了全世界。一九九七年，弗蘭克死於心臟衰竭，那時他的著作《活出意義來》（*Man's Search for Meaning*）——描述他在集中營的經歷以及他從中得出的結論——已經以二十四種語言賣出一百億冊。該書的原始書名（由德文翻譯而來）揭示了弗蘭克讓人驚嘆的人生觀：「無論如何都要對生命說 YES：心理學家的集中營經驗」。

　　一九四二年，弗蘭克和妻子、父母被送往捷克的特雷津集中營（Theresienstadt ghetto），這是用來欺騙紅十字會檢查員的樣板營區，以掩飾集中營真正的目的與生活條件。一九四四年十月，弗蘭克和妻子被轉移到奧斯威辛（Auschwitz），這裡據估計有十一億人正面臨死亡。當月稍晚，他又被轉移到考佛林（Kaufering）的一處勞動營（亦即達豪集中營附屬營區），接著因為罹患傷寒，他再次被轉送到圖克海姆（Türkheim）集中營並一直留在這裡，直到美軍在一九四五年四月二十七日解放了該集中營。弗蘭克的直系親屬中，只有他和妹妹史黛拉從大屠殺中倖存下來。

　　在《活出意義來》一書中，弗蘭克表示，意義感是決定人們能否從痛苦或甚至恐怖經歷存活下來的關鍵因素。他寫道：「曾經在集中營生活過的我們，都會記得那些走過每間小屋並溫言安撫其他人的人，還有把自己最後一片麵包分給別人的人。他們的人數雖然不多，卻足以證明人的一切都能被剝奪，但只有一件事例外：人類

最後的自由——在任何情境下自由選擇自己的態度，選擇自己要走的路。」

弗蘭克堅信，儘管我們無法避免生命中的苦難，但我們可以選擇處理苦難的方式。我們可以從苦難中尋得意義，並懷著新目標繼續自己的生活。用他的話來說：「當我們再也無法改變環境時，我們的挑戰就是改變自己。」

在這則美麗的故事中，弗蘭克寫道：「在刺激與回應之間存在著一個空間，而這個空間給了我們選擇如何去回應的力量。我們的回應決定了我們的成長與自由。人類最後的自由，就是在任何特定時空的環境下選擇自己的態度。」

圖 7.2　近年來，造訪奧斯威辛集中營的人數創下新紀錄。前門上有個諷刺標語，意思是「工作讓你自由」。

創傷無所不在

要面對創傷的，不只是退伍軍人、受害者、受虐兒童以及意外事故

的倖存者。大約有 75% 的美國人，在某個生命時刻都會經歷到創傷性事件。女性更容易成為家庭暴力的受害者，其機率遠超過乳癌罹患率。每一年，每十個男孩中就會有一人被猥褻，而每五個女孩中就有一人會遭受同樣的經歷，而且加害者通常是家庭成員。

　　每一年，都有多達 60% 的青少年成為犯罪過程的目擊者或受害者；近半數的人還會遭受到肢體攻擊，有 25% 的人經歷家庭或社區暴力。在十五年的伊拉克與阿富汗戰爭期間，死於家人之手的美國人比死於戰場上的美國人還要多。

　　看看你的身旁，看看你日常生活中所遇到的人。如果你的工作團隊中有二十個人，就統計學來看，很可能其中至少有兩個亂倫倖存者。如果你參加的是四十個成員的男性互助團體，那麼跟你同處一室的人中，就有三十個人經歷過創傷性事件。

　　正如我們從第二章到第六章所探討的，這些經歷都會對生理與心理

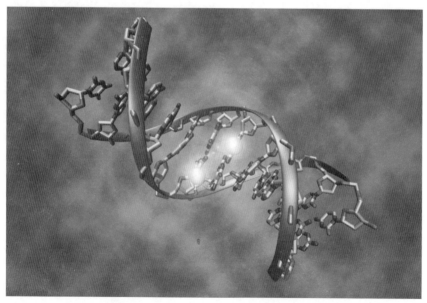

圖 7.3　甲基（明亮的球體）附著在 DNA 鏈上（請見書末全彩圖）

層面造成衝擊。在《基因中的精靈》一書中，我提過「甲基」（methyls）這種分子所扮演的角色：它們會附著在基因上，抑制基因表達；而某些信使分子則和憂鬱症、焦慮及 PTSD 有關。

　　這只是童年創傷以「生物嵌入」* 機制造成負面表達的方式之一。另一種則是一組稱為微小核糖核酸（microRNA）** 的小分子。在一項針對 PTSD 退伍軍人所進行的隨機對照實驗中，我和同事發現，它們也會跟 DNA 鍵結。我們所辨認出的微小核糖核酸，稱為 let-7b 與 let-7c，都和壓力有關，它們會抑制有益基因的表達。

　　童年創傷也會抑制腦組織的形成。童年時被剝奪教養的成年人，大腦會縮小 8.6%。遭受剝奪的情況越嚴重，大腦的尺寸就越小。從表觀遺傳學與神經學來看，創傷會重塑用來構成細胞的物質。

療癒時刻已到來

　　在聖經《傳道書》中，先知告訴我們：「凡事都有定期，天下萬物都有定時。」這些「定時」包括「殺戮有時，醫治有時……」

　　對許多人而言，童年是一個許多潛能都可能在壓力下被扼殺的時期。長大成人的我們，是取回自己的力量、投入自我療癒的時候了。

　　成年是我們能夠用來修復往日創傷的一個重要人生階段，我們必須在一號門或二號門之間選一個。在每一個難關或逆境之前，我們可以扮演無助小孩的角色，走進一號門並重新上演已經無數次的迷你死亡，或者我們可以選擇二號門，承擔起自我療癒的任務。

---

* 編按：生物嵌入（biological embedding）是指小時候的不幸經歷會透過表觀遺傳標記及生物組織重組等方式，改變本身的生物結構，日後在面對挑戰及環境變動時容易過度反應，變得不堪一擊或更容易生病。
** 編按：微小核糖核酸是一類具有調控基因表達功能的單鏈、非編碼的 RNA 小分子。

圖 7.4　每一天我們都得在兩扇門之間選一個

　　如果我們放任自己重複過去的痛苦，就會一再地強化這些神經路徑。這就是為什麼 PTSD 往往會隨著時間惡化，我將這種現象稱為「神經可塑性的陰暗面」。治療師帕特・林德・凱爾（Patt Lind-Kyle）注意到，第二章提到的預設模式網絡「在經歷長期創傷、童年虐待及其他壓抑情緒模式和經歷的人身上異常活躍」。

　　相反的，如果選了二號門，我們就可以透過冥想、EFT 及其他能量技巧，提升我們的情緒狀態。然後，神經可塑性會將它們轉變為我們的特質，而往日遭受的傷害，則成為轉變所需要的燃料。

　　身為成年人，我們擁有力量可以做出童年時做不到的選擇。被猥褻的五歲小孩無法離家出走，無法去餐廳打工來支付一間安全的公寓。但成年人可以。成年人的心智與大腦或許還無法擺脫童年創傷的影響，但是他們擁有自己以前欠缺的力量。

　　現在，科學告訴我們，我們有能力療癒早年生命的缺憾，不只能療癒我們的心智軟體，也能療癒我們的大腦硬體。一個堅韌、高復原力的

成年人，可以運用自己大腦的某些部位（例如腹內側前額葉皮質或背外側前額葉皮質）來控制杏仁核。他們花在控制杏仁核的時間越多，效果就越顯著。不斷地練習，可以將杏仁核的活性降低 50%。

其中的關鍵是注意力控制。美國心理學之父威廉・詹姆斯把控制注意力的訓練，稱為最優秀的教育（參見第八章的選擇性注意力）。

治療師琳達・格拉翰（Linda Graham）在《心理韌性》（Resilience）一書中，收錄了一百三十種練習來打造有韌性的大腦。她說：「無論我們面對的是接踵而至的小煩惱，或是一個可怕的災難，韌性都是可以教導的、學習的，也是可以恢復的。」

從古至今的先知，都在告訴我們這一點。十九世紀的孟加拉詩人泰戈爾，曾如此請求：「我不祈求在險境中得庇護，但求無畏面對它。我不祈求疼痛得以止息，但求一顆能克服的心。」

海倫・凱勒說：「這個世界有很多苦難，但也有很多人克服了苦難。」印度《法句經》（Dhammapada）寫道：「點滴之水可以裝滿水瓶。同樣的，智者一點一滴地累積善行，也能福德圓滿。」十九世紀德國哲學家尼采則說：「凡殺不死我的，必使我更強大。」

西北大學科學創新中心的一個研究團隊，曾經針對專業上的失敗做了一項長達十五年的研究。他們預期會發現，失敗會對受試者的職業生涯造成長期傷害。然而，令他們驚訝的是，研究報告的主要作者王洋（Yang Wang，音譯）表示，在失敗後的十年裡，這些人「普遍有更好的表現」，而且比那些早期成功的人表現得更好。

哥倫比亞大學臨床心理學教授喬治・博南諾（George Bonanno）認為，韌性其實是面對悲劇時最常見的反應。大約有 35% 到 65% 的人「在經歷災難事件後會很快回歸到正常生活」。

這種現象反過來會對生理系統產生正向的效應。洛克斐勒大學神經內分泌學實驗室主任布魯斯・麥克尤恩（Bruce McEwen）表示：「健

康的自我價值、良好的衝動控制及決策能力，以及健康大腦的所有功
能，都對創傷後成長有重要貢獻。」他認為韌性是一種內在生成的存在
狀態，在遭受壓力時，能夠在基因表達上產生健康的表觀遺傳變化。

　　在第四章，我們看到了療癒過去時會造成腦部活動的巨大變化。在
微小核糖核酸的研究中，成功治療 PTSD 後，這些壓力分子確實會從退
伍軍人的 DNA 脫落。我們也發現，心理健康的改善與八種微小核糖核
酸之間有統計學意義的明顯關係。

圖 7.5　微小核糖核酸的研究，發現這些表觀遺傳分子與壓力症狀的相關性。

　　我們可以**運用自己的意識**對染色體造成這些表觀遺傳的變化，這個
事實是近年來最令人興奮的發現之一。在第八章，我們會看到這種超能
力對人類未來有哪些革命性的影響。

你的意識決定你能不能活得久

雖然基因、環境、個人習慣確實和健康及長壽有關，但是意識品質才是最重要的。

波士頓大學醫學院的一項大規模研究，追蹤 69,744 名女性及 1,429 名男性長達數十年：男性持續追蹤三十年，女性為十年。該研究的主題是「長壽」，其定義是活到至少八十五歲。那麼，能否長壽的差異是什麼呢？答案是：樂觀的態度！

最樂觀的人，平均壽命可以增加 11% 到 15%。比起悲觀者，樂觀者活到八十五歲的機率高出 60%。

即使考慮到抽菸、喝酒、飲食、教育程度、慢性病和運動等因素，研究結果依然成立。

韌性只是樂觀的其中一個特質。當你加上該研究所說的其他有利於長壽的意識特質，例如愛、喜悅、慈悲、利他等，那麼以上的數據還會上升。

可以升到多高？我的導師，著名的神經外科醫師諾曼・席利（C. Norman Shealy）曾經計算過，並得出四十年這個結論。這是透過冥想、EFT 敲打以及其他紓壓技巧來改變意識的附加作用。研究顯示，冥想者在很多生物指標上都會改善，包括長壽。還有一個相關研究發現，僅僅二十分鐘的冥想就能造成廣泛的表觀遺傳變化。

進入二號門，見證生命奇蹟

我身體的病痛不斷，因為一隻腳比另一隻腳短了五公分，造成髖部不正及脊椎側彎，從青少年時期就經常背痛。

到了三十多歲時，背痛有時會非常強烈，痛到必須像胎兒一樣，背

靠著牆蜷縮著。任何動作都會產生劇烈的疼痛，忍不住時，我就會像受傷的動物那樣大叫。

到了四十多歲，我學會了透過伸展、舉重、氣功、EFT 敲打及瑜伽來控制背痛的毛病。結果是，我從此過上了一種相對不痛的生活。當背痛發作時，我學會了感謝它，把疼痛當成我珍貴的身體在發出訊號，提醒我不要過度使用它。

這是發生大火之前的事。

大火過後，我們有段時間住在佩塔盧馬市中心一間帶點霉味的法式主題旅館。旅館沒有電梯，只有狹窄的樓梯通往我們樓上的房間。

有一天，我扛著沉重的箱子爬樓梯時，右腹部傳來一陣劇痛。我在床上躺了一會兒後，疼痛消失了。從此之後，它就時不時來造訪，躺下來或睡個午覺通常可以緩解。

最後，克莉絲汀堅持讓我去看醫生，診斷結果是疝氣，也就是腹壁

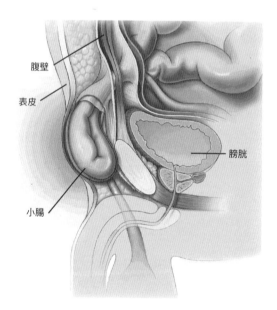

圖 7.6　腹股溝疝氣

肌肉撕裂，導致腸道移位至陰囊。

　　儘管身體有驚人的自癒能力，但其中一個例外就是疝氣，除了動手術，別無其他治療方法。

　　當時醫療系統因為治療火災受傷者而負荷過重，短期內無法再為我安排手術。我必須等上幾個月。

　　在手術推延期間，我盡可能如常運動，騎腳踏車、划槳船，以及做其他不會壓迫到腹部的運動。但是每一天，克莉絲汀和我都得處理火災後生活的現實問題。

　　在我人生最糟糕的這段日子，有一天我拖著沉重的箱子走過停車場，來到我借來的卡車前。我們大部分的財物都存放在一位朋友的辦公室裡，有些東西還是我不可或缺的。那間辦公室遠在五十公里外，我必須一次次往返，因此不可避免地要承受背部和腹部競相帶來的疼痛。

　　但是就在那一天，我在回家的路上開始做 EFT 敲打，當天早晨的精簡靜心也給了我支持。儘管離疝氣手術還有好幾個星期，但是我能感覺到自己的心情從絕望變成了欣喜。這就是韌性的力量。

　　大火過後的幾天、幾星期、幾個月，我一直堅持不懈地、頑強地、堅定地保持樂觀。我每天都會表達感謝，每天早晨都會沉浸在超悅大腦的狀態下。選擇二號門會讓你更有韌性，就像我一樣，不管是遭遇像火災那樣突如其來的災難，或是長期的慢性疼痛，都能挺過來。

　　火災發生的幾個月後，我們在派對上遇到一位熟人。她問克莉絲汀和我過得好不好，而我們則把這些日子面對的許多挑戰一一告訴她：疝氣手術、財務問題、游牧般的生活，以及用推車把裝在塑膠桶的微薄財物從臨時住所移到另一個臨時住所。

　　她很驚訝我們還能這樣苦中作樂。她說道：「我的朋友琳恩也是火災受害者，昨天跟她聊天時，她還是非常生氣、非常痛苦。」

　　那就是一號門會帶你去的地方。我們可以讓悲劇把我們變得尖酸刻

薄，也可以禮讚我們的堅韌。

　　心理學家瑞克・韓森（Rick Hanson）在著作《力挺自己的 12 個練習》（*Resilient*）中說道：「韌性不只是從逆境中反彈。有韌性的人會在面對挑戰時，堅持追求自己的目標。」琳達・格拉翰則提倡「要把自己視為有韌性的人，視為有能力應對以及有能力學習如何應對的人」。

　　曾經獲得普立茲獎的本地報紙以特刊來紀念火災一週年，特刊中報導許多受災戶這一年來的真實生活，有仍然以拖車為家的人，有因為絕望而罹患憂鬱症與 PTSD 的人，還有牛步化的重建工作。

　　「創傷後成長」這幾個字在這些報導中一次都沒有出現，也沒有提到像我和克莉絲汀這樣的人。讀這份報紙的讀者，肯定會覺得要復原完全不可能。但是統計數字顯示，創傷後成長更可能是常態，而不是特例。

　　克莉絲汀和我在大火過後的幾個月內，重回到我們被燒毀的家園好幾次。在灰燼中，我們找到心愛物品的一些碎片。在她的藝術老師卡蘿・

圖 7.7　火之鏡（書末有全彩照片）

渡邊（Carole Watanabe）的指導下，克莉絲汀用這些碎片來創作——把這些碎片鑲嵌在鏡子外緣。以下是她在第一次藝術展時為這件作品所寫的文案。

大火留下的禮物：火之鏡

　　這件名為《火之殘片》（*Fire Fragments*）的馬賽克鏡面訴說著我的過去，是我用陶器和珠寶碎片完成的藝術作品。每當我從燒毀的廢墟中找到碎片時，我就會想：「它是怎麼在成千上萬件的物品中倖存下來的？」或「你看，猜猜我是在哪裡找到它的？」以前幾乎沒有意義的物件，如今成為一起倖存下來的夥伴，這是力量與勇氣的象徵。

　　右上：我們一直沒找到我要找的鑽石，卻找到了燒熔成一團棕色的首飾，裡面有我母親的婚戒。我們將一塊又一塊不知為何物的東西丟進桶子裡。我們的朋友雷，甚至還帶來他的淘金設備。我們太瘋狂了，甚至沒戴口罩和手套。

　　以逆時鐘方向看：我曾曾祖母的巴伐利亞瓷器、父親收藏的兩件西班牙小瓷偶（Lladro）——「穿鞋的女孩」及「鞋子」（左上角及左下角），上面放著巴伐利亞的瓷杯和瓷碟。

　　鞋子裡的貓代表我們摯愛的蘋果和皮耶。其中有一條摩洛哥項鍊，是我二十多歲去西班牙、摩洛哥旅行時戴的（下方），還有一隻用聖海倫火山的火山灰製成的鴨子。

　　希望從右下角升起，那是我女兒茉麗亞七年級時做的陶瓷茶具，裡面有一塊熔化的玻璃。玻璃熔化的溫度是攝氏 1,300 度——

那場大火的溫度高得嚇人！

　　我們家的鑰匙（右側）是在那個有象徵意義的水池裡找到的，我們那隻沒有名字的烏龜就在這裡找到了牠的名字。我們發現牠在水池裡從大火中倖存了下來，現在「塔布斯先生」正在朋友後院的水池裡安養天年。

　　戒指和我製作的陶器碎片鑲嵌在各處，其中還有來自我們新家的一顆種子和一塊水晶（右下角）。那天晚上，天使以愛守護著我們，也將永遠如此（左上角）。

　　我覺得這是一種祝福：從灰燼中找到的、被燒熔的這些碎片可以被改造成一件藝術作品。將它們組合在一起的過程，也同時療癒了我，完成作品後我覺得那場災難真的過去了，我放下了。我把這件作品掛在房子裡，提醒我們失去但未曾遺忘的那些東西，也提醒我們災難能夠轉化成一種美。

　　　　　　　　　　本文作者為克莉絲汀・丘吉（Christine Church）

現實的窘迫，不間斷的信心考驗

　　我還記得不得不結清小兒子大學儲蓄帳戶的那一天。美國大學的學費非常高昂，因此十二年來，會自動從我每個月的收入扣繳一筆錢來預備小兒子上大學的學費。

　　但現在，那筆存款成了瀕臨破產的我唯一的依靠。

　　我是在德美利券商開的帳戶，他們寄來的收支表擺在我書桌上的收文托盤裡好幾天了。我一直為這個決定焦躁不安。我該不該這樣做？還有其他辦法嗎？我拿起電話又放回去，拿起來又放回去。

　　我們都有過不得不做出痛苦決定的時刻。我打了電話，帳戶經理問我：「您確定要提領這些資金嗎？」我回答：「是的。」感覺自己變得好渺小。

　　過去這一年，我經常處在這樣的臨界點。就在大火發生前幾個月，克莉絲汀和我才剛用房子設定了十萬美元的貸款。我們規畫要為這棟屋齡六十年的老房子進行大整修，鋪設新地板、新地毯，翻修廚房及添購新家電。

　　然後來到了尷尬的第一個月，我付不出薪水。為了不解散工作團隊，我從貸款中撥出一萬美元到公司。我們公司做的就是協助這個世界做深度轉型，但它自己也正在轉型，要從一個專業培訓公司轉型為線上教育企業，而目前收入還跟不上支出。

　　下個月更糟糕，花掉了另外的兩萬美元。很快的，那筆貸款就沒了，但是錢遠遠不夠。

　　從情緒上來說，我非常難受，我那麼努力卻每個月都在賠錢，就像一直在付錢好讓工作能夠做下去一樣。多數人都會理所當然地認為，如果每週投入四十個小時工作，就能拿到相對的報酬。

　　但是，我的情況恰恰相反。我必須「付錢才能繼續工作」。我工作的每個小時，都被我的銀行戶頭吸走了。

　　接著火災發生了。我們完全沒有收入，但是支出持續增加。

　　支持者們在 GoFundMe 平台組織了一個群眾募資專案來幫助我們。我打電話給一位有過募款經驗的朋友，跟他討論我們的財務困境。他問我需要多少錢才能填補財務破洞。我跟他說：「至少要二十五萬美元。」

　　他沉默了很久。

　　接著他告訴我，如果我們設定二十五萬美元那麼高的金額，人們會認為這不可能達成而不會捐款。他建議我們設定五萬美元就好。就這樣，最後收到了來自我們社群的四萬六千美元，心裡充滿了感謝。

　　然而，這筆應急的錢還是遠遠不夠。不久後，我又結清了兩筆退休基金的其中一筆。我將那筆錢投入公司營運，想到接下來六到七個月的經費有著落了，這讓我稍微鬆了口氣。

　　然而不到兩個月內，錢就用光了。我被迫又結清了另一個退休帳戶，甚至得挪用保險公司預先支付的生活開銷緊急基金。

　　但還是不夠。於是，這就導致令人揪心的那一天——我必須結清小兒子的大學儲蓄帳戶。到了那年年終，我們的債務超過了三十萬美元。即便有金錢問題、健康上的挑戰以及不斷回想起那天的大火，我每天還是努力地保持正向思維。

　　大火過後半年，財務危機尚未解除，有一天在晨間冥想後，我在日誌上寫下這些文字：

　　　　今早醒來時，我感覺自己被上帝環抱著。靈性的能量讓我全身每個部分都充滿了祝福。宇宙在我周圍散發著完美，這種充滿祝福的能量場是我的搖籃，永遠以愛和喜悅擁抱著我們。每天，它都輕輕推動著我們，讓我們體驗生命核心的光與美。

　　　　我領悟到，在靈性層面，我做到了百分百的成功。我享受和宇宙校準的生活，每天我都在為我的人類意識跟我所歸屬的那個更偉大的意識合一而歡喜禮讚。那是每個生命的終極目標，而我從一開始就如此身體力行。

　　　　在我被那些尚未在現實世界顯化的事物所催眠，為那些我奮鬥許多年而求之不得的願景所苦惱時，我必須提醒自己這一點。

　　　　當我校準宇宙的能量，感覺自己的能量也發生了變化。我的想法更井然有序，靈感迸發。我要以樂觀、積極、熱情與創造性的心情展開每一天。

　　　　我是富足的。每天我都在校準著富足的能量，這是我多年來一

直都在做的事。我也知道物質實相，將會圍繞著我的意識所生成的
訊號來顯現。

　　事實是，不管是哪種可能性，我都是富足的，包括金錢在內。
我選擇護持這種喜樂的振動，也禮讚在我個人世界中的每一次成
功，無論它有多渺小。

　　我很感激目前的生活狀態。無論發生什麼事，我都保持樂觀，
不會消極以對。

　　我已擁有生命中最重要的東西，那就是和宇宙合一！每天晨間
冥想時，我都會跟宇宙天籟校準。我的心智、細胞、能量場同時都
在跟天籟合聲共鳴。然後，我保持著這種狀態開始每一天。人生多
麼美好！

　　寫下這些文字後，我選擇繼續沉浸在這個體驗中。於是，我重新躺
在床上，觀想這個經驗以一種美味但摸不著的感覺，轉變成我身體內建
的一個神經實相。我花了半個小時，觀想著神經元突觸環繞著這個新實
相而相互連結。我觀想自己讓這個啟發狀態，成為大腦神經生物學的一
個特質。

　　在那一整年的財務危機中，我就是以這種方式保持毫不遲疑的樂觀
心態。

　　隔年生意觸底反彈，不只重新回到有營收的狀態，而且還達成了公
司最佳的年度營收紀錄。

　　在二〇二〇年冠狀病毒爆發後，生命又慷慨地給了我另一個維持樂
觀的機會。所有可以用來付帳單的研習營都取消了，我們再度面臨財務
黑洞。

　　一個週日下午，我正在閱讀一篇尋找 MERS 疫苗的研究報告，
MERS 是造成二〇一二年疫情的一種冠狀病毒。我看到了該研究所附上

的一張分子照片，那是免疫球蛋白，可用來對抗冠狀病毒的一種抗體！我先前的研究已經指出，參加在伊色冷靈修中心所辦的精簡靜心週末研習營的學員，身上的這些抗體數量增加了 27%，而經過一週的 EFT 敲打後，抗體數量更躍升了 113%。

我跟工作團隊一起針對與抗體相關的所有可能性進行腦力激盪，了解到這個訊息必須傳達給全世界。兩週內，我們就製作出兩個免費的免疫力冥想練習、一個價格優惠的線上課程，以及一個「虛擬伊色冷靈修中心」研習營。

我們的社群成員對這些能夠促進免疫力的資源都相當激動，免費的冥想練習已經有超過十萬人使用，而付費課程的收入則讓團隊能夠維持運作。

有限的你只是一個無限靈魂的載體

冥想後回到日常生活的你，已經不一樣了。現在的你已經跟非局域心交流了一個小時，體驗到了那個真正的你所可能具有的最高節律。你的高我版本已經重新組織了你腦袋裡的神經元，並創造出一個生理結構來容納更高的自我。現在的你擁有了一個新大腦，能夠容納有限及無限兩個版本的你。

我的經驗是，無論是否正在冥想，只要在超悅大腦停留的時間越久，就能擁有越多的神經組織在實質的經驗中鎖定高我。

一旦達到關鍵數量的神經元彼此串連，臨界點就會出現。你會開始自發性地進入超悅大腦的狀態，而不用透過冥想。當你無事可做時，例如被塞在車陣裡或是排隊結帳，最自然的活動似乎就是進去超悅大腦逛一逛。

這會提醒你，即便是日常生活，你非局域性的**高我**確實存在；而這

會將超悅大腦所有更加強化的創造力、生產力、解決問題的能力應用在日常任務中。你會成為一個快樂、有創造力、高效率的人。

這些增強的力量，讓你更有能力應對生命挑戰。但它們不會帶給你好運氣，當每個人的房子都被燒毀時，你的房子也不可能倖免；當全球經濟崩盤時，你也會被波及。

但是，現在的你更有韌性、復原力更強，而且每天都會體驗到你的高我，所以你能無畏、從容地去應對。即使外在事物來來去去，你仍然擁有超悅大腦所創造的神經網絡。沒有人能將它們從你身上奪走。

深化練習

本週你可以做這些事，把這一章的資訊融入生活中：

- **創傷後成長練習 1**：在你認識的人之中，誰最有韌性？把他們的名字寫下來，不要管對方還在不在世。這些人都是經歷過悲劇，但能健康走出來的人。在接下來這個月，你可以安排時間跟至少其中兩個人相處。聽聽他們的故事，讓得到的啟發充滿你的心。

- **神經再鞏固練習**：這一週中，在結束一場深刻的冥想後，可以好好享受這種體驗。設定好鬧鐘，安靜地躺下來十五到三十分鐘。觀想你的突觸彼此連結，同時有意識地透過回想冥想的美妙之處來活化它們。

- **選擇練習**：將圖 7.4（有兩扇門的那張圖）影印十份。接下來，分析生活中有哪些方面往往會讓你做出負面選擇，可能是跟特別煩人的同事視訊開會，可能是打開冰箱選食物，或是你在電視上選擇要看的電影……將這張圖貼在相關物件上，例如電腦螢幕、冰箱或電視上。它們會提醒你，處在壓力下的你，還是可以好好選擇的。

- **創傷後成長練習 2**：把某個深深傷害過你的事件寫下來。現在請擴

展想像力，條列出你從這個事件中獲得的所有「好處」。不需要說得太詳細，用幾個字描寫就可以了。例如，在「可怕的離婚」標題下面，你或許可以列出：「1. 讓我意識到存錢的價值；2. 我更擅長於發現潛在的災難；3. 我找到一位可以支持我的治療師；4. 我發現誰才是真正的朋友」等等。

延伸資源

本章的延伸資源包括：

- 道森引導式靜心：打造有韌性的大腦
- 退伍軍人壓力計畫
- 《心理韌性》作者琳達・格拉翰的訪談錄音
- 道森協助童年受虐者的 EFT 敲打療程錄影
- 道森新作《PTSD 的 EFT 敲打療法》（*EFT for PTSD*）免費章節

延伸資源請上網連結 BlissBrainBook.com/7。

第 8 章

聰明人因為慈悲
而富足

Flourishing in Compassion

從改變心智到改變大腦，我們正處於意識的一個大躍進
時代，不僅將改變人類存在的所有面向，也參與了整個
地球的進化。意識的轉變，讓人類社會變得更慈悲、更
有同理心，也讓我們更有能力與智慧去處理全球問題，
躍進到下一階段的繁盛。

332 **Bliss Brain** ・ 超悅大腦

　　儘管本書的重點在於冥想帶來的改變，但事實上，我們所做的每件事都會改變大腦。古典小提琴家為了提高雙手的敏捷度，大腦的相對部位會增加體積及反應速度。優秀的運動員為了掌控好身體的協調能力及本體感覺（proprioception）＊，大腦相對應的部位會變大並增加接收訊號的能力；而賽車手的大腦，跟反應時間有關的部位則明顯發達。

　　我們時時刻刻都在改變大腦。我們關注的所有一切，都會透過神經路徑傳送訊號。手指滑過孩子的頭髮、啜飲美酒、對新聞的反應、為自己最愛的球隊加油、看色情影片、賭博、下西洋棋、擔心自己的退休基金、玩電動、說八卦、工作及嗜好，這些大大小小的行為與活動都會改變大腦。

　　因為 ＿＿＿＿＿＿（填入你最討厭的事物）而覺得有壓力。一旦這個想法深入骨髓，緊接著就是有意識地控制這個過程。我們希望大腦是因為快樂而重塑，而不是因為大腦預設的悲慘狀態。透過**引導注意力**的方式，我們可以在大腦硬體內安裝升級版線路。

從求生存到快樂地活著

　　在遠古時代，大腦最重要的功能是讓我們活下來。穴居人的大腦就是以求生存為導向，因此記得的都是發生過的壞事。他們環視周遭環境，找出明天可能發生的壞事，以便及時避開威脅，尋找逃生機會。反應速度、猜疑、偏執及恐懼，是穴居人重塑大腦時所根據的幾個主要元素，目的是提高活下來的優勢。

　　人類這個物種稱為「智人」（Homo sapiens），sapiens 的意思是智

＊ 編按：本體感覺也稱為運動感覺，俗稱身體的第六感，這是一種不靠視力就能意識到軀幹與四肢在空間中的相對位置，以及身體如何移動、出力及做動作的感覺。

慧或智力，對穴居人大腦而言，智力高的人意味著能夠對抗敵人、躲避獵食者、鑿製打火石、挖掘根莖、尋找水源、生小孩及生火等。智力高的人撿起一塊乾燥的糞便，就能知道它來自哪種動物；智力高的人意味著能成功狩獵到晚餐。

但對二十世紀的人類而言，**智力**的意思完全不同。智力高的人學業成績好、能順利找到工作、結婚生子、玩樂、保持健康、避免壞習慣，以及存到足夠的退休金來安度晚年。

對新人類來說，**智力**的意義更加不同。智力高的人意味著他們具有自我覺知、渴望完全發揮潛能、注意到自己的性格缺陷，並且能夠區辨出什麼能讓自己快樂而什麼讓自己痛苦，然後採取行動來推動自己朝向快樂的一端前進。智力高的人知道自己是一個活在物質世界的靈性存在，他們會像遠古的祖先一樣照顧好所有的物質需求，然後超越物質，跨到超悅大腦的狀態。

充滿狂喜分子的超悅大腦，是未來的大腦。它在呼喚著我們進入演化的下一個階段，獲得超越人類祖先的卓絕智慧。

選擇性注意力

選擇性注意力是指個體將自己想要的體驗帶到意識前面，而將其他體驗置於背景的選擇過程。如果我們**有意識**地訓練自己引導注意力，即使在紛紛擾擾的日常生活干擾下，也能將情緒轉移到正面方向。

其中的訣竅是練習在第三章學到的主體客體切換。即使你正在被強烈情緒（例如對穴居人大腦有用的恐懼）擊垮，選擇性注意力也能讓你改變。你可以轉換成目擊者的視角，去調降感受的強度，然後再轉移到積極的正面情緒狀態。

選擇性注意力不是要你否認正在面對的問題（這是逃避），而是從

各種選項中去自主選擇。依據恐懼來行動是穴居人大腦的最佳選擇，但一個有意識的人會在檢驗所有選項後才去挑選某個想法、感受或行為。當我們運用選擇性注意力的力量時，就是在重塑自己的大腦。

梵谷與向日葵

　　我曾經因為萊姆病而病得很重，嚴重時甚至全身癱瘓地昏迷過去。當時的我無法說話，身邊的人都認為我快死了，我自己也以為如此。

　　然後我想起兒時曾看到的一個幻象：我站在向日葵花田裡，像梵谷一樣作畫。梵谷是我心目中最偉大的藝術家，他在大自然中描繪人世間的美好。

　　最後，當我康復到可以使用右手時，我在病房的牆上寫下：「在法國畫向日葵。」

　　我心想：「這就是一個新的轉捩點，而這將會讓你痊癒。」

　　接著我復原到可以連續作畫三十分鐘，然後休息好幾個小時。一等到身體狀況可以搭機出國後，我迫不及待地去了法國。

　　最後我在土魯斯（Toulouse）郊外的索雷茲（Soreze）小鎮買下了一棟古怪的小房子，房價是鎮上最便宜的。

　　這棟房子四周種滿了向日葵，感覺就像在整個萊姆病的慘痛經歷中，有顆美麗的珍珠掉進了我的懷裡。

　　我站在田野中，盡興地畫著向日葵，感受著暖黃的光暈滲透進整個身體。我實現了童年的願景，得到療癒了。

本文作者為卡蘿・渡邊（Carole Watanabe）

圖 8.1　歐洲小鎮的向日葵花田

　　卡蘿是我太太克莉絲汀的藝術老師，即便在她瀕臨死亡的時候，選擇性注意力都幫她完成了小時候的心願。她的願景帶領著她超越了脆弱的肉身。卡蘿的向日葵故事，是我在顯化大師俱樂部（Master Manifestor's Club）線上社群分享的許多故事之一。她是個顯化大師，透過許多共時性事件，重新形塑了她自己和許多學生的人生。

你的日常超能力

　　人類改變大腦結構的能力令人嘖嘖稱奇。我們選擇性地引導注意力，會讓某些大腦部位變亮，而其他部位則會變暗，此時第六章所說的腦神經重塑（neural remodeling）就開始啟動了。

　　大多數人都是無意識地使用這種超能力，他們沒有反思的習慣，並將自己的狀態歸因於身外的力量，日復一日地重複著制約的行為。他們認為自己是因為老闆而不開心，因為工作而生氣，因為政府而沮喪，因

為摯愛之人的缺點而怨恨，因為錢而痛苦。穴居人的大腦沒有意識到自己有能力引導注意力，所以會圍繞自己討厭的事物來形塑神經網絡。

相反的，有意識的人會控制這個過程。他們會用選擇性注意力來**引導自己的想法和感受**，決定讓自己的心智充滿正向的想法，然後依照目標採取行動。他們是有意識地使用這個超能力，隨著大腦重塑，他們的生活變得越來越好。

同卵雙胞胎是研究人員最喜歡的實驗對象之一，因為他們一出生就擁有完全相同的基因。他們的大腦及身體一模一樣，因此人們可以合理地假設，從生物學角度來看，他們應該會過著幾乎完全相同的生活，日復一日，年復一年。

但是，現實中的同卵雙胞胎很少出現以上的情形，他們的健康與快樂程度會隨著時間流逝而開始出現明顯差異。其中一個或許身體健康，而另一個身體不健康；其中一個快樂，而另一個不快樂；或是一個承受著壓力，而另一個過得很輕鬆。一般來說，同卵雙胞胎的平均壽命會相

圖 8.2　同卵雙胞胎出生時，看起來長得一模一樣（請見書末全彩照片）。

差十年以上，這就是大腦與身體重塑的力量。

　　每一個人都可以有意識地運用自己的超能力，藉此來升級自己的大腦與人生；或者走另一條路，把超能力忘在背後，重複著過去的種種制約而不自知。

　　如果能夠成為選擇性注意力的大師，毫不妥協地投入愛、喜悅及轉變，那麼大腦會發生什麼事呢？如果決定最大限度地利用我們的超能力，會將大腦推升到哪種地步呢？

圖 8.3　隨著時間推移，同卵雙胞胎的差異會越來越明顯，到了六十歲看起來可能會相當不一樣。儘管兩人的年紀一樣，但生理年齡可能會差到十一歲之多（請見書末全彩照片）。

神經重塑的極限在哪裡？

　　在第三章，我們曾說明冥想如何活化大腦的某些部位，同時關閉第二章提到的預設模式網絡。第六章則描述冥想如何發展開悟迴路，同時縮小壓力迴路。那麼，這種神經重塑的過程，它的極限在哪裡呢？

　　假如你下決心想成為像 X 戰警那樣的超級英雄並培養自己的超能

力，這個能力可以發展到多大？現在，你已經知道意識有能力形塑大腦的結構，你能將這個過程推展到什麼程度？神經重塑是否有局限性，如果有，它的極限在哪裡？

　　針對不同的冥想群體所做的功能性磁振造影研究，可以提供我們一些線索。在第六章中，我們看到即使短短幾個小時的覺醒之心，都能讓大腦開始改變。當人們透過日常的冥想練習維持著 α 波狀態，大腦結構會在八週內出現可測量的變化。

　　在資深冥想者身上，大腦的變化更是相當大。冥想總時數超過一萬個小時的人，表現出幾個特質：能夠完全控制自己的注意力、抑制放飛的自我，以及壓力網絡縮小。超悅大腦成了他們的預設狀態。

　　即便改變如此巨大，大腦還是會再持續進化。理查・戴維森測量了杏仁核（大腦的「火災警報器」）在資深冥想者身上被活化的難易程度，他比較了一組平均冥想總時數高達 19,000 小時的僧侶，以及另一組冥想經驗更豐富的僧侶。後者這些超級冥想大師的僧袍下是 44,000 小時的冥想總時數，這個數字等於每天十二小時堅持練習，連續十年不中

圖 8.4　明就仁波切

斷。他發現這兩組受試者，在**杏仁核反應**程度上出現了一個令人震驚的差距──高達 400%。

這意味著，大腦的壓力網絡會隨著冥想者的修持，在其一生中**持續不斷縮小**。

此外，超悅大腦也會大幅減緩老化的速度。灰質厚度是科學家測量大腦生理年齡的一項指標，明就仁波切是戴維森研究的一名四十一歲的冥想大師，他的大腦生理年齡只有三十三歲。即使經過數萬個小時的練習，大腦還是會持續變化。

超悅大腦的附加作用

就跟每個人一樣，我有好的特質，也有不好的特質。缺乏耐心就是我的一個缺點，我一直希望能處理好這個人格瑕疵，而且最好就是現在！

我和克莉絲汀每年都會挑選幾個風景優美的景點，為我們的「生命願景僻靜營」找到最適合靜修的環境。這次我們預定了一趟前往聖地牙哥的週末之旅，要勘查的靜修活動地點是伯納多牧場（Rancho Bernardo）度假村。

度過了一個愉快的週末之後，我們在週日傍晚抵達機場，準備搭機返家。航班因為舊金山濃霧而延誤了四個小時。我們耐心地在候機室等待。

接著航空公司宣布，航班取消了。我們跟著一群心懷不滿的乘客排隊，等著重新登記下一趟航班。當我們好不容易排到隊伍前頭時，服務人員（從名牌得知，她叫莎莉）告訴我們，週二前的所有

航班都已經客滿了。不僅如此，我們還得不到旅館或租車的補償，因為航班取消是天候因素，不是航空公司的責任。

我轉頭看著克莉絲汀，提議說：「不如在聖地牙哥多玩一天，然後租一輛敞篷車開回舊金山？」一想到這趟公路之旅有多好玩，她的臉霎時亮了起來。

我微笑著感謝莎莉，準備轉身離開，但她卻說：「我不敢相信您這麼有耐心。」

我回答她：「莎莉，我知道妳已經盡力了，而且我很感謝妳如此照顧我們。」克莉絲汀和我牽著手離開時，莎莉的眼睛含著淚水。

開著敞篷車回家的路上，沿途飽覽了加州春天的翠綠山巒，同時也讓我有了很多時間思考。我發現這次出行，沒有任何外物觸發我急躁的毛病。我轉頭看著我最棒的測試者：我太太。我問她：「嘿，克莉絲汀，在這趟旅程中，妳有沒有注意到我什麼時候表現出不耐煩？」

她想了一下，回答說：「我覺得沒有。」

我問她：「那妳記不記得我上次不耐煩是什麼時候？」

她好不容易才回想起一兩年前的某個事件。

我驚訝地發現，我不再是那個一向不耐煩的人了。不知為何，缺乏耐心的這個特質已經偷偷溜到我的背景板中，曾經讓我失去耐心的那些煩心事再也不會惹到我了。

這很可能是在超悅大腦中停留很長時間的一個附加作用。我的快樂迴路發展得很完整，而受苦迴路則已經沉寂下來。相較於整個大腦，承受痛苦的大腦組織所占比例已經大幅縮水。放飛自我的神經元與快樂神經元之間的占比，已經朝向有益於我的方向傾斜。狀態的改變導致了人格特質的改變，急躁的特質已經不再屬於我了。

　　這項研究給了我們一個關鍵問題的答案，那就是大腦究竟能產生多大的變化？答案是：如果持續練習自己的超能力，**上限並不存在**。你的大腦可以在你這一生中持續進化。

　　既然如此，何不將自己的潛能發揮到極致？為金牌而戰，盡可能創造出最快樂的大腦。

　　我發現自己每天有好幾次會無意識地進入到超悅大腦的狀態，就像我在冥想一樣。這個狀態非常接近我的意識表面，因此三不五時就會跳出來。

　　當我開車走一段很長的路程時，經常會睜著眼睛進入超悅大腦。一旦我的意識與非局域心連結上，我能感覺到腦袋裡面的壓力。我會強化這樣的經驗，享受這個安住於正念一段時間的機會。

　　這很可能會刺激開悟迴路的進一步發展，讓我更遠離從人類祖先那裡繼承而來的穴居人大腦。所以，你也可以將超能力發揮到極致，規律且密集地啟動開悟迴路。你的回報是什麼？答案是：讓你活在一個**更快樂的大腦**之中。

　　神經重塑會帶給我們更快樂的人生，那麼當一群人都這麼做的時候，又會發生什麼事呢？一旦意識在全世界開始轉變，會發生什麼變化？這對社會及人類歷史又會如何發揮作用？

富足的意識，富足的世界

　　物競天擇的進化速度非常緩慢。例如，最早的海洋生物花了大約十億年才進化成陸地生物；又過了兩億五千萬年，哺乳動物才出現。

　　但凡事總有例外，有些時候進化來得快速又猛烈。未來學家珍・休士頓（Jean Houston）將這些時期稱為「躍進時間」（Jump Time）。

　　發生在五億三千五百萬年前的寒武紀大爆發（Cambrian explosion）

就是一次著名的大躍進，在一段以演化標準來說非常短的時間內，化石紀錄顯示，絕大多數的動物種類都在這一時期出現了。在寒武紀之前，地球上沒有海星、虱子、水母及蛤蜊。突然間，牠們全都現身了。

圖 8.5　新的生命形態在寒武紀大爆發時大量出現（請見書末全彩圖）

有些大躍進發生在生物層面，而有些則是發生在意識層面。當一群人的意識改變，宗教、社會、藝術及文化就可能發生結構性變化。這通常是由少數幾個人開頭，一旦達到臨界數量，整個文明可以迅速地改變集體心智。

一八九〇年，沒有一個國家的女性有投票權。然後到了一八九三年，紐西蘭成為第一個賦予女性投票權的國家。四十年內，在經歷過數千年的政治壓迫後，幾乎每一個民主政權的女性都能投票。身為人類物種，我們改變了自己的集體心智。意識轉變後，似乎 50% 的人類物種也終於智慧上線了。

還有許多其他的例子。不過，一直到了近代歷史，人類社會才改變了對童工的集體心智。

一八〇〇年，雇用童工完全沒有爭議。在英國的煤礦坑裡，才八歲大的孩子就在地底坑道推著沉重的運煤桶子。他們汗流浹背，呼吸著黑色的煤灰，從黑黝黝的礦坑走出來時全身都是汙垢。這些年幼的生命一般都活不長久。

然後我們改變了想法，在短短幾十年裡，童工就被嚴格禁止。我們也改變對奴隸制度的想法，儘管從人類社會興起之初就有了奴隸制度，但它在幾十年內就消失無蹤了。

現在，我們正在改變對毒品合法化的看法，其他還包括安樂死、死刑、同性婚姻、槍枝管制、種族主義，以及全民健保。

以上每一個都是人類集體意識改變的例子。在這裡，當我使用「意識」一詞時，指的是我們身為一個物種在大腦中對現實的集體意象。我在《科學證實你想的會成真》一書中，摘述了四百多項研究，用以說明當意識（我們的內在實相）改變，物質世界（外在實相）也會隨之改變。

同樣值得注意的是，這些歷史性變革都跟「人們變得更慈悲、更有同情心」有關。除了自己，我們開始關心其他人的福祉；在這些例子中，分別是兒童、奴隸，以及被剝奪公民權的婦女。手握權力的人，雖然沒有放棄權力的動機，但是他們開始能在心理上為那些沒有特權的人設身處地思考。於是，他們自發性地把權力分享出去。

現在，我們正處於意識及物質實相的另一個大躍進中。幾乎從每一種標準來看，全世界的幸福感都在迅速改善。這些進步，可以在史迪芬‧平克（Steven Pinker）的一本出色作品《再啟蒙的年代：為理性、科學、人文主義和進步辯護》（*Enlightenment Now: The Case for Reason, Science, Humanism, and Progress*）中看到，他指出人類社會可以連續好幾個世紀或幾千年不聲不響，卻在三百年間來一次驚天動地的大躍進。

除了以下這些代表性的例子，還有成百上千個大躍進的例子：

- 在二〇〇〇年到二〇一五年間，有十億人（占全球人口的七分之一）擺脫了貧困。
- 在過去一個世紀裡，全球公民的平均壽命增加一倍。
- 在已開發國家中，政府用於教育及社會救助等項目的支出比例已經從二十世紀初的不到 2% 上升到今日的平均 22%。
- 在過去二十年裡，亞馬遜雨林的森林砍伐降低了 80%。
- 世界強權（能將兵力擴展到國界之外的國家）之間的戰爭持續到了四百五十年前。但自此之後，這一類的戰爭已經逐漸減少，到今日甚至已經不存在了。
- 在過去四十年裡（包括二〇〇〇年、二〇〇八年及二〇二〇年的金融危機），全世界的財富已經成長了三倍。
- 從一九二一年到今天，美國交通事故的死亡人數下降了二十四倍。其他原因的意外死亡人數也降低了。
- 在過去的七十年裡，全世界的人權都有了改善。
- 自從二〇〇四年以來，恐同、種族歧視及女性歧視等詞彙的 Google 搜尋量至少降低了 80%。
- 儘管可怕的戰爭時有所聞，但每個世紀都比前一個世紀更和平。
- 從一九〇九年以來，全世界各地的智商分數一直以每十年平均增加三分的速度上升。
- 從一九六〇年到今日，美國的貧窮率（依照收入計算）下降了一半以上。若是以人們的消費來衡量，下降幅度更高達 90%。
- 過去的五十年裡，每一美元的 GDP 碳排放量下降了 50% 以上。
- 童工、嬰兒死亡率、產婦死亡率及家庭暴力，在全世界各地都呈下降趨勢。

- 無法取得乾淨空氣和水源的全球人口比例，在近十年來幾乎減少了一半。

這些改善只有在近三萬英尺的高空視角才能看到全貌，無法從地面一窺究竟。如果我們的心智被捲進像二○○八年次級房貸風暴那樣的全球性大事件中，我們幾乎不可能看出這只是巨大上升曲線中的一個小光點而已。

看到二○二○年有數千萬人感染新冠病毒的報導，同樣會讓人忘記全球健康正處於上升軌跡。當病毒讓股市崩盤，美國失業率飆升到勞動力的 20% 時，以十年為單位的圖表所顯示的上升曲線看起來就像個殘酷的笑話。

然而，正是這樣的考驗時刻，從恐懼中解脫出來比以往任何時候都更重要。退一步，把注意力集中在大局上，你要站在高山之巔俯瞰，圖 8.6、8.7、8.8 描繪出從三萬英尺高空俯瞰一切的全貌。

實證分析顯示，我們正身處於靈性、生理及物質幸福的大爆發中，雖然你無法從新聞中察覺到這樣的躍進。事實上，你還會被誤導而完全錯過它。一份針對一百三十個國家的媒體常用詞彙建檔發現，從一九七九年到今天，帶有負面含意的詞彙（例如駭人的、可怕的）穩定增加，而諸如「改善」、「好」等正面詞彙則減少了，美國公民的快樂及幸福程度也降低了。

媒體的描繪與實際情況恰恰相反，真相是人類的繁榮正在向上提升。與此同時，全球意識也出現了巨大的變化，例如廢除奴隸制度、童工的相關保護規範，以及民主和女權的崛起。過去三百多年來，人類的集體意識一直在改變對各種事物的看法。這類變化中有許多並非出於私利，而是出於對他人的慈悲。

我們現在有了專業的科學工具，能測量意識改變時大腦內部發生了

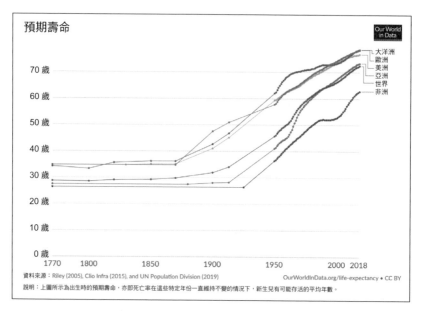

圖 8.6　一七七〇年至二〇一八年世界各地的預期壽命

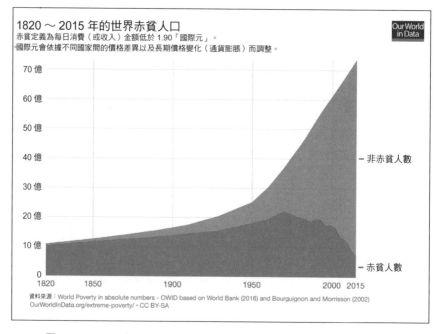

圖 8.7　一八二〇年到二〇一五年世界貧窮狀況

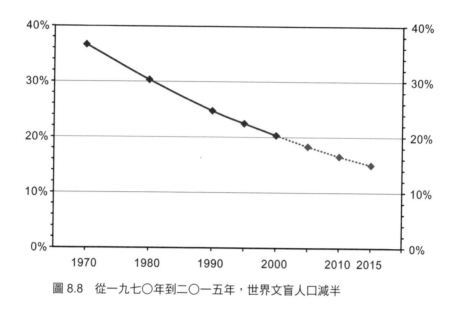

圖 8.8　從一九七〇年到二〇一五年，世界文盲人口減半

什麼。我們知道意識改變時，大腦確實會產生變化。

因此，很可能人類的大腦在過去三百年間就一直在改變。上述那些物質實相的根本性改變，或許可視為意識（集體的內在心理實相）根本改變的外部證據，也可用來證明大腦結構的改變。

是慈悲在推動人類進化嗎？

這三百年來，冥想是處在一個上升趨勢嗎？雖然我們無法衡量，但社會變革的穩步成長，證明了慈悲心確實發揮了作用。第四章總結各種冥想研究時，曾經指出「沒有什麼比慈悲更能帶來可觀的影響」。

因此，很有可能幾個世紀以來，慈悲一直在一點一滴地改變著人類的大腦。雖然我們無法回到過去對廢奴主義者或爭取女性參政權的人做磁振造影掃描，但社會規範的快速變革，明確指出大規模的大腦變化或許正在發生。

在過去幾十年裡，人類社會變得更慈悲、更有同理心，大腦進化可能也加快了腳步。從一些數據中可以看到這種快速變化的證據，例如針對種族主義、恐同等詞彙的 Google 搜尋量在二十年間下降了 80%。

如果這個假設是真的，那麼社會變革將會持續加速，因為慈悲的大腦會創造出更慈悲的大腦。人類社會可以在幾年（而不是幾十年）間，改造得截然不同。現在的我們或許正處於歷史上最慈悲、最開悟的文明起點。

慈悲一類的正面情緒可以推動進化，這樣的觀點並不新鮮。達爾文在職涯晚期開始對情緒感興趣，一八七一年他在《人種起源》（*The Descent of Man*）一書中寫道：「同理心會在物競天擇的過程中增強，因為擁有最多最具同理心成員的社群將會發展得最好……」

一項大規模的科學文獻回顧，證實慈悲透過幾種方式參與進化。該研究指出，我們的老祖先「可能更偏好與富有慈悲心的個體交配——時日一久，這個過程會在基因庫中增加慈悲的傾向」。

研究同時指出，慈悲心之所以能給社會帶來演化優勢，是因為它「促成了與非親屬的合作關係」。社會成員越是有慈悲心，這個社會將越繁榮。這樣的過程，或許從史前時代就已開始推動著進化。

我們不只是身處於大躍進時代，透過慈悲的新大腦，我們或許還實質地參與創造這個大躍進時代。在我的下一本書及一系列的科學論文中，我將探討這個假設對人為力量在教育、醫學、法律、科學、商業、科技及藝術等各面向造成的影響。

進化速度前所未有

進化及社會變革的時間框架提供我們一個參考背景，說明大腦重塑的超能力實際上有多強大。寒武紀大爆發從開始到結束共經歷了一千兩

百萬年，從演化來看，這算是相當快的。從第一個石器時代工具問世到現代，人類的大腦在這三百萬年間成長了三倍，對比前者，這堪稱閃電般的速度了。

為婦女爭取投票權，經過四十年才如願；而讀這本書的你是個顯化大師，只需要八週就能在大腦中創造重大的改變。

這種驚人速度，在進化史中前所未見。從來沒有一個物種能夠透過自己的意識來改變大腦的結構，這種超能力是人類所獨有，而它正在改變這個世界。

那麼，有多少人參與了這場偉大的實驗呢？在所有人類中，有多少人加入了超悅大腦的大家族，而他們又為這個大躍進時代做出了哪些貢獻呢？

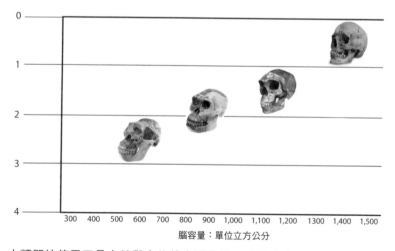

圖 8.9　人類開始使用工具之前與之後的大腦容量，時間跨度是三百萬年（單位立方公分）。從左至右為：南方古猿（Australopithecus africanus）、巧人（Homo habilis）、直立人（Homo erectus）、智人。

一起來快樂冥想

在第四章的相關證據指出，從古至今，主動尋找靈性啟蒙的人大約占總人口的 1%。在西藏這個地球上靈性程度最高的地區，這個數字是 12%。那麼，在今天的西方世界，這個數字是多少？對整個世界來說又是多少呢？

美國國家衛生統計中心（US National Center for Health Statistics）進行的大規模調查，提供了我們一個答案。調查發現，從二〇一二年到二〇一七年間，冥想人數增加了兩倍，從總人口的 4% 變成 14%。在這麼短的時間內，這算是一個相當不錯的成長幅度，而且仍在持續上升。

初入門的冥想新手不僅是成人，還包括兒童。在四到十七歲的族群中，冥想人口比例從不到 1% 增加到超過 5%。

圖 8.10　母女一起冥想

根據歐洲價值觀調查（European Values Study），近半數的人每週至少會祈禱或冥想一次。總人口數占世界人口一半的中國、印度及其他

東方國家，冥想一直都是宗教實踐的基礎。

　　這樣的趨勢在未來數十年可能會加速。處於超悅大腦狀態的人感覺很美好，他們的大腦會沐浴在令人愉悅的神經化學物質中（參見第五章），而這些化學物質會鼓勵他們去獲得更多，從而進一步催化美好的感覺。因此，他們才會不斷擴大自己的練習。其他人注意到超悅大腦快樂成員的狀態後，也會受到鼓舞而開始試著冥想。這種風氣會在社會中蔓延開來，形成一種自我強化的良性循環。

　　以往，超悅大腦是1%的人所專有；現在，它已經擴大到總人口的14%。未來，它將會成為社會主流。這就是我們觸及歷史轉捩點的方式。

有限地球的無限資源

　　我們需要這種經過強化的人類潛能，才能解決現在面對的問題。地球的資源是有限的。一九八五年，美國雷根總統在第二任就職演說中表示：「成長與人類的進步是沒有限制的。」但事實是，限制是存在的。

　　儘管全球財富正在呈指數式成長，但是我們生活在一個資源有限的

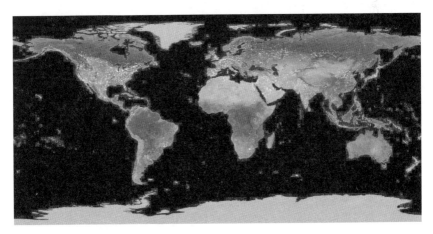

圖 8.11　地球地圖，海平面上升六公尺的地區以紅色標示（請見書末全彩圖）。

星球。我們需要意識和各種經濟體系，才能讓人類物種與其他自然界的
生命和諧共存，未來學家大衛・霍爾（David Houle）稱之為「有限地
球經濟」（Finite Earth Economy）。

　　氣候科學告訴我們，本世紀海平面可能會上升達一公尺（三英尺）。
以孟加拉這個低地國家來說，海平面上升一公尺會讓 20% 的國土被淹
沒，讓三千萬人成為氣候難民。

　　美國佛羅里達州平均海拔高度是二公尺（六英尺）。目前預測到了

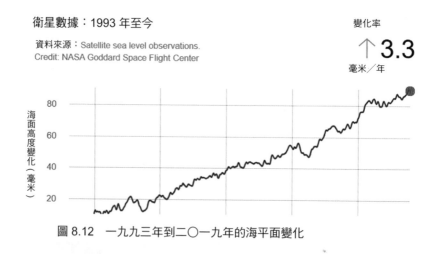

圖 8.12　一九九三年到二〇一九年的海平面變化

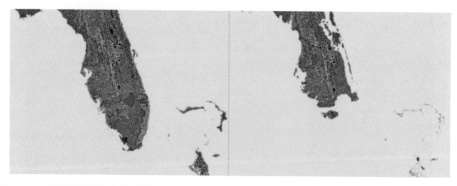

圖 8.13　美國佛羅里達州地圖，這是二〇五〇年至二〇七五年預計海平面上升三公尺（十
英尺）後還在水面上的地區（請見書末全彩圖）。

二○五○年至二○七五年，海平面將會上升三公尺（十英尺），而到了二五○○年，上升幅度會高達十五公尺（五十英尺）。氣候變遷只是人類正在進化的大腦需要面對的難題之一。

武器化的 AI

儘管國家之間彼此開火的情形不常發生，但代碼戰爭卻持續不斷。先進國家與組織會使用人工智慧（artificial intelligence，簡稱 AI）來干擾對手的電子系統，水壩、電力供應網、防禦系統、衛星、網路、供應鏈及工廠都很容易受到聰明 AI 的網路攻擊。

未來學家丹尼爾・施馬騰伯格（Daniel Schmachtenberger）將這種能力稱為使用「武器化 AI」（weaponized AI）。他指出，沒有哪個國家能夠承受單方面放下數位武裝的後果。如果甲國決定停止發展 AI 數位武器，它很快就會被乙國超越，並可能成為乙國的囊中之物。反之亦然。也因此，兩個國家都被迫無止境地投入數位戰爭。

在一場不斷升級的數位軍備競賽中，擁有最佳 AI 武器的國家就能對其他國家予取予求。由於代碼戰爭看不見也無法阻擋，你該如何協調全球停止代碼戰爭呢？

用提升進化的大腦解決問題

不管是資源有限的地球或武器化 AI，都只是人類面對的難題之一。在自然災害及人禍上，我們還有許多問題要解決。目前全球債務已經超過兩百兆美元，是全球經濟體規模的三倍，這是一筆無力償還的巨款。

聯合國的一項分析發現，地球上超過一百萬種動植物正瀕臨滅絕。從本世紀初以來，一場又一場似乎永遠打不完的中東戰爭，已經花掉了

美國六兆美元。全世界還有二十多億人無法取得乾淨的飲用水。在過去五十年間，北美洲有 29% 的鳥類相繼消失。

根據世界經濟論壇對千禧世代的一項調查，其他主要問題還包括政府腐化、宗教敵對、食物品質、企業透明度、歧視與收入不均等。人類面臨的挑戰清單又長又艱鉅，令人望而生畏。

值此之時，更需要超悅大腦這個解決問題的天才來帶我們度過難關。原始的穴居人大腦只會製造出競爭、敵對、生存主義、僵局、惰性、懷疑及絕望。

在第四章，我們注意到超悅大腦在解決問題方面的能力可以提高到 490%。相較於只會帶領我們走到滅絕邊緣的穴居人大腦，人類物種善用這種增加近五倍的能力更可能生存下來。

在《科學證實你想的會成真》一書中，我用了快一章的篇幅來探討關於「突現」（emergence）的這個科學概念。突現，指的是在複雜系統中自發性地產生秩序的方式。

圖 8.14　在鳥群、魚群及蟻窩等複雜系統中，秩序是自發性出現的。

　　當你使用超悅大腦來應對地球工業、氣候問題、人工智慧武器或收入不平等的突現系統時，就會干擾破壞這些系統，並將系統推向慈悲，推向能將他人需求與自我需求平等看待的能力，以及推向愛。

　　雖然地球資源是有限的，但慈悲和創造力是無限的。雖然我們無法阻止敵對國家使用人工智慧武器，也無法勸止人們肆意揮霍其他物種，但是我們有能力改變誘發這類行為的意識。目前看來，超悅大腦或許是人類物種能將自己及地球從災難中解脫出來的唯一途徑。

情緒像流感一樣會傳染

　　在《科學證實你想的會成真》的第三章，我曾提及一種稱為「情緒感染」（emotional contagion）的特殊現象。情緒就像流感一樣，會在群體中傳播。快樂的人會讓身邊的人更快樂，快樂程度可以增加 34%。受到影響的那些人會進一步去「感染」別人，讓其他人也能更快樂——快樂程度可以增加 15%。快樂漣漪會繼續擴散下去，下一層人的快樂程度會增加 6%。

　　那麼，負能量的人也會散播感染源嗎？當然，但是消極的春嬌比積極的志明影響力要小得多。不快樂的連結，會讓你不快樂的機率提高 7%。

　　情緒感染不見得要有實質接觸，即便是虛擬環境也會影響我們。在惡名昭彰的一個實驗中，研究人員使用自動化系統來調整臉書用戶時間線上的情緒內容，並成功地誘發出情緒感染。

　　當這些實驗人員操縱時間線來強調正向情緒，臉書用戶會在他們的帖子及按讚中傳播這些情緒。如果某段時間偏向負面情緒，臉書用戶發布的帖子內容也會被帶得更悲觀。短短七天內，情緒感染就蔓延了 689,003 名用戶——完全不需要身體或口頭上的接觸。

　　美國有 14% 的冥想者，而全世界還有更多的冥想者，他們會創造

更多的正向情緒去感染給別人。超悅大腦是有傳染性的。

能量場的效應

　　情緒感染只是冥想人數成長的解釋之一，另一個就是能量場的效應。所有一切都始於能量，然後透過某種方式轉化為物質。雖然能量場肉眼不可見，但是它們會形塑物質。正如愛因斯坦所說：「能量場是唯一能支配粒子的媒介。」

　　許多研究顯示，人類會受到他人能量場的影響。在包括二十五人、為時一分鐘的一百四十八次試驗中，受過訓練能夠進入心腦諧振狀態的志願者能遠距誘導受試者也進入諧振狀態。他們不用碰觸自己的目標，就能產生效果，只靠他們的能量場就已足夠了。

　　當你處在心腦諧振的狀態，你的心會向周圍發散出同調性的電磁訊號，而這個能量場可以用磁量計在幾公尺外偵測到。如果有其他人進入

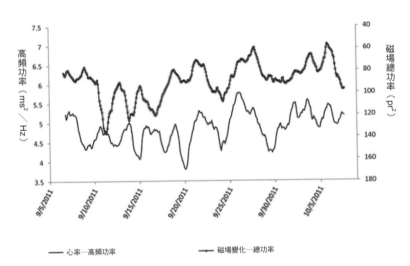

圖 8.15　在一個月期間，比較志願者心腦諧振的節律與太陽活動的節奏。另一項為期五個月、包括十六名受試者的後續研究也發現類似效應。

這個同調性能量場，他們心腦諧振的程度也會增加，從而創造出一種群體的能量場效應。

　　我們不僅會受到他人能量場的影響，也會受到行星與太陽系的能量影響。由心能商數學會研究總監羅林‧麥克雷提（Rollin McCraty）所領導的研究團隊進行了一系列驚人的實驗，把個人能量與太陽週期連結起來。

　　麥克雷提和同事利用放置在地球表面關鍵位置的大型磁量計，來追蹤太陽活動。由於太陽耀斑會影響地球的電磁場，因此研究人員比較了太陽能量的起落與志願者心腦諧振的讀數。結果發現，處於心腦諧振的狀態下，志願者的電磁模式與太陽系的電磁模式一致。

　　麥克雷提寫道：「有越來越多的證據表明，團體中的個別成員之間會形成一個能量場，透過這個能量場，所有成員之間的溝通會同步發生。換句話說，確實有一個『團體能量場』將所有成員連結在一起。」

圖 8.16　大腦可以接收來自能量場的訊息

大腦偵測能量場的能力

　　無形的能量場，一直是許多科學家難以接受的概念。一九〇〇年左右，荷蘭醫師威廉・埃因托芬（Willem Einthoven）提出人類心臟存在著一個能量場的說法而飽受譏諷。後來他不斷設計及改良更敏銳的電流計來偵測能量場，最終獲得成功。

　　即使是今天，懷疑論者還是對麥克雷提設計的一連串實驗不屑一顧。但是，隨著證據不斷增加，此一現象越來越難以被忽視。

　　加州理工學院的一組科學家曾經設計一項巧妙的實驗，以判斷人類是否能偵測到與地球磁場類似的能量場。

　　他們將受試者連上了腦電圖儀，並關進了封閉的電波隔離室，這個房間幾乎可以完全屏蔽所有已知的能量與輻射源。他們製造出一個磁場生成器，能精確模擬地球的磁場。

　　然後，他們在十分之一秒的極短脈衝中，出其不意地突然改變磁場方向。由於速度太快，很難在意識層面被偵測到。然而，在整個實驗過程中，記錄腦波振幅與頻率的腦電圖卻清清楚楚地顯示，每個受試者的腦波經歷了多次的改變，最高可達一百次。

　　研究人員發現，只要他們改變磁場方向，受試者的 α 波降幅可達 60%。他們得出的結論是：「人類的大腦能夠偵測地磁場，這表明我們擁有某種可以處理周遭地磁場的感覺系統。」

　　加州理工大學的作者還指出：「自古以來，人類就知道有五種基本的感官：視覺、聽覺、觸覺、嗅覺及味覺，而這一次則是現代首次發現的一種全新的人類感官。」

　　該研究的結果也證實了我在寫作《科學證實你想的會成真》一書時，在研習營中與麥克雷提討論過的一個假設：這些心腦諧振的人不僅與大規模的全球週期同步，**他們彼此之間也保持同步**。

　　麥克雷提繼續寫道：「我們都像是地球大腦中的小小腦細胞──在一個精妙的、看不見的、存在於所有生命系統（不只是動物，也包括樹木等植物）之間的層次共享訊息。」當我們使用選擇性注意力讓自己與正向的同調能量校準時，就加入了也在做著相同事情的其他人所形成的團體能量場之中。我們也可能與同調性的地球及宇宙場一起共振。

地球的大躍進時代

　　因為能量場效應、情緒感染、社交影響、諧振以及人類對美好感受的單純渴望，冥想的影響力正在擴大。全世界有越來越多的人都曾體會過超悅大腦的狂喜感受。這也加快了正向潮流推動人類往繁榮邁進的速度，同時也提供慈悲的基礎，讓人類意識遠離世界末日。

　　在蓋茲基金會的一次研討會上，美國前總統歐巴馬說道：「如果你必須選擇出生在歷史的某一刻，而你無法事先選擇是男或女、要出生在哪個國家，也無法選擇你的社會地位，那麼你最好的選擇就是現在。」他認為，世界從未像今日一樣，「更健康、更富有、有更好的教育，以及在許多方面更包容、更少暴力」。

　　身為物種之一，我們正在遠離穴居人大腦的求生存心態，正在放下過去一世紀被認為「正常」的行為標準。有相當多的人正在運用人類的超能力──這是進化史上前所未有的一種能力──來重新塑造自己的大腦。超悅大腦是一種很美好的狀態，而且只要持續不間斷地練習，還會導向質的改變，因為神經路徑會以更健康的方式重新編組。

　　這不只是幫助我們成為自我感覺更好的人，也在整個地球的進化中

參與創造大躍進時代。正如同十四世紀的文藝復興,不僅改變了藝術、法律、教育、政治、宗教、農業、科學,也改變了人類存在的所有面向,由超悅大腦所產生的慈悲,同樣也會改變我們的物質實相。這是歷史上最振奮人心的時刻。

人類物種躍進到下一階段的繁盛,我們正在解鎖這個世界以前從未見過的創造潛能。從改變心智到改變大腦,再到改變社會來解決全球問題,我們正在為地球導入一個全然不同的未來。

深化練習

本週你可以做這些事,把這一章的資訊融入生活中:

- **選擇性注意力練習 1**:生活中有哪些方面,你所關注的都是負面事物而不是正面事物?寫下這些方面的三句肯定語,然後影印十份。放一份在你的皮夾裡,將剩下的貼在冰箱、浴室鏡子、電腦螢幕、電視螢幕、汽車儀表板,以及其他你會經常注意到的地方。一旦發現自己正在關注負面事物,就可複誦這些肯定語。

- **寫日記**:列出一張清單,寫下你想要改變的個性缺點。從現在開始,在你的線上行事曆設定一個一年後的提醒,提醒你去檢視日記中這個清單。明年,你或許會驚訝地發現,經過一年的冥想後,許多缺點都已經改過來了。

- **情緒感染練習**:善用情緒感染的力量。你所認識的人中有哪些人最快樂?把他們的名字寫下來,然後擬定一個計畫,在接下來的一個月內至少與其中四個人聚一聚。

- **選擇性注意力練習 2**:每當聽到一個讓你心煩的壞消息,就上網搜尋相反的證據(例如,「關於……的好消息」)。這樣做,會幫你更了解那些壞消息的背景。

- **能量場效應練習**：每天冥想時，記得去看看 Insight Timer 應用程式中，全世界有多少人跟你一樣也正在冥想。通常會有好幾萬人正在使用 Insight Timer，這會提醒你：你並不孤單。

延伸資源

本章的延伸資源包括：

- 道森引導式精簡靜心：在團體能量場中靜心
- 茱麗亞和泰勒的「恩典之潮」（The Tide of Grace Chant）吟唱
- 生命進化的時間軸
- 心能商數學會的「全球聯動倡議」（Global Coherence Initiative）影片
- 歐巴馬的「活在此時最好」（Greatest Time to Be Alive）演講
- 生活在海拔低於五公尺地區的人所組成的國家與經濟體
- 加州理工學院的能量場研究報告

延伸資源請上網連結 BlissBrainBook.com/8。

【結語】
讓快樂成為你的新習慣

　　非常感謝你和我一起踏上這趟發現之旅，也由衷感謝我們都是超悅大腦大家庭的成員之一。當我看著像我們這樣的人能夠放下阻礙一生的苦難，我深深感謝現在所擁有的科學、知識、意圖以及實用工具，讓這樣的解脫成為現實。

　　我的夢想，就是看到每個人都能夠使用這些靈性工具。我在第八章所描述的變革改變了全球每一個公民的人生，同時也為其他物種及地球創造美好的未來，可以說我的人生大半都是為了這個目標而努力。

改變生命的優先順序

　　這場革命始於意識，而要改變意識，最明智的做法就是引導你的注意力，一旦你能那麼做，周遭的物質環境就會馬上改變。

　　很多古老的文化一致認為，冥想最有效的時間是早上。超悅大腦的狀態就像一個廣播頻道，任何時候你都可將自己的覺知跟它校準。早上當你從沉睡中逐漸甦醒時，大腦還處在高頻 α 波的狀態下，如果睡醒所做的第一件事就是冥想，透過這一天的第一個行動，你就將自己的體驗與這個頻道的能量校準了。

　　這是一個強而有力的意圖聲明，你是在對宇宙表達：「我今天的首要任務就是跟你校準。我選擇這一整天從此刻開始，都要與大自然、宇宙同步生活。對我而言，沒有什麼比這種校準更重要。我的局域心完全臣服於偉大的非局域心，並開放我整個生命，去迎接愛、喜悅及和平。」

　　你先要確定這個優先順序，所有的事都要排在它的後面。一旦你和宇宙校準，就會與所有一切自然同步。這樣的你會進入心流狀態，於是生活變得更輕鬆，所面對的挑戰都會被置於充滿愛、喜樂及平靜的超悅大腦中。

　　在我教授現場研習營或做專題演講時，通常會在結束前詢問在場的人，是否願意在早晨花十五分鐘冥想。在這本書中，我提供了許多免費的精簡靜心練習連結，而研究顯示，如果能夠不間斷地練習，它們就會帶你進入超悅大腦的狀態。

　　如果你願意每天早上花十五分鐘冥想，現在請舉手。

　　感謝你！你已經同意自己加入超悅大腦的大家庭了。

圖 9.1　現場活動的參加者舉手表示願意

受苦的理由大多是想像出來的

　　我希望人人都能過著快樂的生活。無論你受苦的理由有多充分，其

中大多數的理由都只是你想像出來的。它們是無形的鎖鍊，會一輩子把你與苦難綁在一起。你可以對自己這樣說：「我會受苦是因為　　　　　（在此填入你最愛用的理由）」。

以我為例，我可以說：「我會受苦是因為在一場大火中失去了家園和所有財物。我會受苦是因為後續的金融災難，讓我失去了畢生的積蓄。我會受苦是因為必須拖著沉重的箱子到處走而傷了身體。」

儘管發生這些極端事件，但我並沒有受苦。因為從住進濱海旅館的那一刻起，我就做了不同選擇。當時茫然無措的我跟克莉絲汀說：「我們迫切需要做點什麼；現在我們需要冥想。」

我選擇了一個新故事，將第一章的悲劇轉變成第七章的創傷後成長。

每個人在一生中都會經歷悲傷事件，你也不例外。在你的預設模式網絡中，是否有曾經遭受的侮辱在蠢蠢欲動，把慘兮兮的過往傳送到你對未來的承諾？或是將昨天的痛苦滲透進未知的明天？或是時時刻刻都在準備著重蹈覆轍？

現在我要邀請你，一一審視你人生中每一個老舊的苦難故事，並且打開你的心，去接受一個可能的新故事。

我們無法改變不幸的過往歲月，但是我們可以**重寫過去的故事**。這種練習會讓我們與可能性的力量站在一起，去擁抱救贖與成長。

重寫我們的故事，並不意味著我們要為曾經傷害我們的人辯護。除非我們完全做好準備，否則不需要勉強原諒他人。此外，即便能夠原諒，也不能成為他們傷害我們的藉口。重寫故事，確實能夠釋放我們自己的壓力，而且不是為了幫助對方。我們之所以這麼做，單純是為了幫助自己，讓自己的未來從過去的苦難中解脫。儘管我們無法改變過去，但可以改變我們所認定的往事，從而創造一個全新的未來。

讓超悅大腦成為一種人格特質

我希望你能夠像那些 1% 的人那樣,讓超悅大腦成為你的習慣。一旦你體驗過第五章所描述的那種狂喜的神經化學物質,讓它們調節你的大腦,你勢必會為此上癮。如同第六章所說的,不到八週,你就能打造出調節負面情緒及控制注意力的神經迴路。你會啟動開悟迴路,調降放飛自我所帶來的痛苦。不出幾個月,你將會創造出一個包含復原力、創造力及喜悅的大腦硬體。

你會將良好的感覺從一種狀態轉變為一種人格特質。那時,超悅大腦就不只是「你有什麼感覺」,而是「你就是這樣的人」。超悅大腦已經成為你的天性,實質上成為你大腦四葉各種迴路的一部分。這已經成為你的財產,而且是如此珍貴、你永遠不會放棄的財產。永遠沒有人可以將它從你身上奪走。

有限生命的無限可能性

每天冥想時開啟超悅大腦的開關,你會發現自己處在一個無限平靜和喜悅的所在。只有純粹的意識,不會受到身體或過往的經歷所制約。

體驗這種狀態是生命中唯一真正重要的事。唯有從非局域心的角度出發,人類有限的生命及局域心才有意義;而每天的晨間冥想正是能讓你與無限覺知連結的管道。

一旦你連結上了非局域心,從此就改變了你的人生。非局域心讓所有一切都就定位,讓你能把這個有限的現實看得透澈明白。

所有局域心曾經認為重要的事物,如今都顯得微不足道,包括金錢、聲望、性、讚賞、意見、身體意象*、期限、目標、成就、失敗、問題、解答、需求、例行事務、自我對話、病痛、世界情勢、舒適、侮

辱、衝動、不適、記憶、想法、渴望、挫折、計畫、時間軸、不幸、事
件、新聞、疾病、娛樂、情緒、傷痛、遊戲、創傷、讚美、希望、痛
苦、欲望、過去、未來、憂慮、失望、必需品，以及需要你付出時間與
注意力的事物。所有這些事物都變得無關緊要，唯一剩下來的只有意
識——也就是完美的、廣袤的、宇宙性的當下。

　　這樣的觀點，讓你能夠檢視自己的有限生命。這是每一天的起點，
也是你每天所思所想及言行舉止的出發點。有限的這個實相是由非局域
心所形塑而成。你就是一切，也擁有一切，一切都已俱足。你嶄新的每
一天，都從這個完美的立足點開始創造，而你所創造的事物也反映了這
樣的完美。

圖 9.2　局域心會讓你把太多事都看得很重要

* 編按：身體意象（body image）是一個人對自己身體及外表的主觀看法及評價。

傳送諧振波，吸引知音人

　　有限的生命一旦連結上無限的宇宙意識，就會開始改變。當你與自然週期產生共鳴，當心腦諧振的頻率調節著周遭的能量空間，當你的振動回應著意識中充滿愛與喜悅的訊號時，就會吸引符合你這些狀態的人及條件。

　　當光明燦爛的新訊號向四周傳播時，你會和宇宙天籟產生共鳴，並與祝福你並讓你快樂的人事物進入共時性的有序狀態。所有這一切，得來全不費功夫。

　　你會發現自己並不孤單。你每天都與生命的偉大交響樂和諧共振，並發現你也跟其他處在同樣狀態的數百萬人一起諧振。無論你在哪裡，都能輕易地發現很棒的新朋友和同伴。光在你的眼中綻放，與他人眼中的光相遇時就會碰撞出火花。只要你是覺醒的，自然而然就會喜歡同樣覺醒的其他人。

圖 9.3　心靈進入同步狀態

每個人終究會覺醒，沉睡不醒的人只是還沒準備好

不是每個人都是覺醒的，但沒有關係。如果你的朋友和家人還在因為沉睡不醒而承受不必要的痛苦，他們的處境會觸動你，而讓你感同身受。你會希望他們早日覺醒，放下那些拖他們後腿的信念、想法及習慣。

然而，不管你有多愛他們，都無法強迫他們這麼做。每個人都有自己的選擇。

你能為正在受苦的人所做的，就是讓自己綻放光明。如果他們準備好了，自然就會覺醒；否則，請你要相信宇宙。每個人都會在恰當的時機覺醒，有些人會比較早，而有些人比較晚，這不是你能決定的。你可以跟他們分享這本書及其他資源，可以分享自己的故事，就像我所做的，或許這些例子會啟發或鼓舞他們。每個人是否要覺醒、何時覺醒，都是自己的選擇。

讓冥想解鎖你的隱藏版能力

和宇宙同步，經常與超悅大腦大家族的其他成員交流，你會發現更多的新可能性，從而解鎖被困在痛苦中、被放飛自我排擠的潛能。

漸漸的，你不會只有在冥想時才會進入超悅大腦。在你睜開眼睛從事日常活動時，依然能處在覺醒狀態。你過去無法實現的各種可能性，對現在的你而言都唾手可得。

我曾在出版業工作二十五年，但不是作者，而是幫那些有話要說的重要人物出版及行銷他們的作品。我不認為自己有什麼事值得告訴全世界，也不認為自己有機會為人類的覺醒獻上棉薄之力。那段期間，我很滿足於幕後的行政工作。

當我開始每天冥想後，情況有了改變。我找到了自己的聲音，透過

一次次的演講來激勵他人。我也意識到科學的重要性，即使那時的我已經快五十歲了，我還是堅持把自己訓練成研究人員。我還參與了《靈魂醫療》（Soul Medicine）一書的寫作，探討能量療法的療癒力量。

我認知到，當科學與神祕主義相遇，會形成一個力量強大的轉變組合。同時也相信，冥想與能量工作能夠大幅改變基因表達，並以科學方式來測量這些變化。透過科學的客觀測量，我們知道哪種靈性修持有效，而哪些只是虛晃一招。

在《基因中的精靈》一書中，我一一介紹了這些發現以及人們的回應。從此，作家成了我另一個身分，這是以前的我從未想過的潛能。

類似的轉變也可能發生在你身上，想像一下。

期待你的人生將會變得不一樣。既然你已經舉起了手，那就讓超悅大腦帶領你到達更遙遠的彼端，你的愛情生活、事業、家庭關係、身體、金錢、友誼、靈性道路與幸福感都將徹底轉變。

接著，期待你的潛能將會獲得釋放；期待你每天都能嘗到狂喜的滋味；期待心流狀態會成為你的新日常；期待揚升的情緒流經你的心靈；期待源源不斷的靈感充滿了你的心智；期待逆境會讓你變得更強大而不是擊垮你；期待每一天都能以狂喜開始，以狂喜結束；期待你會變成快樂的人；期待你會去做自己認為不可能的事。

寫下這些文字時，我的眼中盈滿淚水；這是我寫給你的情書。我傾注了所有心力、情感及靈魂寫了這本書，主要目的是激勵你發揮與生俱來的全部潛能。現在輪到你將這一切付諸實踐，為自己開創一個不平凡的人生。而我將會在旅程中與你相會，我們旅途中見！

【附錄一】
EFT 情緒釋放技巧（EFT 敲打操）

一、你身體的哪個位置最能清楚感覺到情緒問題？

二、運用 0 到 10 的分數量表來判定該部位的不適程度，10 強度最大，0 代表完全沒有：

10　9　8　7　6　5　4　3　2　1　0

三、**設定**：複誦以下的陳述句三次，同時持續敲掌緣的「空手道手刀」點（下圖手掌圖中最大的一點）：

「儘管我有 ＿＿＿＿＿＿（問題），但是我仍然深刻且完全地接受我自己。」

四、**敲打順序**：在下面兩張圖所標示的每個能量點敲打約 7 次，同時簡短複誦能提醒自己問題為何的一兩句話。

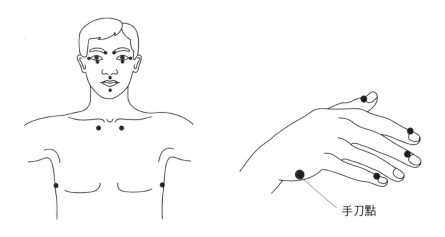

手刀點

　　五、再次用 0 到 10 的分數量表來判定自己的不適程度。如果分數仍然偏高，請對自己說：

　　「儘管我還有 ＿＿＿＿＿＿＿（問題）尚未解決，但是我仍然深刻且完全地接受我自己。」

　　六、從步驟一開始反覆進行，直到你的不適程度盡可能接近 0 分。

【附錄二】
精簡靜心（EcoMeditation）七步驟

　　開始前，先將手機、筆電、簡訊通知等設備關掉。把這不受干擾的二十分鐘當成給自己的禮物。你可以把這個練習當成早上的第一件要事（這是我最愛的時間）及晚上就寢前的最後一件事，或是在一天當中的休息時間進行。找個安靜且不會受到干擾的地方，端正坐好。

　　一、用指尖敲打每一個「情緒釋放技巧（EFT）」的指壓點，順序隨意，同時心中要抱持這樣的意圖：你處在平靜祥和的狀態，除了此刻你贈予自己的這段不受干擾的時間，其他都不重要。由上而下敲打，等做完最後一個指壓點，再次從第一個指壓點開始。如果你不知道敲打的指壓點，可以參考第 371 頁的圖示。

　　這段時間只屬於你。讓你所有的憂慮消失，允許自己完全處在當下。在做 EFT 敲打時說：「我釋出所有通往內在平靜道路的阻礙。我釋出身體所有緊張。我釋出自己過去、現在及未來阻礙我抵達內在平靜的一切事物。」

　　二、閉上眼睛，讓舌頭輕鬆地放在口腔內休息。

　　三、想像雙眼後方有個巨大而空曠的空間。如果在冥想的任何時候冒出任何想法，只需靜待它們自行離去。看著它們如同雲朵一般飄過天空，不對它們有任何執著。

　　四、慢慢呼吸，每次吐氣維持六秒，吸氣維持六秒。每次吸氣時，默數到六；每次吐氣時也一樣。注意自己的舌頭是否放鬆。觀想雙眼後方那個巨大的空間。保持舌頭放鬆。

　　如果身體出現任何生理感受，例如痠或痛，只需單純地觀察它們。無須對它們做任何事。注意力集中在呼吸上，吸氣默數六秒，吐氣默數六秒。

　　五、觀想胸腔心臟所在的位置。想像經由你的心臟來吸氣、吐氣，同時維持六秒吸氣、六秒吐氣。保持舌頭放鬆。

　　六、想像一道愛的光線由你的心臟向外湧出，隨著每次吐氣湧向你愛的人或地方。保持在這個狀態，維持幾回深呼吸。注意眼睛後方的巨大空間，注意你的舌頭在口腔內有多麼放鬆。

　　七、將愛的光線導回自己的身體，進入你的心臟部位。將那股愛的能量傳送到你身體任何感覺不適或疼痛的部位。結束冥想前，先做三次深度的六秒呼吸。

　　一旦覺得已經完成冥想，就將注意力引導回你所在的房間。睜開眼睛，注視離你最近的物體，觀察其特徵，包括顏色、肌理、重量等。轉移視線，注視離你最遠的物體。注意自己的呼吸。注意你身體的重量施加在椅子或是你所坐的東西上。感覺你的雙手、雙腳。對時間保持覺知。

　　將你自己帶回此時此地。儘管冥想狀態會支持我們的身心健全，但是在每次冥想階段結束後，要將自己帶回「真實的世界」，並且有效地在這個世界持續發揮冥想效果。

　　每天做這個練習，持續一個星期，你會注意到即使不在冥想時段，感受也不一樣了。持續一個月每天練習，你就會上癮。每次只需要練習二十分鐘，不過你或許會想要逐漸把冥想時間增加到三十或四十五分鐘。

　　精簡靜心網址：Ecomeditation.com

致謝

　　你無法委託別人代替你去理頭髮，即便是市值百億的公司執行長或美國總統也一樣。他們可以派代表完成幾乎所有工作，但不能對某個人說：「你代替我去理頭髮吧！」你得親自到場。

　　冥想也適用這個道理。你不能雇用一個天資優異的人幫你冥想，無論是怎樣的靈性大師都無法把他們的狀態傳送到你的大腦裡。冥想是最公平、最平等的，每個人都得靠自己來達到靈性啟蒙的狀態。我寫《超悅大腦》這本書的目的，就是希望能幫你走到那裡。

　　科學正好相反。每一個科學發現都建立在前人的基礎上，也就是「站在巨人的肩膀上」。我們收集智慧的線索，帶著它們到達下一層次。也因此，下一代得以從頂層開始建造，而不用從打地基做起。

　　我由衷感謝許許多多的科學家，正是他們的工作才給我寫這本書的基礎。其中有數百名科學家的名字，可以在書末的參考書目中找到，而在他們著作的參考書目中，你還可以找到更多其他的科學家。你手上這本書就是站在這些巨人的肩膀上完成的

　　還有許多精彩的著作給了這本書很多的啟發，這些思想家構築起《超悅大腦》的不同樓層。我很榮幸認識或訪談過其中的許多人。

　　科學書寫一向是要求很高的工作，你得閱讀並領會他人的研究，然後再嘗試著用淺顯的文字向一般讀者說明。這意味著，你得去細讀像〈齒狀迴發展不可或缺的去氧核醣核酸甲基轉移酶 1〉這樣的艱深論文。

　　你要做的不僅僅是理解文章中包含的專業術語，還必須判斷它們是否相關，接著再以合理的方式向讀者解釋。另外，你還必須將資訊來源

整合成一個有意義的科學故事，展示各個部分是如何結合在一起的。

以下這三本書在這方面就做得非常出色。在寫《超悅大腦》時，我大量地參考了它們的內容：

- 《盜火》（*Stealing Fire: How Silicon Valley, the Navy SEALs, and Maverick Scientists Are Revolutionizing the Way We Live and Work*），作者是史蒂芬‧科特勒與傑米‧惠爾。

- 《平靜的心，專注的大腦》（*Altered Traits: Science Reveals How Meditation Changes Your Mind, Brain, and Body*），作者是丹尼爾‧高曼與理查‧戴維森。

- 《開悟如何改變你的大腦：轉變的新科學》（*How Enlightenment Changes Your Brain: The New Science of Transformation*），作者是安德魯‧紐柏格與馬克‧羅伯‧瓦德門（Mark Robert Waldman）。

這三本書的廣度與深度都相當大膽，書中不僅有驚人的科學知識，行文更是優美，是值得細細品味的好書。我推薦各位仔細閱讀，享受每一頁，並且多讀幾遍。《超悅大腦》的其他關鍵概念，還來自以下這幾本優秀作品：

- 《行為：暴力、競爭、利他，人類行為背後的生物學》（*Behave: The Biology of Humans at Our Best and Worst*），作者是羅伯‧薩波斯基（Robert M. Sapolsky）。

- 《覺醒：存在的科學與實踐》（*Aware: The Science and Practice of Presence—The Groundbreaking Meditation Practice*），作者是丹尼爾‧席格。

- 《心理韌性：重建挫折復原力的 132 個強效練習大全》（*Resilience: Powerful Practices for Bouncing Back from Disappointment, Difficulty, and Even Disaster*），作者是琳達‧格拉翰。

- 《力挺自己的 12 個練習》（*Resilient: How to Grow an Unshak-*

able Core of Calm, Strength, and Happiness），作者是瑞克・韓森與佛瑞斯特・韓森（Forrest Hanson）。

- 《再啟蒙的年代》（*Enlightenment Now: The Case for Reason, Science, Humanism, and Progress*），作者是史迪芬・平克。

有幾位朋友讀了這本書全部或部分的初稿，並給我意見回饋。這樣擲地有聲的意見可謂字字珠璣，而且還是出自全世界最忙碌的人花幾天時間給我的詳盡回饋。我知道這是很不近情理的要求，因此非常感謝讓本書文字變得更成熟並發現我的理解或事實有誤的那些人。

大衛・費恩斯坦博士是《能量醫學》（*Energy Medicine*）以及其他幾本獲獎暢銷書的共同作者，他通讀了全書並且逐行給我回饋。因為他的評論，每一章都變得更好、更清晰。

羅伯特・霍斯是《改變生命的夢》（*Dreams That Change Our Lives*）的編輯，也是我多年好友及國家整合健康照護機構（NIIH）的董事會成員。他針對腦部功能與結構的章節給了我相當有道理的回饋，也特別勤奮地指出預設模式網絡的有用功能，避免我將它變成一個純粹的壞東西。

約翰・杜普伊（John Dupuy）任職於 iAwake Technologies，他閱讀了大腦功能和結構的相關章節，確保我沒犯下可怕的錯誤。蓋瑞・葛羅斯貝克（Gary Groesbeck）是腦電圖專家，對大腦功能知之甚詳，也為幾個章節提供意見。心鏡專家茱蒂絲・潘寧頓也是。蓋瑞、茱蒂絲以及蓋瑞的太太唐娜・巴赫（Donna Bach）在我幾次的研習營中做過腦電圖實驗，為學員們所體驗到的高峰狀態提供科學實證。他們溫暖、關懷的陪伴深深感動了我，也感動了他們所服務的人。

感謝麗莎・尼可斯（Lisa Nichols）的指導，她的演講工作坊改善了我說故事的技巧。跟我一樣，她也是傑克・坎菲爾創辦的「轉型領導協會」（Transformational Leadership Council）成員。我很感激許多協會成

員閱讀本書初稿並給予推薦。

　　大火過後這一年，在緊隨而來的健康與財務危機中，我還寫成了一本名為《超悅大腦》的書，簡直不太現實。這一切如果沒有我親愛的朋友及編輯 Stephanie Marohn 的協助，永遠都不可能發生。在我一整個月都抽不出時間寫作時，她還幫我草擬了好幾章的初稿。

　　感謝 Kira Theine 幾年來為我謄寫錄音檔。第一章是我開車去僻靜營時用手機錄下，再傳給她幫我謄寫的；也包括我的許多部落格文章。

　　感謝 Hay House 出版社的編輯 Anne Barthel，還有發行人 Patty Gift 及製作團隊。出版社執行長 Reid Tracy 是我信任的朋友，也是絕佳的專業導師。還要感謝我的行銷經理 Jennifer Ellis 及社群媒體經理 Christy Granzotto，長久以來以正向的態度支持我。Hay House 出版社行銷團隊的 Cathy Veloskey 及 Lindsay McGinty，一直都是熱誠且充滿想像力的啦啦隊，傾盡全力地要將《超悅大腦》的訊息傳達給全世界。感謝他們。

　　我還有一個很棒的團隊和我在 Energy Psychology Group / EFT Universe 一起工作。負責管理的 Heather Montgomery 三年來全力以赴，讓我有時間寫書，還有其他成員 Seth、Kendra、Marion 和 Jackie 的細心與努力，讓我完全不用操心。

　　感謝我風趣又睿智的朋友戴夫・亞斯普雷，多次陪在我身邊，並特別為本書寫了推薦序。戴夫是「生物駭客」（biohacking）的無冕王，生物駭客是一門調整身心以獲得最長壽命及最佳表現的科學。戴夫是我邀請寫序的第一人選，因為我想讓大家知道，冥想就是生物駭客中最深刻的一項身心修鍊。

　　每天晨間冥想時，我都會跟同樣在冥想的廣大社群能量校準，感覺和他們及宇宙合而為一。我很感激這些冥想者分享了他們的連結感，而我寫這本書的靈感就是從這種連結感迸發出來。推動我們前進的，正是這樣的願景：願每一個生命都能放下苦難，在狂喜中跟我們一起。

參考書目

第2章　心流：超悅大腦的極致體驗

A 14th-century Tibetan mystic: Rinpoche, T. D. (2008). *Great perfection, volume II: Separation and breakthrough.* Ithaca, NY: Snow Lion.

People often become much more spiritual after mystical breakthroughs: Newberg, A., & Waldman, M. R. (2017). *How enlightenment changes your brain: The new science of transformation.* New York, NY: Penguin.

Greeley studied nonordinary states: Greeley, A. (1974). *Ecstasy: A way of knowing.* New Jersey: Prentice Hall.

Elements common to transcendent experience: Greeley, A. (1975). *The sociology of the paranormal: A reconnaissance.* Thousand Oaks, CA: Sage.

Later researchers built on Greeley's initial findings: Spilka, B., Brown, G. A., & Cassidy, S. A. (1992). The structure of religious mystical experience in relation to pre- and postexperience lifestyles. *International Journal for the Psychology of Religion, 2*(4), 241–257.

Huxley's sacramental vision of reality and other quotes: Huxley, A. (1954). *The doors of perception.* London: Chatto & Windus.

William James's statements after his own transcendent experiences: James, W. (1902). *The varieties of religious experience.* NY: Longman.

The brains of the mystics share a common profile: Newberg, A., & Waldman, M. R. (2017). *How enlightenment changes your brain: The new science of transformation.* New York, NY: Penguin.

An important study performed at Emory University: Hasenkamp, W., & Barsalou, L. W. (2012). Effects of meditation experience on functional connectivity of distributed brain networks. *Frontiers in Human Neuroscience, 6,* 38.

Francis de Sales quotes: Huxley, A. (1947). *The perennial philosophy* (p. 285). New York, NY: Harper & Row.

Over 90% report that enlightenment experiences are more real than everyday reality: Newberg, A., & Waldman, M. R. (2017). *How enlightenment changes your brain: The new science of transformation.* New York, NY: Penguin.

Byron Katie: Massad, S. (2001). An interview with Byron Katie. *Realization.* Retrieved December 1, 2018, from https://realization.org/p/byron-katie/massad.byronkatie-interview/massad.byron-katie-interview.1.html

The brain's energy usage rarely varies more than 5%: Newberg, A., & Waldman, M. R. (2017). *How enlightenment changes your brain: The new science of transformation.* New York, NY: Penguin.

The Task-Positive Network or TPN: Mulders, P. C., van Eijndhoven, P. F., & Beckmann, C. F. (2016). Identifying large-scale neural networks using fMRI. In *Systems neuro-science in depression* (pp. 209–237). Academic Press.

In describing this discovery, Raichle notes: Raichle, M. E. (2014). The restless brain: how intrinsic activity organizes brain function. *Philosophical Transactions of the Royal Society of London. Series B, Biological Sciences, 370*(1668), 20140172. doi:10.1098/ rstb.2014.0172

When we relax, the Default Mode Network is the most active area of the brain: Davanger, S. (2015, March 9). *The brain's default mode network—what does it mean to us? The Meditation Blog.* Retrieved November 13, 2018, from https://www .themeditationblog.com/the-brains-default-mode-network-whatdoes-it-mean-to-us

Raichle theorizes that such activity helps the brain stay organized: Hughes, V. (2010, October 6). *The brain's dark energy. National Geographic.* November 13, 2018, from https://www.nationalgeographic.com/science/phenomena/2010/10/06/brain-default-mode

The DMN recruits other brain areas: Vatansever, D., Manktelow, A. E., Sahakian, B. J., Menon, D. K., & Stamatakis, E. A. (2017). Angular default mode network connectivity across working memory load. *Human Brain Mapping, 38*(1), 41–52.

The wandering mind of the DMN has a "me" orientation: Mason, M. F., Norton, M. I., Van Horn, J. D., Wegner, D. M., Grafton, S. T., & Macrae, C. N. (2007). Wandering minds: The default network and stimulus-independent thought.

Science, 315(5810), 393–395.

The demon when Buddha was on the verge of enlightenment: Gyatso, K. (2008). *Introduction to Buddhism: An explanation of the Buddhist way of life.* Glen Spey, NY: Tharpa.

This regulatory neural connection is stronger in adept meditators: Froeliger, B., Garland, E. L., Kozink, R. V., Modlin, L. A., Chen, N. K., McClernon, F. J., . . . Sobin, P. (2012). Meditation-state functional connectivity (msFC): strengthening of the dorsal attention network and beyond. *Evidence-Based Complementary and Alternative Medicine, 2012,* 1–10. doi:10.1155/2012/680407

The nucleus accumbens shrinks in longtime meditators: Marchand, W. R. (2014). Neural mechanisms of mindfulness and meditation: evidence from neuroimaging studies. *World Journal of Radiology, 6*(7), 471.

People spend about 47% of their time in negativity: Bradt, S. (2010). Wandering mind not a happy mind. *Harvard Gazette.* Retrieved November 15, 2018, from https:// news.harvard.edu/gazette/story/2010/11/wandering-mind-not-a-happy-mind

People were at their happiest when their attention was focused in the present moment: Killingsworth, M. A., & Gilbert, D. T. (2010). A wandering mind is an unhappy mind. *Science, 330*(6006), 932. doi:10.1126/science.1192439

Meditators can shut off the DMN: Brewer, J. A., Worhunsky, P. D., Gray, J. R., Tang, Y. Y., Weber, J., & Kober, H. (2011). Meditation experience is associated with differences in default mode network activity and connectivity. *Proceedings of the National Academy of Sciences, 108*(50), 20254-20259.

The DMN recruits other brain regions: Fox, K. C., Spreng, R. N., Ellamil, M., Andrews-Hanna, J. R., & Christoff, K. (2015). The wandering brain: Meta-analysis of functional neuroimaging studies of mind-wandering and related spontaneous thought processes. *Neuroimage, 111,* 611–621.

Mark Leary and the curse of self: Leary, M. R. (2007). *The curse of the self: Self-awareness, egotism, and the quality of human life.* Oxford, UK: Oxford University Press.

The DMN is active in self-oriented and social tasks: Sormaz, M., Murphy, C., Wang, H. T., Hymers, M., Karapanagiotidis, T., Poerio, G., . . . Smallwood, J. (2018). Default mode network can support the level of detail in experience during active task states. *Proceedings of the National Academy of Sciences, 115*(37), 9318–9323.

Kegan and the subject-object shift: Kegan, R. (1994). *In over our heads: The mental demands of modern life.* Cambridge, MA: Harvard University Press.

Our emotions and thoughts become less "sticky" and lose their self-hypnotic power: Goleman, D., & Davidson, R. J. (2018). *Altered traits: Science reveals how meditation changes your mind, brain, and body.* New York: Avery.

American spending on illicit drugs and alcohol: Midgette, G., Davenport, S., Caulkins, J. P., & Kilmer, B. (2019). *What America's Users Spend on Illegal Drugs, 2006–2016.* Santa Monica, CA: RAND.

Four-trillion-dollar Altered States Economy: Kotler, S., & Wheal, J. (2017). *Stealing fire: How Silicon Valley, the Navy SEALs, and maverick scientists are revolutionizing the way we live and work* (p. 28). New York, NY: HarperCollins.

The human drive for ecstasy as far back in time as the ancient Greeks: Kotler, S., & Wheal, J. (2017). *Stealing fire: How Silicon Valley, the Navy SEALs, and maverick scientists are revolutionizing the way we live and work.* New York, NY: HarperCollins.

Ronald Siegel "fourth drive": Siegel, R. K. (1998). *Intoxication: The universal drive for mind-altering substances* (p. 11). Rochester, VT: Park Street.

Meditators are able to deactivate the brain's posterior cingulate cortex: Van Lutterveld, R., Houlihan, S. D., Pal, P., Sacchet, M. D., McFarlane-Blake, C., Patel, P. R., . . . Brewer, J. A. (2017). Source-space EEG neurofeedback links subjective experience with brain activity during effortless awareness meditation. *NeuroImage, 151,* 117–127.

Studies of Tibetan monks with tens of thousands of hours of practice: Brewer, J. A., Worhunsky, P. D., Gray, J. R., Tang, Y. Y., Weber, J., & Kober, H. (2011). Meditation experience is associated with differences in default mode network activity and connectivity. *Proceedings of the National Academy of Sciences, 108*(50), 20254– 20259.

The brains of the mystics making the subject-object shift share a common profile: Newberg, A., & Waldman, M. R. (2017). *How enlightenment changes your brain: The new science of transformation.* New York, NY: Penguin.

Regions associated with Bliss Brain: Tang, Y. Y., Hölzel, B. K., & Posner, M. I. (2015). The neuroscience of mindfulness meditation. *Nature Reviews Neuroscience, 16*(4), 213.

第3章　創造極樂的日常生活

Function of brain regions: Corballis, M. C. (2014). Left brain, right brain: Facts and fantasies. *PLoS Biology, 12*(1). doi:10.1371/journal.pbio.1001767

The three part brain: Audesirk, T., Audesirk, G., & Byers, B. E. (2008). *Biology: Life on earth with physiology.* Upper Saddle River, NJ: Pearson Prentice Hall.

In master meditators, brain activity drops up to 40%: Newberg, A., & Waldman, M. R. (2017). *How enlightenment changes your brain: The new science of transformation.* New York, NY: Penguin.

Loneliness and isolation have detrimental effects on our health: Holt-Lunstad, J., Smith, T. B., & Layton, J. B. (2010). Social relationships and mortality risk: A meta-analytic review. *PLoS Medicine, 7*(7), e1000316.

A Stanford study of people who experienced the deep now: Rudd, M., Vohs, K., & Aakers, J. (2011). Awe expands people's perception of time, alters decision-making, and enhances well-being. *Psychological Science, 23*(10), 1130-1136.

Jill Bolte Taylor's stroke: Koontz, K. (2018). *Listening in with Jill Bolte Taylor. Unity,* January/February. Retrieved December 9, 2019, from http://www.unity.org/ publications/unity-magazine/articles/listening-jill-bolte-taylor

Balance between the two hemispheres: Corballis, M. C. (2014). Left brain, right brain: Facts and fantasies. *PLoS Biology, 12*(1). doi:10.1371/journal.pbio.1001767

The corpus callosum in meditators: Luders, E., Kurth, F., Mayer, E. A., Toga, A. W., Narr, K. L., & Gaser, C. (2012). The unique brain anatomy of meditation practitioners: Alterations in cortical gyrification. *Frontiers in Human Neuroscience, 6,* 34.

Babe Ruth's senses were more acute than average: Fullerton, H. S. (1921). Why Babe Ruth is the greatest home-run hitter. *Popular Science, 99*(4), 19–21.

Einstein's brain had greater volume in the corpus callosum: Men, W., Falk, D., Sun, T., Chen, W., Li, J., Yin, D., . . . Fan, M. (2014). The corpus callosum of Albert Einstein's brain: Another clue to his high intelligence? *Brain, 137*(4), e268-e278.

Hippocampus functions: Chan, R. W., Leong, A. T., Ho, L. C., Gao, P. P., Wong, E. C., Dong, C. M., . . . Wu, E. X. (2017). Low-frequency hippocampal–cortical activity drives brain-wide resting-state functional MRI connectivity. *Proceedings of the National Academy of Sciences, 114*(33), E6972–E6981.

The short circuit improves reaction speed, but at the expense of accuracy: Sapolsky, R. M. (2017). *Behave: The biology of humans at our best and worst.* New York, NY: Penguin.

The short and the long path: Church, D. (2017). *Psychological trauma: Healing its roots in brain, body, and memory.* Santa Rosa, CA: Energy Psychology Press.

Amygdala functions: Church, D. (2017). *Psychological trauma: Healing its roots in brain, body, and memory.* Santa Rosa, CA: Energy Psychology Press.

The difference in amygdala activation is 400%: Goleman, D., & Davidson, R. J. (2018). *Altered traits: Science reveals how meditation changes your mind, brain, and body.* New York, NY: Avery.

Von Economo neurons facilitate the integration of information: Namkung, H., Kim, S. H., & Sawa, A. (2017). The insula: An underestimated brain area in clinical neuroscience, psychiatry, and neurology. *Trends in Neurosciences, 40*(4), 200–207.

Vietnam veterans and social engagement: Lutz, A., Brefczynski-Lewis, J., Johnstone, T., & Davidson, R. J. (2008). Regulation of the neural circuitry of emotion by compassion meditation: Effects of meditative expertise. *PLoS One, 3*(3), e1897.

The TPJs of meditators process efficiently after 40 days: Hölzel, B. K., Carmody, J., Vangel, M., Congleton, C., Yerramsetti, S. M., Gard, T., & Lazar, S. W. (2011). Mindfulness practice leads to increases in regional brain gray matter density. *Psychiatry Research: Neuroimaging, 191*(1), 36–43.

Olaf Blanke's out-of-body patient: Blakeslee, S. (2006, October 3). Out of body experience? Your brain is to blame. *The New York Times.* http://www .nytimes.com/2006/10/03/health/psychology/03shad.html

Insula functions: Blakeslee, S. (2007, February 6). A small part of the brain, and its profound effects. *The New York Times.* https://www.nytimes.com/2007/02/06/ health/psychology/06brain.html

The level of activity in Mingyur's empathy circuits rose by 700%: Goleman, D., & Davidson, R. J. (2018). *Altered traits:*

Science reveals how meditation changes your mind, brain, and body. New York, NY: Avery.

The habitual reified dualities between subject and object, self and other, in-group and out-group dissipate: Vieten, C., Wahbeh, H., Cahn, B. R., MacLean, K., Estrada, M., Mills, P., . . . Presti, D. E. (2018). Future directions in meditation research: Recommendations for expanding the field of contemplative science. *PloS One, 13*(11), e0205740.

Prefrontal cortex changes with age: U.S. Department of Health and Human Services. (n.d.). Maturation of the prefrontal cortex. Retrieved December 9, 2019, from http://www.hhs.gov/opa/familylife/tech_assistance/etraining/adolescent_brain/ Development/prefrontal_cortex

Ventromedial prefrontal cortex functions: Viviani, R. (2014). Neural correlates of emotion regulation in the ventral prefrontal cortex and the encoding of subjective value and economic utility. *Frontiers in Psychiatry, 5,* 123.

Dorsolateral prefrontal cortex functions: Miller, E. K., & Buschman, T. J. (2013). Cortical circuits for the control of attention. *Current Opinion in Neurobiology, 23*(2), 216–222.

Once the dorsolateral PFC has made a decision, it suppresses incoming information that is now irrelevant: Sapolsky, R. M. (2017). *Behave: The biology of humans at our best and worst.* New York, NY: Penguin.

Students trained in mindfulness improved their scores on the GRE: Mrazek, M. D., Franklin, M. S., Phillips, D. T., Baird, B., & Schooler, J. W. (2013). Mindfulness training improves working memory capacity and GRE performance while reducing mind wandering. *Psychological Science, 24*(5), 776–781.

Caudate nucleus helps us remember what we've learned: Fox, K. C., Dixon, M. L., Nijeboer, S., Girn, M., Floman, J. L., Lifshitz, M., . . . Christoff, K. (2016). Functional neuroanatomy of meditation: A review and meta-analysis of 78 functional neuroimaging investigations. *Neuroscience and Biobehavioral Reviews, 65,* 208–228.

High performers engage the caudate nucleus: Vago, D. R. (2015, July 31). Brain's response to meditation: How much meditation does it take to change your brain and relieve stress? *Psychology Today.* https://www.psychologytoday.com/us/blog/thescience-behind-meditation/201507/brains-response-meditation

To the brain, imagination is reality: Reddan, M. C., Wager, T. D., & Schiller, D. (2018). Attenuating neural threat expression with imagination. *Neuron, 100*(4), 994–1005.

Imagination is a neurological reality investigator quotes: University of Colorado at Boulder. (2018, December 10). Your brain on imagination: It's a lot like reality, study shows. *Science Daily.* https://www.sciencedaily.com/releases/2018/12/181210144943.htm

Negative thinking will interrupt the brain's ability to perform well on every level: New-berg, A., & Waldman, M. R. (2017). *How enlightenment changes your brain: The new science of transformation.* New York, NY: Penguin.

This turns on hundreds of genes that regulate our immunity: Bhasin, M. K., Dusek, J. A., Chang, B. H., Joseph, M. G., Denninger, J. W., Fricchione, G. L., . . . Libermann, T. A. (2013). Relaxation response induces temporal transcriptome changes in energy metabolism, insulin secretion and inflammatory pathways. *PLoS One, 8*(5), e62817.

A transformation that dramatically ups the limits: Goleman, D., & Davidson, R. J. (2018). *Altered traits: Science reveals how meditation changes your mind, brain, and body.* New York, NY: Avery.

An overview of meditation studies shows that this opens up nonlocal consciousness: Vieten, C., Wahbeh, H., Cahn, B. R., MacLean, K., Estrada, M., Mills, P., . . . Presti, D. E. (2018). Future directions in meditation research: Recommendations for expanding the field of contemplative science. *PloS one, 13*(11), e0205740.

第4章　與1%的人同行

The top 1% of the world's wealthy: Credit Suisse Research Institute. (2018). *Global wealth report.* Credit Suisse. Retrieved December 9, 2019, from https://www.creditsuisse.com/corporate/en/research/research-institute/global-wealth-report.html

In the early 1300s, England had a monastic population of about 22,000: Mortimer, I. (2009). *The time traveler's guide to medieval England: A handbook for visitors to the fourteenth century.* New York, NY: Simon and Schuster.

Estimates are similar for other medieval European countries: Brucker, G. A. (1998). *Florence: The golden age, 1138–1737.* Berkeley: University of California Press.

Percentage of monastics in Tibet and Thailand: Goldstein, M. C. (2010). Tibetan Buddhism and mass monasticism. In A.

Herrou and G. Krauskopff (Eds.), *Des moines et des moniales de part le monde: La vie monastique dans le miroir de la parenté.*

France: Presses Universitaires de Toulouse le Mirail.

Roman historian Cicero wrote: Cicero, M. T. (2017). *On the commonwealth and on the laws.* New York, NY: Cambridge University Press.

The Eleusinian mysteries: Tripolitis, A. (2002). *Religions of the Hellenistic-Roman age.* Grand Rapids, MI: W. B. Eerdmans.

Steps of initiation included: Hoffman, A., Wasson, R. G., & Ruck, C. A. P. (1978). *The Road to Eleusis: Unveiling the Secret of the Mysteries.* New York, NY: Harcourt, Brace, Jovanovich.

Max Cade and the Mind Mirror: Cade, M., & Coxhead, N. (1979). *The awakened mind: Biofeedback and the development of higher states of awareness.* New York, NY: Dell.

Robert Becker and early EEG work: Becker, R. O. (1990). The machine brain and properties of the mind. *Subtle Energies and Energy Medicine Journal Archives, 1*(2).

The Awakened Mind pattern and Anna Wise: Wise, A. (1995). *The high performance mind: Mastering brainwaves for insight, healing, and creativity.* New York, NY: Putnam. Wise, A. (2002). *Awakening the mind: A guide to harnessing the power of your brainwaves.* New York, NY: Tarcher.

People in flow states and big alpha: MindLabPro. (2018, May 12). Nootropics for flow state—brain-boosters to initiate supreme task performance. Retrieved from https://www.mindlabpro.com/blog/nootropics/nootropics-flow-state

The age of the neocortex and brain stem: Rakic, P. (2009). Evolution of the neocortex: A perspective from developmental biology. *Nature Reviews Neuroscience, 10*(10), 724.

Less than 10% of the US population meditates: Clarke, T. C., Black, L. I., Stussman, B. J., Barnes, P. M., & Nahin, R. L. (2015). Trends in the use of complementary health approaches among adults: United States, 2002–2012. *National Health Statistics Reports, 79,* 1–16.

This is because meditation is hard: Rutrowski, R. (2018). Only 12% of U.S. adults use meditation. Here's why . . . *HerbalMind.* Retrieved December 9, 2019, from https://www.herbalmindlife.com/only-12-of-us-adults-use-meditation-heres-why

Relaxing your tongue on the floor of your mouth: Schmidt, J. E., Carlson, C. R., Usery, A. R., & Quevedo, A. S. (2009). Effects of tongue position on mandibular muscle activity and heart rate function. *Oral Surgery, Oral Medicine, Oral Pathology, Oral Radiology, and Endodontology, 108*(6), 881–888.

Imagining the volume of space inside your body puts you into alpha: Fehmi, L., & Rob-bins, J. (2008). *The open-focus brain: Harnessing the power of attention to heal mind and body.* Boston, MA: Shambhala/Trumpeter Books.

Sending a beam of energy through your heart: McCraty, R., Atkinson, M., Tomasino, D., & Bradley, R. T. (2009). The coherent heart: Heart-brain interactions, psychophysiological coherence, and the emergence of system-wide order. *Integral Review: A Transdisciplinary and Transcultural Journal for New Thought, Research, and Praxis, 5*(2), 7–14.

Compassion produces brain changes in meditators: Goleman, D., & Davidson, R. J. (2018). *Altered traits: Science reveals how meditation changes your mind, brain, and body.* New York, NY: Avery.

In two days, many participants acquired elevated brain states: Pennington, J., Sabot, D., & Church, D. (2019). EcoMeditation and EFT (Emotional Freedom Techniques) produce elevated brainwave patterns and states of consciousness. *Energy Psychology: Theory, Research, and Treatment, 11*(1), 13-28. *The Bond University fMRI study:* Stapleton, P., Baumann, O., Church, D., & Sabot, D. (2020) Functional brain changes associated with EcoMeditation. Reported at Transformational Leadership Conference, Panama City, Panama, Jan 26. Submitted for publication.

Esalen Institute EcoMeditation study: Groesbeck, G., Bach, D., Stapleton, P., Blickheuser, K., Church, D., & Sims, R. (2017). The interrelated physiological and psychological effects of EcoMeditation. *Journal of Evidence-Based Integrative Medicine, 23,* 1–6. doi:10.1177/2515690X18759626.

The 40% drop in PFC function measured in meditators: Newberg, A., & Waldman, M. R. (2017). *How enlightenment changes your brain: The new science of transformation.* New York, NY: Penguin.

Paul Brunton's experiences: Brunton, P. (2014). *The short path to enlightenment.* Burdett, NY: Larson.

You build muscle much more quickly when you lift weights very slowly: Ferriss, T. (2010). *The four-hour body.* New

York, NY: Crown Archetype.

Weight lifting doesn't require more than 30 minutes a session: Ferriss, T. (2010). *The four-hour body.* New York, NY: Crown Archetype.

Different meditation methods produce different effects in the brain: Lumma, A. L., Kok, B. E., & Singer, T. (2015). Is meditation always relaxing? Investigating heart rate, heart rate variability, experienced effort and likeability during training of three types of meditation. *International Journal of Psychophysiology, 97*(1), 38–45.

The 10,000-hour rule: Goleman, D., & Davidson, R. J. (2018). *Altered traits: Science reveals how meditation changes your mind, brain, and body* (p. 258). New York, NY: Avery.

Large-scale study at a workshop taught by Dr. Joe Dispenza: Church, D., Yang, A., Fannin, J., & Blickheuser, K. (2018). *The biological dimensions of transcendent states: A randomized controlled trial.* Presented at the research meeting of the conference of the Association for Comprehensive Energy Psychology (ACEP), May 31, 2018.

When you sustain alpha brain waves, several other waves change: Pennington, J. (2012). *Your psychic soul: Embracing your sixth sense.* Virginia Beach, VA: 4th Dimension Press.

Advanced yogis have 25 times the gamma activity of ordinary people: Goleman, D., & Davidson, R. J. (2018). *Altered traits: Science reveals how meditation changes your mind, brain, and body.* New York, NY: Avery.

Gamma is observed in states of mystical union: Beauregard, M., & Paquette, V. (2008). EEG activity in Carmelite nuns during a mystical experience. *Neuroscience Letters, 444,* 1–4. doi:10.1016/j.neulet.2008.08.028

Gamma synchrony across brain regions: Goleman, D., & Davidson, R. J. (2018). *Altered traits: Science reveals how meditation changes your mind, brain, and body.* New York, NY: Avery.

Gamma is observed in ordinary people having a moment of creative insight: Jung-Beeman, M., Bowden, E. M., Haberman, J., Frymiare, J. L., Arambel-Liu, S., Greenblatt, R., . . . Kounious, J. (2004). Neural activity when people solve problems with insight. *PLoS Biology, 2,* 0500–0510. doi:10.1371/journal .pbio.0020097

Gamma is also associated with:

Feelings of love and compassion: Pennington, J. (2012). *Your psychic soul: Embracing your sixth sense.* Virginia Beach, VA: 4th Dimension Press.

Increased perceptual organization: Elliott, M. A., & Muller, H. J. (1998). Synchronous information presented in 40-Hz flicker enhance visual feature binding. *Psychological Science, 9,* 277–283. doi:10.1111/1467-9280.00055

Associative learning: Miltner, W. H., Braun, C., Arnold, M., Witte, H., & Taub, E. (1999). Coherence of gamma-band EEG activity as a basis for associative learning. *Nature, 397*(6718), 434–436. doi:10.1038/17126

Efficiency of information flowing across synapses: Sheer, D. E. (1975). Biofeedback training of 40-Hz EEG and behavior. In N. Burch & H. I. Altshuler (Eds.), *Behavior and brain electrical activity.* New York, NY: Plenum.

Healing: Hendricks, L., Bengston, W. F., & Gunkelman, J. (2010). The healing connection: EEG harmonics, entrainment, and Schumann's resonances. *Journal of Scientific Exploration, 24,* 655–666.

Attention and states of transcendent bliss: Das, N., & Gastaut, H. (1955). Variations in the electrical activity of the brain, heart, and skeletal muscles during yogic meditation and trance. *Electroencephalography and Clinical Neurophysiology, 6,* 211–219.

Gamma waves synchronize the four lobes of the brain: Engel, A., Konig, P., Kreiter, A., & Singer, W. (1991). Direct physiological evidence for scene segmentation by temporal coding. *Proceedings of the National Academy of Science, 88*(20), 9136–9140. Pennington, J. (2012). *Your psychic soul: Embracing your sixth sense.* Virginia Beach, VA: 4th Dimension Press.

Neurofeedback expert Judith Pennington, studying eight subjects: Pennington, J., Sabot, D., & Church, D. (2019). EcoMeditation and EFT (Emotional Freedom Techniques) produce elevated brainwave patterns and states of consciousness. *Energy Psychology: Theory, Research, and Treatment, 11*(1), 13-28.

Study of 208 participants at a meditation retreat: Church, D., & Sabot, D. (2019). Group-based EcoMeditation is associated with improved anxiety, depression, PTSD, pain and happiness. *Global Advances in Health and Medicine* (in press).

Types of meditation: Bornemann, B., Herbert, B. M., Mehling, W. E., & Singer, T. (2015). Differential changes in self-reported aspects of interoceptive awareness through 3 months of contemplative training. *Frontiers in Psychology, 5,* 1504.

Planck study compared people experiencing empathy with those actively engaging loving-kindness: Klimecki, O. M.,

Leiberg, S., Lamm, C., & Singer, T. (2012). Functional neural plasticity and associated changes in positive affect after compassion training. *Cerebral Cortex, 23*(7), 1552–1561.

Strong echoes of the brain patterns of experienced meditators were found in novices: Weng, H. Y., Fox, A. S., Shackman, A. J., Stodola, D. E., Caldwell, J. Z., Olson, M. C., . . . Davidson, R. J. (2013). Compassion training alters altruism and neural responses to suffering. *Psychological Science, 24(7), 1171–1180.*

Telomere study quotes comparing a non-meditating group with groups doing mindfulness and loving-kindness meditation: Dolan, E. W. (2019, August 24). Study provides evidence that loving-kindness meditation slows cellular aging. *Psypost.* Retrieved September 10, 2019, from https://www.psypost.org/2019/08/study-providesevidence-that-loving-kindness-meditation-slows-cellular-aging-54316

Adrenaline and drastically reduced life span: De Rosa, M. J., Veuthey, T., Florman, J., Grant, J., Blanco, M. G., Andersen, N., . . . Alkema, M. J. (2019). The flight response impairs cytoprotective mechanisms by activating the insulin pathway. *Nature, 573,* 135–138.

Initial studies showed that 8 weeks of mindfulness meditation had an effect: Goldin, P. R., & Gross, J. J. (2010). Effects of mindfulness-based stress reduction (MBSR) on emotion regulation in social anxiety disorder. *Emotion, 10*(1), 83–91.

Desbordes, G., Negi, L. T., Pace, T. W., Wallace, B. A., Raison, C. L., & Schwartz, E.

L. (2012). Effects of mindful-attention and compassion meditation training on amygdala response to emotional stimuli in an ordinary, non-meditative state. *Frontiers in Human Neuroscience, 6*(292), 1–15.

Even 4 weeks of meditation made a difference: Walsh, E., Eisenlohr-Moul, T., & Baer,

R. (2016). Brief mindfulness training reduces salivary IL-6 and TNF-α in young women with depressive symptomatology. *Journal of Consulting and Clinical Psychology, 84*(10), 887–897.

Pace, T. W., Negi, L. T., Adame, D. D., Cole, S. P., Sivilli, T. I., Brown, T. D., . . . Raison,

C. L. (2009). Effect of compassion meditation on neuroendocrine, innate immune and behavioral responses to psychosocial stress. *Psychoneuroendocrinology, 34*(1), 87–98.

Even 4 days of meditation were associated with increased cognitive flexibility, creativity, memory, and attention: Zeidan, F., Johnson, S. K., Diamond, B. J., David, Z., & Goolkasian, P. (2010). Mindfulness meditation improves cognition: Evidence of brief mental training. *Consciousness and Cognition, 19*(2), 597–605.

More pervasive brain changes in those that went on long intensive retreats: Sahdra, B. K., MacLean, K. A., Ferrer, E., Shaver, P. R., Rosenberg, E. L., Jacobs, T. L., . . . Mangun, G. R. (2011). Enhanced response inhibition during intensive meditation training predicts improvements in self-reported adaptive socioemotional functioning. *Emotion, 11*(2), 299–312.

Goleman, D., & Davidson, R. J. (2018). *Altered traits: Science reveals how meditation changes your mind, brain, and body.* New York, NY: Avery.

Ten weeks of meditation is enough to move the needle: Lumma, A. L., Kok, B. E., & Singer, T. (2015). Is meditation always relaxing? Investigating heart rate, heart rate variability, experienced effort and likeability during training of three types of meditation. *International Journal of Psychophysiology, 97*(1), 38–45.

400% decrease in amygdala activation: Goleman, D., & Davidson, R. J. (2018). *Altered traits: Science reveals how meditation changes your mind, brain, and body.* New York, NY: Avery.

The three levels of meditation: Goleman, D., & Davidson, R. J. (2018). *Altered traits: Science reveals how meditation changes your mind, brain, and body.* New York, NY: Avery.

Seven minutes of loving-kindness can increase positive mood and social connection:

Hutcherson, C. A., Seppala, E. M., & Gross, J. J. (2008). Loving-kindness meditation increases social connectedness. *Emotion, 8*(5), 720.

Survey of 1,120 meditators: Vieten, C., Wahbeh, H., Cahn, B. R., MacLean, K., Estrada, M., Mills, P., . . . Presti, D. E. (2018). Future directions in meditation research: Recommendations for expanding the field of contemplative science. *PloS One, 13*(11), e0205740.

It takes 40 to 60 minutes to achieve a deep contemplative state: Newberg, A., & Waldman, M. R. (2017). *How enlightenment changes your brain: The new science of transformation.* New York, NY: Penguin.

After just the first 8 minutes of mindfulness, attentional focus improves: Goleman, D., & Davidson, R. J. (2018). *Altered traits: Science reveals how meditation changes your mind, brain, and body.* New York, NY: Avery.

Increases in gray matter of brain areas after 27-minute meditation sessions: Lazar, S. (2014). Change in brainstem gray matter concentration following a mindfulness-based intervention is correlated with improvement in psychological well-being. *Frontiers in Human Neuroscience, 8,* 33.

Among Tibetan monks, there were more pervasive brain changes in those that went on long intensive retreats: Goleman, D., & Davidson, R. J. (2018). *Altered traits: Science reveals how meditation changes your mind, brain, and body.* New York, NY: Avery.

When you intensify the experience, the parietal lobe shuts down and selfing ceases: New-berg, A., & Waldman, M. R. (2017). *How enlightenment changes your brain: The new science of transformation.* New York, NY: Penguin.

與華倫‧巴菲特共進午餐：

Umoh, R. (2018, May 28). *These two men paid over $650,000 for lunch with Warren Buffett—here are 3 things they learned.* Make It. CNBC.com. https://www. cnbc.com/2018/05/25/3-things-two-men-learned-from-their-650000-lunchwith-warren-buffett.html

Spier, G. (2018, June 12). *Opinion: What lunch with Warren Buffett taught me about investing and life.* MarketWatch. https://www.marketwatch.com/ story/what-lunch-with-warren-buffett-taught-me-about-investing-andlife-2018-06-11

Mejia, Z. (2018, May 29). *Warren Buffett has raised $26 million auctioning lunch dates—here's how the tradition started.* Make It. CNBC.com. https://www. cnbc.com/2018/05/29/why-warren-buffett-auctions-million-dollar-lunchdates-for-charity.html

Stempel, J. (2019, June 1). *Warren Buffett charity lunch fetches record $4.57 million winning bid.* Reuters. https:// www.reuters.com/article/us-buffett-lunch/ warren-buffett-charity-lunch-fetches-record-4-57-million-winning-bid-idUSKCN1T238Y

第5章　大腦製造的狂喜分子

Physicists are designing experiments to turn protons into electrons: Luo, W., Wu, S. D., Liu, W. Y., Ma, Y. Y., Li, F. Y., Yuan, T., . . . Sheng, Z. M. (2018). Enhanced electron-positron pair production by two obliquely incident lasers interacting with a solid target. *Plasma Physics and Controlled Fusion, 60*(9), 095006.

Hormonal effects can extend from a few seconds to a few days: Singh, G. K. (2016). What is the difference between hormones and neurotransmitters? Retrieved Jan 2, 2020 from https://www.quora.com/What-is-the-difference-between-hormones-and-neurotransmitter

Neurotransmitters travel only microscopic distances: Purves, D., Augustine, G. J., Fitzpatrick, D., Hall, W. C., Lamantia, A. S., Mooney, R. D., Platt, M. L., & White, L. E. (Eds.). (2001). What defines a neurotransmitter? Neuroscience (2nd ed.). Sunder-land, MA: Sinauer Associates. https://www.ncbi.nlm.nih.gov/books/NBK10957

Some molecules operate as both hormones and neurotransmitters: Singh, G. K. (2016). What is the difference between hormones and neurotransmitters? Retrieved Jan 2, 2020 from https://www.quora.com/What-is-the-difference-between-hormones-and-neurotransmitter

Glutamate is the most excitatory neurotransmitter and GABA is the most inhibitory: Sapolsky, R. M. (2018). *Behave: The biology of humans at our best and worst.* New York, NY: Penguin.

GABA is the "brain's own Valium": Blesching, U. (2015). *The cannabis health index: Combining the science of medical marijuana with mindfulness techniques to heal 100 chronic symptoms and diseases.* Novato, CA: New World Library.

Time it takes for neurotransmitters to act: Sapolsky, R. M. (2018). *Behave: The biology of humans at our best and worst.* New York, NY: Penguin.

Twarog's discovery was "the cornerstone of the antidepressant revolution": Greenberg, G. (2011). *Manufacturing depression: The secret history of a modern disease.* New York, NY: Simon and Schuster.

Pavlov's Nobel speech: Pavlov, I. (1904). *Physiology of digestion.* The Nobel Prize. Retrieved Jan 2, 2020 from https:// www.nobelprize.org/prizes/medicine/1904/ pavlov/lecture

Serotonin identified in the gastrointestinal tract in 1935: Beck, T. (2015, December 17). *A vaccine for depression? Ketamine's remarkable effect bolsters a new theory of mental illness. Nautilus, 31.* http://nautil.us//issue/31/stress/a-vaccine-for-depression

Twarog identified serotonin in the brains of monkeys, rats, and dogs: Greenberg, G. (2011). *Manufacturing depression: The secret history of a modern disease.* New York, NY: Simon and Schuster.

The journal editor refused to have reviewers look at a paper by a girl: Greenberg, G. (2011). *Manufacturing depression: The secret history of a modern disease.* New York, NY: Simon and Schuster.

Sales and effects of psychotropic drugs: Whitaker, R. (2011). *Anatomy of an epidemic: Magic bullets, psychiatric drugs, and the astonishing rise of mental illness in America.* New York, NY: Random House.

The erroneous notion that chemical imbalance in the brain causes mental disorders: Pies, R. W. (2011, July 11). Psychiatry's new brain-mind and the legend of the "chemical imbalance." *Psychiatric Times.* https://www.psychiatrictimes.com/articles/ psychiatrys-new-brain-mind-and-legend-chemical-imbalance

The damaging and far-reaching effects of the characterization of mental disorders as disease: Maisel, E. (2016, March 8). Gary Greenberg on manufacturing depression. *Psychology Today.* https://www.psychologytoday.com/us/blog/ rethinking-mentalhealth/201603/gary-greenberg-manufacturing-depression

DHEA's antiaging effects: Forti, P., Maltoni, B., Olivelli, V., Pirazzoli, G. L., Ravaglia, G., & Zoli, M. (2012). Serum dehydroepiandrosterone sulfate and adverse health outcomes in older men and women. *Rejuvenation Research, 15*(4), 349–358.

DHEA deficiency has been linked to cancer, heart disease, obesity, and diabetes: Rizvi, S. I., & Jha, R. (2011). Strategies for the discovery of anti-aging compounds. *Expert Opinion on Drug Discovery, 6*(1), 89–102.

Do Vale, S., Martin, J. M., Fagundes, M. J., & do Carmo, I. (2011). Plasma dehydroepiandrosterone-sulphate is related to personality and stress response. *Neuroendocrinology Letters, 32*(4), 442–448.

Exogenous molecules like opioids are effective because they fit into the same receptor sites: Sapolsky, R. M. (2018). *Behave: The biology of humans at our best and worst.* New York, NY: Penguin.

The effects of prescription and recreational drugs on excitatory and inhibitory neurotransmitters: Sherman, C. (2017, March 9). *Impacts of drugs on neurotransmission.* National Institute on Drug Abuse. Retrieved Jan 2, 2020 from https://www .drugabuse.gov/news-events/nida-notes/2017/03/impacts-drugs-neurotransmission

The effect of alcohol on the various neurotransmitters: AccessMedicine. (2018). *The effect of alcohol on neurotransmitters in the brain.* Retrieved Jan 2, 2020 from https:// www.accessmedicinenetwork.com/users/82976-harrison-s-self-assessment-and -board-review/posts/34085-the-effect-of-alcohol-on-neurotransmitters-in-the-brain

Types of benzodiazepines: Tuck. (2017). Benzodiazepines—types, side effects, addiction, and withdrawal. Retrieved Jan 7, 2020 from https://www.tuck.com/ benzodiazepines

The chemical similarities between LSD and serotonin: Beck, T. (2015, December 17). A vaccine for depression? Ketamine's remarkable effect bolsters a new theory of mental illness. *Nautilus, 31.* Retrieved Jan 4, 2020 from http:// nautil.us//issue/31/ stress/a-vaccine-for-depression

As with neurotransmitters, the ratios between hormones are more important: Kamin, H. S., & Kertes, D. A. (2017). Cortisol and DHEA in development and psychopathology. *Hormones and Behavior, 89,* 69–85.

Meditation has been shown to produce a rise in norepinephrine in the brain: Hölzel, B. K., Carmody, J., Vangel, M., Congleton, C., Yerramsetti, S. M., Gard, T., & Lazar, S. W. (2011). Mindfulness practice leads to increases in regional brain gray matter density. *Psychiatry Research: Neuroimaging, 191*(1), 36-43.

The alpha bridge: Cade, M., & Coxhead, N. (1979). *The awakened mind: Biofeedback and the development of higher states of awareness.* New York, NY: Dell.

Brain waves associated with hormone and neurotransmitter changes: Sakuta, A. (2016). Neurophenomenology of flow and meditative moving [lecture]. University of Chichester. Retrieved April 8, 2019, from eprints.chi.ac.uk

Areas of the brain are integral to the dopamine reward system: Newberg, A., & Waldman, M. R. (2017). *How enlightenment changes your brain: The new science of transformation.* New York, NY: Penguin.

Anticipation of financial reward can activate dopamine: Knutson, B., Adams, C. M., Fong, G. W., & Hommer, D. (2001). Anticipation of increasing monetary reward selectively recruits nucleus accumbens. *Journal of Neuroscience, 21*(16), RC159.

Dopamine levels can be depleted by chronic pain or chronic stress: Sapolsky, R. M. (2018). *Behave: The biology of humans at our best and worst.* New York, NY: Penguin.

Dopamine is about the happiness of pursuit of reward: Sapolsky, R. M. (2018). *Behave: The biology of humans at our best and worst.* New York, NY: Penguin.

Serotonin and behavior: Bortolato, M., Pivac, N., Seler, D. M., Perkovic, M. N., Pessia, M., & Di Giovanni, G. (2013). The role of the serotonergic system at the interface of aggression and suicide. *Neuroscience, 236,* 160–185.

Low serotonin is linked to aggression and suicide:

Bortolato, M., Pivac, N., Seler, D. M., Perkovic, M. N., Pessia, M., & Di Giovanni, G. (2013). The role of the serotonergic system at the interface of aggression and suicide. *Neuroscience, 236,* 160–185.

Åsberg, M., Träskman, L., & Thorén, P. (1976). 5-HIAA in the cerebrospinal fluid: A biochemical suicide predictor? *Archives of General Psychiatry, 33*(10), 1193–1197.

Gordon Wasson's experiences with magic mushrooms: Wasson, R. G. (2015, April 4). Seeking the magic mushroom. *Door of Perception.* Retrieved Jan 7, 2020 from https:// doorofperception.com/2015/04/r-gordon-wasson-seeking-the-magic-mushroom

The role of norepinephrine in amplifying focus: Kotler, S., & Wheal, J. (2017). *Stealing fire: How Silicon Valley, the Navy SEALs, and maverick scientists are revolutionizing the way we live and work.* New York, NY: HarperCollins.

The brains of meditators produce norepinephrine: Lazar, S. (2014). Change in brainstem gray matter concentration following a mindfulness-based intervention is correlated with improvement in psychological well-being. *Frontiers in Human Neuroscience, 8,* 33.

Oxytocin and behavior: Sapolsky, R. M. (2018). *Behave: The biology of humans at our best and worst.* New York, NY: Penguin.

Couples in love and oxytocin: Esch, T., & Stefano, G. B. (2005). The neurobiology of love. *Neuroendocrinology Letters, 26*(3), 175–192.

Oxytocin and erections: Filippi, S., Vignozzi, L., Vannelli, G. B., Ledda, F., Forti, G., & Maggi, M. (2003). Role of oxytocin in the ejaculatory process. *Journal of Endocrinological Investigation, 26*(3 Suppl), 82–86.

Tapping the cheek, as we do in EFT, produced an 800% spike in delta: Harper, M. (2012). Taming the amygdala: An EEG analysis of exposure therapy for the traumatized. *Traumatology, 18*(2), 61–74.

The orgasmic brain: Mitrokostas, S. (2019, January 24). *12 things that happen in your brain when you have an orgasm.* Business Insider. Retrieved Jan 12, 2020 from https://www.businessinsider.com/what-happens-to-your-brain-during-orgasm -2019-1#when-you-orgasm-your-brain-releases-a-surge-of-dopamine-3

Oxytocin clears glutamate: Theodosis, D. T. (2002). Oxytocin-secreting neurons: A physiological model of morphological neuronal and glial plasticity in the adult hypothalamus. *Frontiers in Neuroendocrinology, 23*(1), 101–135.

Oxytocin stimulates the release of nitric oxide in blood vessels: Thibonnier, M., Conarty,

D. M., Preston, J. A., Plesnicher, C. L., Dweik, R. A., & Erzurum, S. C. (1999). Human vascular endothelial cells express oxytocin receptors. *Endocrinology, 140*(3), 1301–1309.

A study of 34 married couples and "listening touch": Holt-Lunstad, J., Birmingham, W. A., & Light, K. C. (2008). Influence of a "warm touch" support enhancement intervention among married couples on ambulatory blood pressure, oxytocin, alpha amylase, and cortisol. *Psychosomatic Medicine, 70*(9), 976–985.

Human and dog gazers: Nagasawa, M., Mitsui, S., En, S., Ohtani, N., Ohta, M., Sakuma, Y., . . . Kikusui, T. (2015). Oxytocin-gaze positive loop and the coevolution of human-dog bonds. *Science, 348*(6232), 333–336.

Oxytocin spikes anandamide: Wei, D., Lee, D., Cox, C. D., Karsten, C. A., Peñagarikano, O., Geschwind, D. H., . . . Piomelli, D. (2015). Endocannabinoid signaling mediates oxytocin-driven social reward. *Proceedings of the National Academy of Sciences, 112*(45), 14084–14089.

Beta-endorphin is 18 to 33 times more powerful than morphine: Loh, H. H., Tseng, L. F., Wei, E., & Li, C. H. (1976). Beta-endorphin is a potent analgesic agent. *Proceedings of the National Academy of Sciences, 73*(8), 2895–2898.

Beta-endorphin is 48 times more powerful than morphine: Loh, H. H., Brase, D. A., Sampath-Khanna, S., Mar, J. B., Way, E. L., & Li, C. H. (1976). β-Endorphin in vitro inhibition of striatal dopamine release. *Nature, 264*(5586), 567.

Anandamide is involved in the neural generation of pleasure and motivation: Mukerji, S. (n.d.). Anandamide–the joy chemical. Retrieved Jan 7, 2020 from http://www .sohamhappinessprogram.com/anandamide-joy-chemical

Nitric oxide, neuroplasticity, and oxygen flow: Petrie, M., Rejeski, W. J., Basu, S., Laurienti, P. J., Marsh, A. P., Norris, J. L., . . . Burdette, J. H. (2016). Beet root juice: An ergogenic aid for exercise and the aging brain. *Journals of*

Gerontology Series A: Biomedical Sciences and Medical Sciences, 72(9), 1284–1289.

Health benefits of nitric oxide:

Coleman, J. W. (2001). Nitric oxide in immunity and inflammation. *International Immunopharmacology, 1*(8), 1397–1406. doi:10.1016/S1567-5769(01)00086-8.

Alam, M. S., Akaike, T., Okamoto, S., Kubota, T., Yoshitake, J., Sawa, T., . . . Maeda, H. (2002). Role of nitric oxide in host defense in murine salmonellosis as a function of its antibacterial and antiapoptotic activities. *Infection and Immunity, 70*(6), 3130–3142.

Bryan, N. S. (2006). Nitrite in nitric oxide biology: Cause or consequence?: A systems-based review. *Free Radical Biology and Medicine, 41*(5), 691–701.

Webb, A. J., Patel, N., Loukogeorgakis, S., Okorie, M., Aboud, Z., Misra, S., . . . MacAllister,

R. (2008). Acute blood pressure lowering, vasoprotective, and antiplatelet properties of dietary nitrate via bioconversion to nitrite. *Hypertension, 51*(3), 784–790.

Drop-off of nitric oxide as we age: Mercola, J. (2019, January 14). *Top 9 reasons to optimize your nitric oxide production.* Retrieved Jan 2, 2020 from https://articles .mercola.com/sites/articles/archive/2019/01/14/get-nourished-with-nitrates.aspx

Benefits of plant-based nitric oxide: Mercola, J. (2019, January 14). *Top 9 reasons to optimize your nitric oxide production.* Retrieved Jan 6, 2020 from https://articles .mercola.com/sites/articles/archive/2019/01/14/get-nourished-with-nitrates.aspx

Associations between brain waves and neurotransmitters: Sakuta, A. (2016). Neurophenomenology of flow and meditative Moving [lecture]. University of Chichester. Retrieved Jan 3, 2020 from eprints.chi.ac.uk

The role of the endocannabinoid system in appetite, pain, inflammation, sleep, stress, mood, memory, motivation, and reward: Fallis, J. (2017, July 20). 25 powerful ways to boost your endocannabinoid system. *Optimal Living Dynamics.* Retrieved Jan 7, 2020 from https://www.optimallivingdynamics.com/blog/how-to-stimulate -and-support-your-endocannabinoid-system

Locations of CB1 and CB2 receptors: Hanuš, L. O. (2007). Discovery and isolation of anandamide and other endocannabinoids. *Chemistry and Biodiversity, 4*(8), 18281–841.

Low endocannabinoid levels are linked to major depression, generalized anxiety disorder, PTSD, multiple sclerosis, attention deficit/hyperactivity disorder (ADHD), Parkinson's disease, fibromyalgia, and sleep disorders: Fallis, J. (2017, July 20). 25 powerful ways to boost your endocannabinoid system. *Optimal Living Dynamics.* Retrieved Jan 7, 2020 from https://www.optimallivingdynamics.com/blog/ how-to-stimulate-and-support-your-endocannabinoid-system

Foods that stimulate the endocannabinoid system: Fallis, J. (2017, July 20). 25 powerful ways to boost your endocannabinoid system. *Optimal Living Dynamics.* Retrieved Jan 5, 2020 from https://www.optimallivingdynamics.com/blog/ how-to-stimulate-and-support-your-endocannabinoid-system

Behavioral methods that stimulate the endocannabinoid system: Mukerji, S. (n.d.). Anandamide–the joy chemical [Web log post]. Retrieved from http://www .sohamhappinessprogram.com/anandamide-joy-chemical

Oxytocin-driven anandamide signaling: Wei, D., Lee, D., Cox, C. D., Karsten, C. A., Peñagarikano, O., Geschwind, D. H., . . . Piomelli, D. (2015). Endocannabinoid signaling mediates oxytocin-driven social reward. *Proceedings of the National Academy of Sciences, 112*(45), 14084–14089.

Lumír Hanuš and the bliss molecule: D'Mikos, S. (2019). *The discovery of anandamide* [video]. Vimeo. Retrieved Jan 7, 2020 from https://vimeo.com/328088031

The discovery of anandamide in the human brain: Hurt, L. (2016, December 13). Meet Lumir Hanus, who discovered the first endocannabinoid. *Leafly.* Retrieved Jan 2, 2020 from https://www.leafly.com/news/science-tech/lumir-hanus -discovered-first-endocannabinoid-anandamide

Meditation and elevated dopamine levels: Kjaer, T. W., Bertelsen, C., Piccini, P., Brooks, D., Alving, J., & Lou, H. C. (2002). Increased dopamine tone during meditation-induced change of consciousness. *Cognitive Brain Research, 13*(2), 255–259.

Review and synthesis of the research literature on neural and hormonal changes associated with meditation: Newberg, A. B., & Iversen, J. (2003). The neural basis of the complex mental task of meditation: neurotransmitter and neurochemical considerations. *Medical Hypotheses, 61*(2), 282–291.

Meditation increases nitric oxide: Chiesa, A., & Serretti, A. (2010). A systematic review of neurobiological and clinical features of mindfulness meditations. *Psychological Medicine, 40*(8), 1239–1252.

Oxytocin is increased by meditation, and triggers the release of other pleasure chemicals: Millière, R., Carhart-Harris, R. L., Roseman, L., Trautwein, F. M., & Berkovich-Ohana, A. (2018). Psychedelics, meditation, and self-consciousness. *Frontiers in Psychology, 9.*

Ashar, Y. K., Andrews-Hanna, J. R., Yarkoni, T., Sills, J., Halifax, J., Dimidjian, S., & Wager, T. D. (2016). Effects of compassion meditation on a psychological model of charitable donation. *Emotion, 16*(5), 691.

Van Cappellen, P., Way, B. M., Isgett, S. F., & Fredrickson, B. L. (2016). Effects of oxytocin administration on spirituality and emotional responses to meditation. *Social Cognitive and Affective Neuroscience, 11*(10), 1579–1587.

Nitric oxide release is closely coupled with anandamide production; thus meditation and other stress-reducing activities may stimulate both: Esch, T., & Stefano, G. B. (2010). The neurobiology of stress management. *Neuroendocrinology Letters, 31*(1), 19–39.

Heightened oxytocin mobilizes the synthesis of anandamide: Wei, D., Lee, D., Cox, C. D., Karsten, C. A., Peñagarikano, O., Geschwind, D. H., . . . Piomelli, D. (2015). Endocannabinoid signaling mediates oxytocin-driven social reward. *Proceedings of the National Academy of Sciences, 112*(45), 14084–14089.

Anandamide can also improve cognitive function, motivation, learning, and memory:

Mechoulam, R., & Parker, L. A. (2013). The endocannabinoid system and the

brain. *Annual Review of Psychology, 64,* 21–47.

Meditation stimulates the brain to produce many rewarding chemicals at the same time: Ospina, M. B., Bond, K., Karkhaneh, M., Tjosvold, L., Vandermeer, B., Liang, Y., . . . Klassen, T. P. (2007). Meditation practices for health: State of the research. *Evidence Report/Technology Assessment,* 155-163.

Jindal, V., Gupta, S., & Das, R. (2013). Molecular mechanisms of meditation. *Molecular Neurobiology, 48*(3), 808–811.

Researchers using fMRIs find that bathing the brain in the chemicals of bliss conditions its functioning the rest of the day: Britton, W. B., Lindahl, J. R., Cahn, B. R., Davis,

J. H., & Goldman, R. E. (2014). Awakening is not a metaphor: the effects of Buddhist meditation practices on basic wakefulness. *Annals of the New York Academy of Sciences, 1307*(1), 64–81.

Harvard professor Teresa Amabile found that people in flow were still more creative the following day: Amabile, T. M., & Pillemer, J. (2012). Perspectives on the social psychology of creativity. *Journal of Creative Behavior, 46*(1), 3–15.

The meditative state is akin to the state of "flow" or being in "the zone": Edinger-Schons,

L. M. (2019). Oneness beliefs and their effect on life satisfaction. *Psychology of Religion and Spirituality 11*(1). DOI: 10.1037/rel0000259

Columbia University bioengineering lab virtual reality flight study comments: Columbia University School of Engineering and Applied Science. (2019, March 12). *Neurofeedback gets you back in the zone: New study from biomedical engineers demonstrates that a brain-computer interface can improve your performance.* ScienceDaily. Retrieved May 13, 2019, from www.sciencedaily.com/ releases/2019/03/190312143206.htm

McKinsey study of high-performance executives called upon to solve difficult strategic problems: Cranston, S., & Keller, S. (2013). Increasing the meaning quotient of work. *McKinsey Quarterly, 1*(48–59).

Students solved a conceptual problem eight times better: Chi, R. P., & Snyder, A. W. (2012). Brain stimulation enables the solution of an inherently difficult problem. *Neuroscience Letters, 515*(2), 121–124.

DARPA neurofeedback study of complex problem solving in flow states: Adee, S. (2012). Zap your brain into the zone: Fast track to pure focus. *New Scientist, 2850,* 1–6.

LSD, psilocybin, and DMT activate serotonin receptors: Carhart-Harris, R. L. (2018). Serotonin, psychedelics and psychiatry. *World Psychiatry: Official Journal of the World Psychiatric Association (WPA), 17*(3), 358–359.

LSD, psilocybin, and DMT activate norepinephrine receptors, while the cannabinoids in marijuana use anandamide receptors: King, C. (2013). The cosmology of conscious mental states (Part I). *Journal of Consciousness Exploration and Research, 4*(6), 561–581.

The two plants combined to form ayahuasca and their molecular properties: Riba, J., Valle, M., Urbano, G., Yritia, M., Morte, A., & Barbanoj, M. J. (2003). Human pharmacology of ayahuasca: Subjective and cardiovascular effects, monoamine metabolite excretion, and pharmacokinetics. *Journal of Pharmacology and Experimental Therapeutics, 306*(1), 73–83.

Physiologically, the path to bliss is the same whether brought on by drugs, meditation, or another mind-altering experience: King, C. (2013). The cosmology of conscious mental states (Part I). *Journal of Consciousness Exploration and Research, 4*(6), 561–581.

Hamlet on hash: Thackeray, F. (2015). Shakespeare, plants, and chemical analysis of early 17th century clay ‘tobacco’ pipes from Europe. *South African Journal of Science, 111*(7/8), article a0115. doi:10.17159/sajs.2015/a0115

Thackeray, J. F., Van der Merwe, N. J., & Van der Merwe, T. A. (2001). Chemical analysis of residues from seventeenth century clay pipes from Stratford-upon-Avon and environs. *South African Journal of Science,* 97, 19–21.

Time magazine article on Shakespeare's pipes: Jenkins, N. (2015, August 10). Scientists detect traces of cannabis on pipes found in William Shakespeare's garden. *Time.* http://time.com/3990305/william-shakespeare-cannabis-marijuana-high

Just a couple of joints of marijuana can affect the adolescent brain: Orr, C., Spechler,.P., Cao, Z., Albaugh, M., Chaarani, B., Mackey, S., . . . Bromberg, U. (2019). Grey matter volume differences associated with extremely low levels of cannabis use in adolescence. *Journal of Neuroscience, 39*(10), 1817–1827.

Teenagers using cannabis had a nearly 40% greater risk of depression and a 50% greater risk of suicidal ideation: Gobbi, G., Atkin, T., Zytynski, T., Wang, S., Askari, S., Boruff, J., . . . Mayo, N. (2019, February 13). Association of cannabis use in adolescence and risk of depression, anxiety, and suicidality in young adulthood: A systematic review and meta-analysis. *JAMA Psychiatry.* doi:10.1001/ jamapsychiatry.2018.4500

With prolonged marijuana use in adults, the wiring of the brain degrades: Filbey, F. M., Aslan, S., Calhoun, V. D., Spence, J. S., Damaraju, E., Caprihan, A., & Segall, J. (2014). Long-term effects of marijuana use on the brain. *Proceedings of the National Academy of Sciences, 111*(47), 16913–16918.

The authors of one study found that regular cannabis use is associated with gray matter volume reduction: Battistella, G., Fornari, E., Annoni, J. M., Chtioui, H., Dao, K., Fabritius, M., . . . Giroud, C. (2014). Long-term effects of cannabis on brain structure. *Neuropsychopharmacology, 39*(9), 2041.

Cannabis use both increases anxiety and depression and leads to worse health: Black, N., Stockings, E., Campbell, G., Tran, L. T., Zagic, D., Hall, W. D., . . . Degenhardt,

L. (2019). Cannabinoids for the treatment of mental disorders and symptoms of mental disorders: a systematic review and meta-analysis. *The Lancet Psychiatry, 6*(12), 995-1010.

Research into MDMA has shown that it can produce serious side effects: Parrott, A. C. (2013). Human psychobiology of MDMA or "Ecstasy": An overview of 25 years of empirical research. *Human Psychopharmacology: Clinical and Experimental, 28*(4), 289–307.

第6章　用心靈軟體改變大腦硬體

Marian Diamond: Diamond, M. C. (n.d.). Marian Cleeves Diamond [autobiographical essay]. Retrieved Jan 7, 2020 from https://www.sfn.org/~/media/SfN/Documents/ TheHistoryofNeuroscience/Volume%206/c3.ashx

Grimes, W. (2017, August 16). Marian C. Diamond, 90, student of the brain, is dead. *The New York Times.* Retrieved Jan 7, 2020 from https://www.nytimes.com/2017/08/16/ science/marian-c-diamond-90-student-of-the-brain-is-dead.html

Sanders, R. (2017, July 28). Marian Diamond, known for studies of Einstein's brain, dies at 90. *Berkeley News.* Retrieved Jan 2, 2020 from https://news.berkeley .edu/2017/07/28/marian-diamond-known-for-studies-of-einsteins-brain-dies-at-90

Scheidt, R. J. (2015). Marian Diamond: The "Mitochondrial Eve" of successful aging. *Gerontologist, 55*(1). doi:10.1093/ geront/gnu124

Translational gap: Church, D., Feinstein, D., Palmer-Hoffman, J., Stein, P. K., & Tranguch, A. (2014). Empirically supported psychological treatments: The challenge of evaluating clinical innovations. *Journal of Nervous and Mental Disease, 202*(10), 699–709. doi:10.1097/NMD.0000000000000188

State Progression: Hall, M. L. (2009). *Achieving peak performance: The science and art of taking performance to ever higher levels.* Bethel, CT: Crown House.

Altered Traits: Haidt, J. (2012). *The righteous mind: Why good people are divided by politics and religion.* New York, NY: Vintage.

Schwartz, J. M., Stapp, H. P., & Beauregard, M. (2005). Quantum physics in neuroscience and psychology: A neurophysical model of mind-brain interaction. *Philosophical Transactions of the Royal Society of London B: Biological Sciences, 360*(1458), 1309–1327.

Sara Lazar: Lazar, S. W., Kerr, C. E., Wasserman, R. H., Gray, J. R., Greve, D. N., Treadway, M. T., . . . Rauch, S. L. (2005). Meditation experience is associated with increased cortical thickness. *Neuroreport, 16*(17), 1893–1897.

Hölzel, B. K., Carmody, J., Vangel, M., Congleton, C., Yerramsetti, S. M., Gard, T., & Lazar, S. W. (2011). Mindfulness practice leads to increases in regional brain gray matter density. *Psychiatry Research: Neuroimaging, 191*(1), 36–43.

Schulte, B. (2015, May 26). Harvard neuroscientist: Meditation not only reduces stress, here's how it changes your brain. *Washington Post.* Retrieved Jan 9, 2020 from https://www.washingtonpost.com/news/inspired-life/wp/2015/05/26/harvardneuroscientist-meditation-not-only-reduces-stress-it-literally-changes-your-brain

Cromie, W. J. (2006, February 2). Meditation found to increase brain size. *Harvard Gazette.* Retrieved Jan 9, 2020 from https://news.harvard.edu/gazette/story/2006/02/ meditation-found-to-increase-brain-size

A meta-analysis of brain imaging studies: Boccia, M., Piccardi, L., & Guariglia, P. (2015). The meditative mind: A comprehensive meta-analysis of MRI studies. *BioMed Research International, 2015,* 419808. doi:10.1155/2015/419808

Kirtan Kriya study: Khalsa, D. S., Amen, D., Hanks, C., Money, N., & Newberg, A. (2009). Cerebral blood flow changes during chanting meditation. *Nuclear Medicine Communications, 30*(12), 956-961.

Size Does Matter: Men, W., Falk, D., Sun, T., Chen, W., Li, J., Yin, D., . . . Fan, M. (2014). The corpus callosum of Albert Einstein 's brain: Another clue to his high intelligence? *Brain, 137*(4), e268-e278.

Falk, D., Lepore, F. E., & Noe, A. (2012). The cerebral cortex of Albert Einstein: A description and preliminary analysis of unpublished photographs. *Brain, 136*(4), 1304–1327. https://www.ncbi.nlm.nih.gov/pmc/articles/PMC3613708

Witelson, S. F., Kigar, D. L., & Harvey, T. (1999). The exceptional brain of Albert Einstein. *Lancet, 353*(9170), 2149–2153.

Healy, M. (2013, October 11). Einstein's brain really was bigger than most people's. *Seattle Times.* Retrieved Jan 9, 2020 from https://www.seattletimes.com/ nation-world/einsteinrsquos-brain-really-was-bigger-than-most-peoplersquos

The Four Key Networks: Goleman, D., & Davidson, R. J. (2018). *Altered traits: Science reveals how meditation changes your mind, brain, and body.* New York, NY: Avery.

Newberg, A., & Waldman, M. R. (2017). *How enlightenment changes your brain: The new science of transformation.* New York, NY: Penguin.

情緒調節網絡參考書目

Hostile takeover of consciousness by emotion: LeDoux, J. E. (2002). *Synaptic self: How our brains become who we are.* New York, NY: Penguin.

Hippocampus shrinks with depression: Sheline, Y. I., Liston, C., & McEwen, B. S. (2019). Parsing the hippocampus in depression: Chronic stress, hippocampal volume, and major depressive disorder. *Biological Psychiatry, 85*(6), 436–438.

Meditation leads to increases in gray matter in hippocampus: Hölzel, B. K., Carmody, J., Vangel, M., Congleton, C., Yerramsetti, S. M., Gard, T., & Lazar, S. W. (2011). Mindfulness practice leads to increases in regional brain gray matter density. *Psychiatry Research: Neuroimaging, 191*(1), 36–43.

Pickut, B. A., Van Hecke, W., Kerckhofs, E., Mariën, P., Vanneste, S., Cras, P., & Parizel, P. M. (2013). Mindfulness based intervention in Parkinson's disease leads to structural brain changes on MRI: A randomized controlled longitudinal trial. *Clinical Neurology and Neurosurgery, 115*(12), 2419–2425. doi:10.1016/j.clineuro.2013.10.002

Thalamus: Newberg, A., & Waldman, M. R. (2017). *How enlightenment changes your brain: The new science of transformation.* New York, NY: Penguin.

Amygdala connections: Goleman, D., & Davidson, R. J. (2018). *Altered traits: Science reveals how meditation changes your mind, brain, and body.* New York, NY: Avery.

The true mark of a meditator is that he has disciplined his mind: Goleman, D., & Davidson, R. J. (2018). *Altered traits: Science reveals how meditation changes your mind, brain, and body.* New York, NY: Avery.

Amygdala can also be regulated by the striatum, especially the basal ganglia: Rodriguez-Romaguera, J., Do Monte, F. H., & Quirk, G. J. (2012). Deep brain stimulation of the ventral striatum enhances extinction of conditioned fear. *Proceedings of the National Academy of Sciences, 109*(22), 8764-8769.

One eighth: St. Abba Dorotheus, quoted in Kadloubovsky, E., & Palmer, G. E. H. (1971). *Early fathers from the Philokalia.*

London, UK: Faber & Faber.

Graham Phillips: Catalyst. (2016, June 7). *The science of meditation – can it really change you?* Retrieved Jan 2, 2020 from http://www.abc.net.au/catalyst/ stories/4477405.htm

Dentate gyrus image: Noguchi, H., Murao, N., Kimura, A., Matsuda, T., Namihira, M., & Nakashima, K. (2016). DNA methyltransferase 1 is indispensable for development of the hippocampal dentate gyrus. *Journal of Neuroscience, 36*(22), 6050-6068.

Brain regions that grow:

Ventromedial prefrontal cortex: Chau, B. K., Keuper, K., Lo, M., So, K. F., Chan, C. C., & Lee, T. M. (2018). Meditation-induced neuroplastic changes of the prefrontal network are associated with reduced valence perception in older people. *Brain and Neuroscience Advances, 2.* doi:10.1177/2398212818771822

Thalamus: Luders, E., Toga, A. W., Lepore, N., & Gaser, C. (2009). The underlying anatomical correlates of long-term meditation: Larger hippocampal and frontal volumes of gray matter. *Neuroimage, 45*(3), 672–678.

Temporoparietal junction: Hölzel, B. K., Carmody, J., Vangel, M., Congleton, C., Yerramsetti, S. M., Gard, T., & Lazar, S. W. (2011). Mindfulness practice leads to increases in regional brain gray matter density. *Psychiatry Research: Neuroimaging, 191*(1), 36–43.

Boccia, M., Piccardi, L., & Guariglia, P. (2015). The meditative mind: A comprehensive meta-analysis of MRI studies. *BioMed Research International, 2015,* 419808. doi:10.1155/2015/419808

Hippocampus: Fox, K. C., Nijeboer, S., Dixon, M. L., Floman, J. L., Ellamil, M., Rumak, S. P., Sedlmeier, P., & Christoff, K. (2014). Is meditation associated with altered brain structure? A systematic review and meta-analysis of morphometric neuroimaging in meditation practitioners. *Neuroscience and Biobehavioral Reviews, 43,* 48–73. doi:10.1016/j.neubiorev.2014.03.016

Subiculum: Boccia, M., Piccardi, L., & Guariglia, P. (2015). The meditative mind: A comprehensive meta-analysis of MRI studies. *BioMed Research International, 2015,* 419808. doi:10.1155/2015/419808.

Anterior and mid cingulate: Fox, K. C., Nijeboer, S., Dixon, M. L., Floman, J. L., Ellamil, M., Rumak, S. P., Sedlmeier, P., & Christoff, K. (2014). Is meditation associated with altered brain structure? A systematic review and meta-analysis of morphometric neuroimaging in meditation practitioners. *Neuroscience and Biobehavioral Reviews, 43,* 48–73. doi:10.1016/j.neubiorev.2014.03.016

Orbitofrontal cortex: Fox et al., 2014; Luders, Toga, Lepore, & Gaser, 2009.

Precuneus: Kurth, F., Luders, E., Wu, B., & Black, D. S. (2014). Brain gray matter changes associated with mindfulness meditation in older adults: An exploratory pilot study using voxel-based morphometry. *Neuro: Open journal, 1*(1), 23–26. doi:10.17140/NOJ-1-106

Ventromedial orbitofrontal cortex: Hernández, S. E., Suero, J., Barros, A., González-Mora, J. L., & Rubia, K. (2016). Increased grey matter associated with long-term sahaja yoga meditation: A voxel-based morphometry study. *PloS One, 11*(3), e0150757. doi:10.1371/journal.pone.0150757

The connections between the prefrontal cortex and the amygdala strengthen: Gotink, R. A., Meijboom, R., Vernooij, M. W., Smits, M., & Hunink, M. M. (2016). 8-week mindfulness based stress reduction induces brain changes similar to traditional long-term meditation practice–a systematic review. *Brain and Cognition, 108,* 32–41. doi:10.1016/j.bandc.2016.07.001

The stronger this link is, the less reactive you become: Goleman & Davidson, 2018, p. 97.

注意力網絡參考書目

Brain regions that grow:

Insula: Gotink, R. A., Meijboom, R., Vernooij, M. W., Smits, M., & Hunink, M. M. (2016). 8-week mindfulness based stress reduction induces brain changes similar to traditional long-term meditation practice–a systematic review. *Brain and Cognition, 108,* 32–41. doi:10.1016/j.bandc.2016.07.001

Cortical somatomotor areas: Fox, K. C., Nijeboer, S., Dixon, M. L., Floman, J. L., Ellamil, M., Rumak, S. P., Sedlmeier, P., & Christoff, K. (2014). Is meditation associated with altered brain structure? A systematic review and meta-analysis of morphometric neuroimaging in meditation practitioners. *Neuroscience and Biobehavioral*

Reviews, 43, 48–73. doi:10.1016/j.neubiorev.2014.03.016

Prefrontal cortex centerline regions: Tang, Y. Y., Hölzel, B. K., & Posner, M. I. (2015). The neuroscience of mindfulness meditation. *Nature Reviews Neuroscience, 16*(4), 213.

Posterior cingulate cortex: Hölzel, B. K., Carmody, J., Vangel, M., Congleton, C., Yerramsetti, S. M., Gard, T., & Lazar, S. W. (2011). Mindfulness practice leads to increases in regional brain gray matter density. *Psychiatry Research: Neuroimaging, 191*(1), 36–43. Tang et al., 2015.

Precuneus: Kurth, F., Luders, E., Wu, B., & Black, D. S. (2014). Brain gray matter changes associated with mindfulness meditation in older adults: An exploratory pilot study using voxel-based morphometry. *Neuro: Open journal, 1*(1), 23–26. doi:10.17140/NOJ-1-106

Anterior and mid cingulate and orbitofrontal cortex: Fox, K. C., Nijeboer, S., Dixon,

M. L., Floman, J. L., Ellamil, M., Rumak, S. P., Sedlmeier, P., & Christoff, K. (2014). Is meditation associated with altered brain structure? A systematic review and meta-analysis of morphometric neuroimaging in meditation practitioners. *Neuroscience and Biobehavioral Reviews, 43*, 48–73. doi:10.1016/j.neubiorev.2014.03.016

Angular gyrus: Boccia, M., Piccardi, L., & Guariglia, P. (2015). The meditative mind: A comprehensive meta-analysis of MRI studies. *BioMed Research International, 2015,* 419808. doi:10.1155/2015/419808

Pons: Singleton, O., Hölzel, B. K., Vangel, M., Brach, N., Carmody, J., & Lazar,

S. W. (2014). Change in brainstem gray matter concentration following a mindfulness-based intervention is correlated with improvement in psychological well-being. *Frontiers in Human Neuroscience, 8*, 33. doi:10.3389/fnhum.2014.00033

Corpus Callosum: Fox, K. C., Nijeboer, S., Dixon, M. L., Floman, J. L., Ellamil, M., Rumak, S. P., Sedlmeier, P., & Christoff, K. (2014). Is meditation associated with altered brain structure? A systematic review and meta-analysis of morphometric neuroimaging in meditation practitioners. *Neuroscience and Biobehavioral Reviews, 43*, 48–73. doi:10.1016/j.neubiorev.2014.03.016

Gyrification: Luders, E., Kurth, F., Mayer, E. A., Toga, A. W., Narr, K. L., & Gaser, C. (2012). The unique brain anatomy of meditation practitioners: Alterations in cortical gyrification. *Frontiers in Human Neuroscience, 6,* 34.

Meditation increases the volume of gray matter: Last, N., Tufts, E., & Auger, L. E. (2017). The effects of meditation on grey matter atrophy and neurodegeneration: A systematic review. *Journal of Alzheimer's Disease, 56*(1), 275–86. doi:10.3233/ JAD-160899

Increased cortical thickness associated with three types of meditation studied by the Planck Institute: Goleman, D., & Davidson, R. J. (2018). *Altered traits: Science reveals how meditation changes your mind, brain, and body*. New York, NY: Avery.

Nucleus accumbens shrinks: Goleman, D., & Davidson, R. J. (2018). *Altered traits: Science reveals how meditation changes your mind, brain, and body*. New York, NY: Avery.

放飛自我控制網絡參考書目

Stronger connection in meditators between the dorsolateral prefrontal cortex and the posterior cingulate cortex: Brewer, J. A., Worhunsky, P. D., Gray, J. R., Tang, Y. Y., Weber, J., & Kober, H. (2011). Meditation experience is associated with differences in default mode network activity and connectivity. *Proceedings of the National Academy of Sciences, 108*(50), 20254-20259.

Brain regions that grow:

Prefrontal cortex: Lazar, S. W., Kerr, C. E., Wasserman, R. H., Gray, J. R., Greve, D. N., Treadway, M. T., . . . Fischl, B. (2005). Meditation experience is associated with increased cortical thickness. *Neuroreport, 16*(17), 1893–1897.

Gotink, R. A., Meijboom, R., Vernooij, M. W., Smits, M., & Hunink, M. M. (2016). 8-week mindfulness based stress reduction induces brain changes similar to traditional long-term meditation practice–a systematic review. *Brain and Cognition, 108,* 32–41. doi:10.1016/j.bandc.2016.07.001

Ventromedial prefrontal cortex: Chau, B. K., Keuper, K., Lo, M., So, K. F., Chan,

C. C., & Lee, T. M. (2018). Meditation-induced neuroplastic changes of the prefrontal network are associated with reduced valence perception in older people. *Brain and Neuroscience Advances, 2*. doi:10.1177/2398212818771822

Inferior frontal sulcus and inferior frontal junction: Chau, B. K., Keuper, K., Lo, M., So, K. F., Chan, C. C., & Lee, T. M. (2018). Meditation-induced neuroplastic changes of the prefrontal network are associated with reduced valence perception in older people. *Brain and Neuroscience Advances, 2.* doi:10.1177/2398212818771822

Anterior and mid cingulate: Fox, K. C., Nijeboer, S., Dixon, M. L., Floman, J. L., Ellamil, M., Rumak, S. P., Sedlmeier, P. &, Christoff, K. (2014). Is meditation associated with altered brain structure? A systematic review and meta-analysis of morphometric neuroimaging in meditation practitioners. *Neuroscience and Biobehavioral Reviews, 43*, 48–73. doi:10.1016/j. neubiorev.2014.03.016

Orbitofrontal cortex: Fox et al., 2014. Luders, E., Toga, A. W., Lepore, N., & Gaser, C. (2009). The underlying anatomical correlates of long-term meditation: Larger hippocampal and frontal volumes of gray matter. *Neuroimage, 45*(3), 672–678.

Increased capacity for regulating the DMN just 72 hours after starting meditation practice: Creswell, J. D., Taren, A. A., Lindsay, E. K., Greco, C. M., Gianaros, P. J., Fairgrieve, A., . . . Ferris, J. L. (2016). Alterations in resting-state functional connectivity link mindfulness meditation with reduced interleukin-6: a randomized controlled trial. *Biological Psychiatry, 80*(1), 53–61.

DMN is better controlled even in non-meditating states: Jang, J. H., Jung, W. H., Kang, D. H., Byun, M. S., Kwon, S. J., Choi, C. H., & Kwon, J. S. (2011). Increased default mode network connectivity associated with meditation. *Neuroscience Letters, 487*(3), 358–362.

同理心網絡參考書目

Insula enlarges: Fox, K. C., Nijeboer, S., Dixon, M. L., Floman, J. L., Ellamil, M., Rumak, S. P., Sedlmeier, P., & Christoff, K. (2014). Is meditation associated with altered brain structure? A systematic review and meta-analysis of morphometric neuroimaging in meditation practitioners. *Neuroscience and Biobehavioral Reviews, 43*, 48–73. doi:10.1016/j.neubiorev.2014.03.016

Lazar, S. W., Kerr, C. E., Wasserman, R. H., Gray, J. R., Greve, D. N., Treadway, M. T., . . . Fischl, B. (2005). Meditation experience is associated with increased cortical thickness. *Neuroreport, 16*(17), 1893–1897.

Gotink, R. A., Meijboom, R., Vernooij, M. W., Smits, M., & Hunink, M. M. (2016). 8-week mindfulness based stress reduction induces brain changes similar to traditional long-term meditation practice–a systematic review. *Brain and Cognition, 108*, 32–41. doi:10.1016/j.bandc.2016.07.001

Luders, E., Kurth, F., Mayer, E. A., Toga, A. W., Narr, K. L., & Gaser, C. (2012). The unique brain anatomy of meditation practitioners: Alterations in cortical gyrification. *Frontiers in Human Neuroscience, 6*, 34.

Activation of the TPJ: Goleman & Davidson, 2018.

ACC lights up: Lockwood, P. L., Apps, M. A., Valton, V., Viding, E., & Roiser, J. P. (2016). Neurocomputational mechanisms of prosocial learning and links to empathy. *Proceedings of the National Academy of Sciences, 113*(35), 9763-9768.

Premotor cortex lights up and nucleus accumbens shrinks: Goleman, D., & Davidson, R. J. (2018). *Altered traits: Science reveals how meditation changes your mind, brain, and body.* New York, NY: Avery.

第7章　大腦的超級復原力

Veterans Stress Project: Church, D. (2017). *Psychological trauma: Healing its roots in brain, body, and memory* (2nd ed.). Santa Rosa, CA: Energy Psychology Press.

In the wake of traumatic events, some people become more resilient: Tedeschi, R. G., & Calhoun, L. G. (2004). Posttraumatic growth: Conceptual foundations and empirical evidence. *Psychological Inquiry, 15*(1), 1–18.

One third of veterans develop PTSD, but two thirds do not: Tanielian, T. L., & Jaycox, L. H. (Eds.). (2008). *Invisible wounds of war: Psychological and cognitive injuries, their consequences, and services to assist recovery.* Santa Monica, CA: Rand.

Research reveals a correlation between negative childhood events and the development of adult PTSD: Ozer, E. J., Best, S. R., Lipsey, T. L., & Weiss, D. S. (2008). Predictors of posttraumatic stress disorder and symptoms in adults: A meta-analysis. *Psychological Trauma: Theory, Research, Practice, and Policy, 5*(1), 3–36.

Study of 218 veterans and their spouses attending a weeklong retreat: Church, D., & Brooks, A. J. (2014). CAM and energy psychology techniques remediate PTSD symptoms in veterans and spouses. *Explore: The Journal of Science and Healing, 10*(1), 24–33. doi:10.1016/j.explore.2013.10.006

Viktor Frankl: Burton, N. (2012, May 24). Man's search for meaning: Meaning as a cure for depression and other ills. *Psychology Today.* Retrieved Jan 2, 2020 from https:// www.psychologytoday.com/us/blog/hide-and-seek/201205/mans-search-meaning

Frankl, V. (1959). *Man's search for meaning.* Boston, MA: Beacon Press.

About 75% of Americans will experience a traumatic event: Joseph, S. (2011). *What doesn't kill us: The new psychology of posttraumatic growth.* New York, NY: Basic Books.

Women are more likely to be victims of domestic violence: Van der Kolk, B. A. (2014). *The body keeps the score: Brain, mind, and body in the healing of trauma.* New York, NY: Viking.

One in 10 boys is molested and 1 in 5 girls: Gorey, K. M., & Leslie, D. R. (1997). The prevalence of child sexual abuse: Integrative review adjustment for potential response and measurement biases. *Child Abuse and Neglect, 21*(4), 391–398.

60% of teenagers witness or experience victimization: U.S. Department of Health and Human Services. (2012). *Child maltreatment 2011.* Washington, DC: Administration for Children and Families, Administration on Children, Youth and Families, Children's Bureau. Retrieved from http://www.acf.hhs.gov

More Americans died at the hands of family members: Van der Kolk, B. A. (2014). *The body keeps the score: Brain, mind, and body in the healing of trauma.* New York, NY: Viking.

Biological embedding: Shonkoff, J. P., Boyce, W. T., & McEwen, B. S. (2009). Neuroscience, molecular biology, and the childhood roots of health disparities: Building a new framework for health promotion and disease prevention. *JAMA, 301*(21), 2252–2259.

RCT of veterans with PTSD with microRNAs bound to DNA: Yount, G., Church, D., Rachlin, K., Blickheuser, K., & Cardonna, I. (2019). Do noncoding RNAs mediate the efficacy of Energy Psychology? *Global Advances in Health and Medicine, 8,* 2164956119832500.

VMPFC and DLPFC control the amygdala: Goleman, D., & Davidson, R. J. (2018). *Altered traits: Science reveals how meditation changes your mind, brain, and body.* New York, NY: Avery.

The more hours of practice, the stronger the effect: Goleman, D., & Davidson, R. J. (2018). *Altered traits: Science reveals how meditation changes your mind, brain, and body.* New York, NY: Avery Goleman & Davidson, *Altered traits.*

Amygdala reductions of as much as 50%: Goleman, D., & Davidson, R. J. (2018). *Altered traits: Science reveals how meditation changes your mind, brain, and body.* New York, NY: Avery.

Linda Graham's exercises to build a resilient brain: Graham, L. (2019). *Resilience: Powerful practices for bouncing back from disappointment, difficulty, and even disaster.* Novato, CA: New World Library.

Bruce McEwen regards resilience as an internally generated state: McEwen, B. S. (2016). In pursuit of resilience: stress, epigenetics, and brain plasticity. *Annals of the New York Academy of Sciences, 1373*(1), 56–64.

Resilience is more: Hanson, R., & Hanson, F. (2018). *Resilient: How to grow an unshakable core of calm, strength, and happiness.* New York, NY: Harmony Books.

Linda Graham advocates "coming to see ourselves as people who can be resilient": Graham, L. (2019). *Resilience: Powerful practices for bouncing back from disappointment, difficulty, and even disaster.* Novato, CA: New World Library.

A 15-year study of professional failure: Wang, Y., Jones, B. F., & Wang, D. (2019). Early-career setback and future career impact. *Nature Communications, 10*(1) DOI: 10.1038/s41467-019-12189-3

Between 35% and 65% of people who experience a disaster return to their normal routine: Jaffe, E. (2012, July/August). *A glimpse inside the brains of trauma survivors.* Association for Psychological Science. Retrieved from https://www. psychologicalscience.org/observer/the-psychology-of-resilience

Boston University School of Medicine optimism study: Lee, L. O., James, P., Zevon, E. S., Kim, E. S., Trudel-Fitzgerald, C., Spiro, A., . . . Kubzansky, L. D. (2019). Optimism is associated with exceptional longevity in 2 epidemiologic cohorts of men and women. *Proceedings of the National Academy of Sciences, 116*(37), 18357–18362.

Studies show that meditators improve on a wide array of biomarkers: Pelletier, K. R. (2018). *Change your genes, change your life: Creating optimal health with the new science of epigenetics.* San Francisco, CA: Red Wheel/Weiser.

第8章　聰明人因為慈悲而富足

Classical violinists, elite athletes, and race car drivers: Church, D. (2013). *The genie in your genes.* Fulton, CA: Energy Psychology.

The definition of selective attention: Raz, A. (2004). Anatomy of attentional networks. *Anatomical Record Part B: The New Anatomist, 281*(1), 21–36.

Training attention amidst the distractions and annoyances of everyday life: Baumeister, R. F., DeWall, C. N., Vohs, K. D., & Alquist, J. L. (2010). Does emotion cause behavior (apart from making people do stupid, destructive things)? In C. R. Agnew, D. E. Carlston, W. G. Graziano, & J. R. Kelly (Eds.), *Then a miracle occurs: Focusing on behavior in social psychological theory and research* (pp. 119–136). New York, NY: Oxford University Press.

Identical twins die more than 10 years apart: Church, D. (2013). *The genie in your genes.* Fulton, CA: Energy Psychology.

The brains of adepts age more slowly: Goleman, D., & Davidson, R. J. (2018). *Altered traits: Science reveals how meditation changes your mind, brain, and body.* New York, NY: Avery.

Global well-being is rapidly improving: Pinker, S. (2019). *Enlightenment now: The case for reason, science, humanism, and progress.* New York, NY: Penguin.

Deforestation of the Amazon rainforest dropped by 80% in the past 2 decades: Boucher, D. (2014). How Brazil has dramatically reduced tropical deforestation. *Solutions Journal 5*(2), 66-75.

The American poverty rate from 1960 through today: Economist (2018; March 1). Poverty in America: A never-ending war. Retrieved Nov 26, 2019 from: https:// www.economist.com/democracy-in-america/2018/03/01/poverty-in-america

A scientific review of the role that compassion plays in evolution: Goetz, J. L., Keltner, D., & Simon-Thomas, E. (2010). Compassion: an evolutionary analysis and empirical review. *Psychological Bulletin, 136*(3), 351.

Darwin and the evolution of emotion: DiSalvo, D. (2009, Feb 26). Forget survival of the fittest: It is kindness that counts. *Scientific American* blog. Retrieved Jan 4, 2020 from https://www.scientificamerican.com/article/kindness-emotions-psychology

The number of meditation practitioners tripled between 2012 and 2017: Clarke, T. C., Barnes, P. M., Black, L. I., Stussman, B. J., & Nahin, R. L. (2018). *Use of yoga, meditation, and chiropractors among U.S. adults aged 18 and older.* NCHS Data Brief, no 325. Hyattsville, MD: National Center for Health Statistics.

European Values Study. European Values Study (n.d.). Religion. Retrieved Jan 9, 2020 from Retrieved from https:// europeanvaluesstudy.eu/about-evs/research-topics/ religion

Reagan's second inaugural address: Lillian Goldman Law Library (2008). Second inaugural address of Ronald Reagan. Retrieved Jan 2, 2020 from https://avalon. law.yale.edu/20th_century/reagan2.asp

David Houle and the "Finite Earth Economy." Houle, D. (2019). Moving to a Finite Earth Economy. Presentation at Transformational Leadership Council, San Diego, CA. July 25, 2019.

Sea level rise predictions: Meyer, R. (2019, January 4). A Terrifying Sea-Level Prediction Now Looks Far Less Likely: But experts warn that our overall picture of sea-level rise looks far scarier today than it did even five years ago. *The Atlantic.* Retrieved Jan 12, 2020 from https://www.theatlantic.com/science/archive/2019/01/sealevel-rise-may-not-become-catastrophic-until-after-2100/579478

Sea level rise and Bangladesh: Glennon, R. (2017, April 21). The Unfolding Tragedy of Climate Change in Bangladesh. *Scientific American.* Retrieved Jan 2, 2020 from https://blogs.scientificamerican.com/guest-blog/the-unfolding-tragedyof-climate-change-in-bangladesh

Daniel Schmachtenberger and weaponized AI: Schmachtenberger, D. (2019). Winning at the wrong game. Presentation at Transformational Leadership Council, San Diego, CA. July 27, 2019.

Over 1 million species of animals and plants are at risk of extinction: CBS News (2019, May 6). One million species of plants and animals at risk of extinction, UN report warns. Retrieved Jan 4, 2020 from https://www.cbsnews.com/news/report1-million-animals-plant-species-face-extinction-due-climate-changehuman-activity-population

The $6 trillion cost of the Middle Eastern war: Crawford, N. (2016). *US budgetary costs of wars through 2016: $4.79 trillion and counting.* Watson Institute, Brown University. Retrieved Jan 4, 2020 from from http://watson. brown .

edu/costsofwar/files/cow/imce/papers/2016/Costs

Global debt is over $200 trillion, three times the size of the global economy: Durden, T. (2019). *Global Debt Hits $246 Trillion, 320% Of GDP, As Developing Debt Hits All Time high.* ZeroHedge. Retrieved November 21, 2019, from https://www .zerohedge.com/news/2019-07-15/global-debt-hits-246-trillion-320-gdp -developing-debt-hit-all-time-high

Over 2 billion human beings don't have access to clean drinking water: World Health Organization (2019: June 18). 1 in 3 people globally do not have access to safe drinking water. Retrieved Jan 2, 2020 from https://www.who.int/news-room/ detail/18-06-2019-1-in-3-people-globally-do-not-have-access-to-safe-drinkingwater-%E2%80%93-unicef-who

In the past 50 years, 29% of the birds in North America have disappeared: Rosenberg, K. V., Dokter, A. M., Blancher, P. J., Sauer, J. R., Smith, A. C., Smith, P. A., . . . Marra, P. P. (2019). Decline of the North American avifauna. *Science, 366*(6461), 120-124.

Millennials and global problems: Jackson, A. (2017, Aug 29). These are the world's 10 most serious problems, according to millennials. *Inc* magazine blog. Retrieved Jan 11, 2020 from https://www.inc.com/business-insider/worlds-top-10-problemsaccording-millennials-world-economic-forum-global-shapers-survey-2017.html

Emotions spread through communities like the flu: Hatfield, E., Cacioppo, J. T., & Rap-son, R. L. (1994). *Emotional contagion.* New York, NY: Cambridge University Press.

Chapman, R., & Sisodia, R. (2015). *Everybody matters: The extraordinary power of caring for your people like family.* New York, NY: Penguin.

Fowler, J. H., & Christakis, N. A. (2008). Dynamic spread of happiness in a large social network: Longitudinal analysis over 20 years in the Framingham Heart Study. *British Medical Journal, 337,* a2338.

Experimenters were able to induce emotional contagion in Facebook users: Kramer, A. D., Guillory, J. E., & Hancock, J. T. (2014). Experimental evidence of massive-scale emotional contagion through social networks. *Proceedings of the National Academy of Sciences, 111*(24), 8788–8790.

Volunteers going into heart coherence were able to induce coherence in test subjects: Morris, S. M. (2010). Achieving collective coherence: Group effects on heart rate variability coherence and heart rhythm synchronization. *Alternative Therapies in Health and Medicine, 16*(4), 62–72.

Field effects research: HeartMath Institute. (n.d.). *Global coherence research: The science of interconnectivity.* Retrieved Jan 2, 2020 from https://www.heartmath.org/ research/global-coherence

We're all like little cells in the bigger Earth brain: McCraty, R., Atkinson, M., & Bradley, R. T. (2004). Electrophysiological evidence of intuition: Part 1. The surprising role of the heart. *The Journal of Alternative & Complementary Medicine, 10*(1), 133-143.

The Caltech experiment showing humans sense the planet's fields: Wang, C. X., Hilburn, I. A., Wu, D. A., Mizuhara, Y., Cousté, C. P., Abrahams, J. N., . . . Kirschvink, J. L. (2019). Transduction of the geomagnetic field as evidenced from alpha-band activity in the human brain. *eneuro, 6*(2), 4-19.

Barack Obama speech at Gates Foundation conference: Weller, C. (2017, September 20). Barack Obama has a one-question test that proves how good the world is today. *Business Insider.* Retrieved Jan 2, 2020 from https://www.businessinsider.com/ president-barack-obama-speech-goalkeepers-2017-9

圖片出處

1.8. By Planet Labs, Inc - Own work, CC BY-SA 4.0, https://commons .wikimedia.org/wiki/File:Santa_Rosa_4Mar2018_ SkySat.jpg Rumi poem "The Guest House" from the book The Essential Rumi, translations by Coleman Barks, used with permission of HarperCollins and Coleman Barks.

2.2. © Can Stock Photo / edharcanstock

2.5. By Andreashorn - Own work, CC BY-SA 4.0, https://upload .wikimedia.org/wikipedia/commons/5/57/Default_Mode_ Network_ Connectivity.png

2.6. By Hintha - Own work, CC BY-SA 3.0, https://commons .wikimedia.org/w/index.php?curid=11359793

2.10. © Can Stock Photo / tomwang

4.2. By Dennis Jarvis - Own work, CC BY-SA 2.0, https://commons .wikimedia.org/wiki/File:Jokhang_dharma_wheel-5447.jpg

4.5.. org/w/index.php?curid=18949373

4.22. By Ailia Jameel - Own work, CC BY-SA 4.0, https://commons .wikimedia.org/wiki/File:Classroom_lessons.jpg

4.24. By Sabh Benziadi - Own work, CC BY-SA 4.0, https://commons .wikimedia.org/wiki/File:Sufi_Sabah_Benziadi.jpg

4.26. © Istockphoto / Fatcamera

4.30. Photo © Alex Ze'evi Christian; website: alexzphotography.com. Reprinted with permission from Guy Spier and Alex Ze'evi Christian.

5.1. © Istockphoto / Nerthuz

5.6 By Dannybalanta - Own work, CC BY-SA 3.0, https://commons .wikimedia.org/w/index.php?curid=31432711

5.20. © Istockphoto / nyshooter

5.22. © Istockphoto / AntonioGuillem

6.6. © Istockphoto / CasarsaGuru

6.7. © Istockphoto / ArtMarie

6.9. Used with permission of Dr. Kinichi Nakashima and Dr. Masakazu Namihira.

7.1. © Istockphoto / vm

7.3. By Christoph Bock, Max Planck Institute for Informatics - .php?curid=17066877

7.5. Soldier: © Istockphoto / Highwaystarz-Photography MicroRNA: By Ppgardne at en.wikipedia, CC BY-SA 3.0, https:// commons.wikimedia.org/w/index.php?curid=16639717

8.1. © Istockphoto / fcafotodigital

8.2. © Istockphoto / BorupFoto

8.3. © Istockphoto / middelveld

8.4. By Gazebo - Own work, CC BY-SA 3.0, https://commons .wikimedia.org/w/index.php?curid=49467838

8.5. CNX OpenStax - CC BY 4.0, https://commons.wikimedia.org /w/index.php?curid=49931564

8.6. Max Roser - https://ourworldindata.org/life-expectancy, CC BY 4.0, https://commons.wikimedia.org/w/index. php?curid=83546093

8.7. Max Roser - https://ourworldindata.org/life-expectancy, CC BY 4.0, https://commons.wikimedia.org/w/index. php?curid=83546093

8.8. By Alfie ↑ ↓ © - Own work, CC BY-SA 3.0, https://commons .wikimedia.org/w/index.php?curid=11481813

國家圖書館出版品預行編目資料

超悅大腦：科學證實幸福感可以自己創造，加速實
現理想人生 / 道森．丘吉作；林瑞堂譯． -- 初版． --
臺北市：三采文化股份有限公司, 2021.02
　　面；　　公分 . -- (Spirit；27)
譯自：Bliss brain : the neuroscience of remode-
ling your brain for resilience, creativity and joy.
ISBN 978-957-658-481-7(平裝)

1. 生理心理學 2. 腦部

172.1　　　　　　　　　　　　　　　109020864

◎封面圖片提供：
iconogenic ／ Shutterstock.com
lavendertime ／ Shutterstock.com

suncolor
三采文化集團

Spirit 27

超悅大腦：

科學證實幸福感可以自己創造，加速實現理想人生

作者｜道森‧丘吉 Dawson Church　　譯者｜林瑞堂
企劃主編｜張芳瑜　　特約執行主編｜莊雪珠
美術主編｜藍秀婷　　封面設計｜高郁雯　　內頁排版｜曾綺惠　　校對｜黃薇霓

發行人｜張輝明　　總編輯｜曾雅青　　發行所｜三采文化股份有限公司
地址｜台北市內湖區瑞光路 513 巷 33 號 8 樓
傳訊｜ TEL:8797-1234　FAX:8797-1688　　網址｜ www.suncolor.com.tw
郵政劃撥｜帳號：14319060　戶名：三采文化股份有限公司
初版發行｜ 2021 年 2 月 26 日　定價｜ NT$580
　　2 刷｜ 2021 年 5 月 15 日

BLISS BRAIN
Copyright © 2020 by Dawson Church
Originally published in 2020 by Hay House, Inc. USA
Traditional Complex Chinese edition © 2021 by Sun Color Culture Co., Ltd.
This edition published by arrangement with Hay House, Inc. USA through Bardon-Chinese Media Agency.
博達著作權代理有限公司
All rights reserved.

全彩圖輯

第 1 章

圖 1.2　攝於火災後第二天的原版彩色照片

圖 1.3　火災發生的兩年前，同一視角的景象

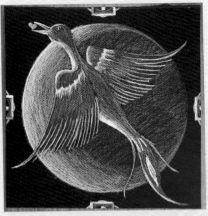

圖 1.15　療癒曼陀羅

圖 1.18　測量研習營學員的大腦變化

持續冥想會改變大腦的功能與結構。預設模式網絡（DMN）是由大腦中線的兩個部位組成，是個以自我為中心的神經網絡，會在冥想時干擾我們。DMN 一旦變得活躍，就會連帶地啟動其他腦區，包括管理認知與情緒的大腦部位。

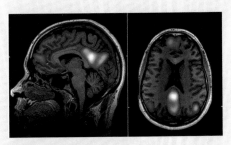

圖 2.4　在預設模式網絡中的活躍腦區

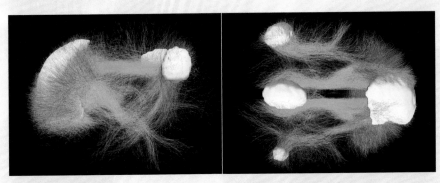

圖 2.5　預設模式網絡的神經會向外延伸，並與大腦的許多其他部位交流。

圖 2.6　魔障企圖動搖王子的專注力

演化給了人類疊在一起的三個腦，其中最古老的是腦幹與小腦，它們控制呼吸、消化、生殖及睡眠等維生功能，大約在六億年前開始演化。

在後腦上方的是中腦或稱邊緣系統，處理的是記憶、學習，以及情緒。它演化的時間稍晚一些，大約是一億五千萬年前，隨著哺乳動物一起出現。

新皮質是人腦最大的一個部分，在演化過程中出現得最晚。自從早期人類在大約三百萬年前開始製造工具以來，人腦已經擴大了三倍。新皮質處理有意識的思維、語言、感官知覺，並為其他腦區產生指令。

大腦皮質分為四葉：額葉、頂葉、枕葉及顳葉。每一種都有明確的功能：枕葉處理來自眼睛的訊息；顳葉將記憶與來自聽覺、觸覺、味覺、嗅覺和視覺的訊息輸入整合在一起；頂葉處理跟動作、溫度、味道及碰觸有關的訊息；而像認知與行為控制等執行功能則由額葉負責，我們所認為的「自我」就是在這個位置。

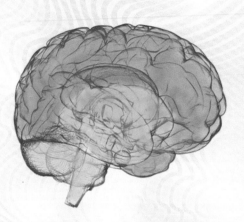

圖 3.2　三重腦

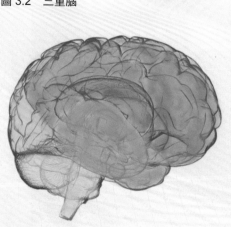

圖 3.3　大腦皮質四葉

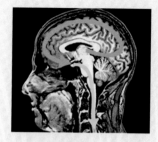

圖 3.8　長路徑

我們接收到感官輸入時，它會沿著脊椎上行到大腦的情緒中心。情緒中心會詢問前額葉皮質等執行中心，判斷這個外來刺激是否具有威脅性。如果不是，就不會把訊號傳送到戰或逃系統。這個迴路稱為「長路徑」。

受過創傷或情緒調節較差的人，通常會直接進入戰或逃反應。情緒中心跳過大腦認知中心的調節與平衡機制，將警告訊號直接傳送到身體。這個迴路稱為「短路徑」。

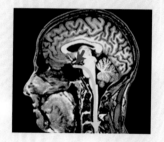

圖 3.9　短路徑

第 4 章

圖 4.1　十九世紀法國畫家哥蒂亞（Armand Gautier）所繪的〈教堂門廊三修女〉（*Three Nuns in the Portal of a Church*）

圖 4.3　波蘭畫家希米拉茲基（Genrich Ippolitovich Semiradsky）所繪的〈厄琉息斯密儀〉
（*The Eleusinian Mysteries*）

一九六○年代起，研究人員開始使用腦電圖來記錄冥想者與治療師的腦波模式。他們發現一種獨特且明確的腦波比例，其特徵是大振幅的 α 波，這是放鬆狀態的典型腦波，與此同時，代表壓力的 β 波振幅變小。後來，人們發現同樣的「覺醒之心」模式也出現在各種傑出人士身上，包括藝術家、科學家、運動員及商場人士。多種腦電圖系統都可測量到覺醒之心，尤其是稱為「心鏡」（Mind Mirror）的設備，這是專門為了識別超悅大腦等高階意識狀態所研發出來的，通常跟大腦的枕葉及顳葉連接。

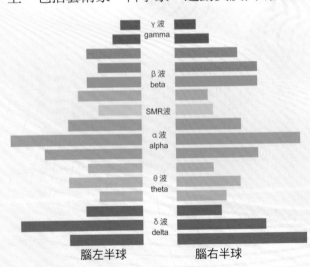

圖 4.7　覺醒之心的腦波模式

圖 4.25　西藏壇城

活化人體的迷走神經，就會製造出放鬆反應。迷走神經與身體所有的主要器官系統連結，所以一旦它發送出訊號，我們就能完全放鬆下來。

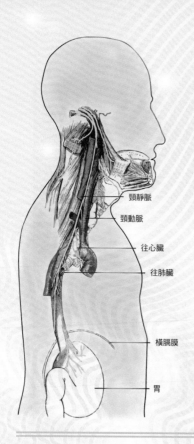

頸靜脈
頸動脈
往心臟
往肺臟
橫膈膜
胃

圖 4.8　迷走神經連結身體所有的主要器官系統

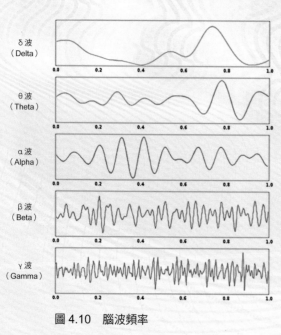

δ波
（Delta）

θ波
（Theta）

α波
（Alpha）

β波
（Beta）

γ波
（Gamma）

圖 4.10　腦波頻率

腦電圖可以測量腦波頻率（例如δ波、θ波、α波、β波）及振幅（強度）。

頻率是我們測量腦波的兩種方式之一，指的是腦波的類型，例如α波、β波或δ波。第二種方式是振幅，是指腦波的強度。

當研究人員說受試者的腦波「較大」、「增加」或「變大」時，指的是振幅較大；而當他們說某個腦波「縮小」、「降低」或「變

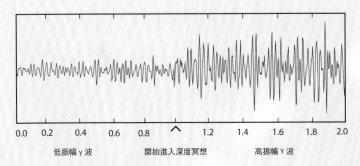

圖 4.11　腦波振幅

0.0　0.2　0.4　0.6　0.8　1.0　1.2　1.4　1.6　1.8　2.0

低振幅 γ 波　　　開始進入深度冥想　　　高振幅 γ 波

小」時，指的是振幅減少。圖 4.11 所示，是低振幅及高振幅 γ 波的兩秒鐘讀數。

　　繆思（Muse）是時興的一種個人腦電圖設備。不同於心鏡的是，繆思主要是測量前額葉皮質的活動。

　　以下是繆思的典型讀數。從左到右，你看到的是腦波頻率。最左邊是 δ 波，最右邊是 γ 波，其他腦波則在兩者之間。從左到右的白色虛線則代表十秒的紀錄。

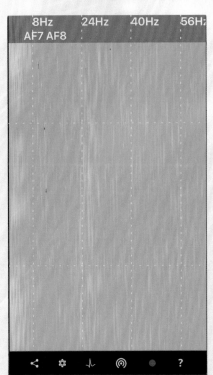

圖 4.12　這是意識在平靜狀態下的繆思讀數

　　讀數顯示一共有五種顏色，呈現大腦由最低到最高的活動，採用以下顏色來區分：

　　紅色＝極高的活動量

　　黃色＝活動量增加

　　綠色＝正常的活動量

　　淺藍色＝活動量減少

　　深藍色＝極低的活動量

　　圖 4.12 所示，是處在尋常意識狀態下的繆思讀數，就像你我在清醒、放鬆、平靜的時候一樣。腦功能正常，所以多數的頻率是綠色的。腦部活動不是太多，但也不是太少。時間標籤顯示，在每十秒的時間段內沒有太大的變化。

圖 4.13　進入精簡
靜心狀態

圖 4.14　進入深度
的精簡靜心

圖 4.15　離開精簡
靜心

圖 4.16　精簡靜心
之後

　　在圖 4.13 中，你可以看到開始精簡靜心時，大腦發生的變化。受試者的大腦功能發生了根本性的改變，不到五秒鐘，就創造出更多的 δ 波及 θ 波（左邊橢圓形的閃焰，頻率為 0 到 8 赫茲），這兩種腦波是直覺、療癒以及連結上宇宙的典型腦波。

　　你可以看到所有高頻腦波都明顯下降，因為所有對自己的關注都不見了，這代表前額葉皮質關閉了。在冥想者身上，可以測量到前額葉皮質的功能下降了 40%，她的意識會突然完全改變。

　　等到結束精簡靜心時，大腦會開始準備回到尋常的意識狀態。當冥想者睜開眼睛時，她的大腦很快就會回到尋常狀態。

　　然而，這時她的意識狀態已經跟冥想前不一樣了。根據安德魯‧紐柏格的觀察：「從靈性啟蒙經驗回來的大腦，已經跟靈性啟蒙之前不一樣了。」

　　圖 4.17 將前後兩個狀態並列呈現。第一個是受試者開始精簡靜心前的「尋常」狀態，第二個是經過三十分鐘精簡靜心後大腦回復到正常的狀態。你可以看出，後者顯然更平靜，整合度也更高。在一片綠色中甚至還出現深藍色的小光點。

　　邦德大學（Bond University）在一項核磁共振的研究中，比較了二十五名受試者的大腦功能。其中半數被隨機分成實驗組，每天聽精簡靜心的錄音帶；而剩下的對照組則進行正念呼吸練習，同時回想最近的一

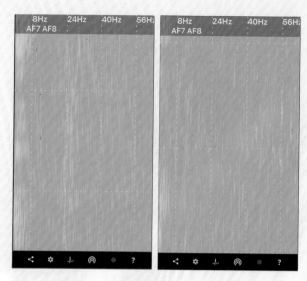

圖 4.17　冥想前與冥想後的對照

次假期。

兩週後，這兩組受試者回到實驗室進行後續測試。結果發現對照組的大腦功能沒有什麼變化，但是實驗組的兩個重要大腦網絡出現了明顯的差異。

第一個變化是海馬迴與腦島之間的連結增強了。海馬迴是情緒、學習及記憶中心，它與右側腦島（善良與慈悲的中心）之間的連結變得更強了。

第二個變化是內側前額葉皮質的活性降低，這裡是「自我的所在地」，也是組成預設模式網絡的兩個腦區之一。當「思考的大腦」停止活動後，大部分的左側前額葉皮質也下線了。

這些發現顯示，練習精簡靜心的人，對自己及他人的慈悲與同情心增加了，因為精簡靜心會雙向傳送善良的意圖。與此同時，因為預設模式網絡的兩個組成腦區之一關閉，而讓受試者得以擺脫那種以自我為中心的喋喋不休。情緒研究顯示，一旦預設模式網絡關閉，你會更快樂。

如果使用心鏡腦電圖儀來測量腦波，大腦活動的畫面會比繆思這樣的家用型設備更為豐富。它可以測量得到 γ 波，這是大腦能夠產生的最快速腦波。

γ 波是「心流」狀態下的典型腦波，代表來自不同腦區的訊息達到了同步。這種腦波通常會出現在富有創意的人身上，也會出現在靈光乍現的一般人身上。

在合一的神祕狀態中，也可以觀察到這種腦波。戴維森在研究資深瑜伽士時，發現他們的 γ 波活性是一般人的二十五倍。

與 γ 波相關的，還有愛、慈悲、感知組織增加、聯想學習、突觸

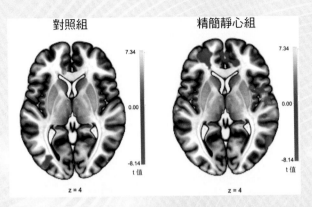

對照組　　　　　　　　精簡靜心組

圖 4.18　精簡靜心組與安慰劑組（對照組）的連結性變化。藍色到紫色表示活躍程度衰退，紅色到黃色表示活躍程度提高。右圖大腦前部的藍色區塊就是內側前額葉皮質，是預設模式網絡的兩大支柱之一；而亮紅色與黃色點是腦島。

效率、療癒、注意力以及超然的狂喜狀態。神經造影研究指出，γ 波會促成大腦四個腦葉的不同頻率同步，從而產生「全腦諧振」。

　　這種超然狀態的好處非常多，都是高效能大腦的特徵。雖然對西藏僧侶的研究顯示，大量的 γ 波只出現在資深修持者身上，但是精簡靜心的研究卻顯示，這種狀態也可能出現在初學者身上。

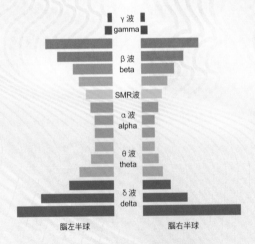

γ 波
gamma

β 波
beta

SMR波

α 波
alpha

θ 波
theta

δ 波
delta

腦左半球　　　　　腦右半球

圖 4.21　在這個心鏡腦電圖的讀數上，γ 波是螢幕最上方的紅色區塊。

圖 5.18　要讓最令人愉悅的所有神經化學物質能夠一次湧進大腦的唯一方式，就是在深度冥想時出現狂喜的心流狀態。

圖 5.19　狂喜的神祕體驗在歷史上相當常見。一六〇一年，文藝復興時期的畫家喬凡尼·巴里歐內（Giovanni Baglione）所畫的油畫〈聖方濟的狂喜〉（*The Ecstasy of St. Francis*）。

第 6 章

齒狀迴是中腦的一個構造，負責協調許多腦區的情緒，並協助控制預設模式網絡。

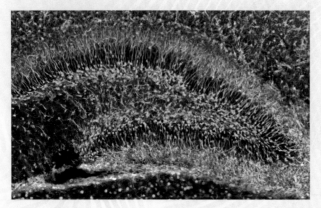

圖 6.8　C 字形齒狀迴的神經幹細胞

第 7 章

圖 7.3　甲基（明亮的球體）附著在 DNA 鏈上

名為「甲基」（methyls）的分子會附著在基因上，並抑制基因表達。某些分子信使與憂鬱症、焦慮及創傷後壓力症候群有關。甲基化是童年創傷以「生物嵌入」機制造成基因負面表達的方式之一。

圖 7.7　火之鏡（The fire mirror）是克莉絲汀·丘吉的藝術創作，使用的素材是她從大火廢墟中找到的陶瓷殘片及其他物件。

第 8 章

圖 8.2　同卵雙胞胎出生時，看起來長得一模一樣。

圖 8.3　隨著時間推移，同卵雙胞胎的差異會越來越明顯，到了六十歲看起來可能會相當不一樣。儘管兩人的年紀一樣，但生理年齡可能會差到十一歲之多。

圖 8.5 新的生命形態在寒武紀大爆發時大量出現

氣候科學告訴我們，本世紀海平面可能會上升一公尺（三英尺）。在孟加拉這個低地國家，如果海平面真的上升一公尺，這個國家20%的國土就會被淹沒，有三千萬人將成為氣候難民。

美國佛羅里達州平均海拔是兩公尺（六英尺）。預測在二○五○年至二○七五年間，海平面將會上升三公尺（十英尺），到了二五○○年，上升幅度更可能高達十五公尺（五十英尺）。

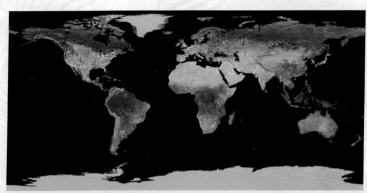

圖 8.11 地球地圖，海平面上升六公尺（二十英尺）的地區以紅色特別標示。

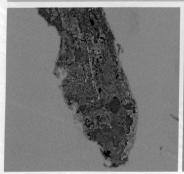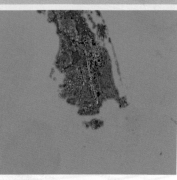

圖 8.13 美國佛羅里達州地圖，這是二○五○年至二○七五年預計海平面上升三公尺（十英尺）後還在水面上的地區。